우리 속에 숨은
사이코패스

모든 사이코패스가
범죄자가 되는 것은 아니다.
또한 모든 범죄자가
사이코패스도 아니다.

우리 속에 숨은
사이코패스
정상의 가면을 쓴 그들의 이야기

이윤호 글 | 박진숙 그림

ㅍ

CONTENTS

사이코패스 측정 도구

사이코패스와 소시오패스는
왜 점점 증가하는가?

×
× ×
×

우리는 요즘 들어 언론보도를 통해 사이코패스Psychopath, 반사회적 인격장애를 앓는 사람으로 고통을 받는 사람들의 이야기를 많이 접한다. 또한 그들의 끔찍한 반사회적 행동이 위험할 정도로 증가하고 있음을 경험하고 있다.

멀리 갈 필요도 없다. 우리 주변에는 친구를 가장한 사이코패스가 존재하기도 한다. 그들은 우리의 취약성을 착취하기 위해 '우리'라는 방호복 속에 숨어 틈새를 노리고 있다. 그들은 극단적인 자기중심주의, 충동성, 죄책감의 결여, 무책임 등 흔히 사이코패스와 소시오패스Sociopath, 반사회적인격장애를 앓는 사람의 기질로 열거되는 행동을 보여 우리를 놀라게 한다.

점점 개인주의를 권장하는 사회로 진입하면서 자신이 원하는 바를 얻기 위해 사람과 상황을 조정하고 조작하는 소시오패스가 표면 위로 떠오르고 있다. 특히 동양권보다 서양권이 더 많이 기록되는 점으로 미루어볼 때 소시오패스의 표면화는 개인주의적 문화로 인해 더 많이 뚜렷

해졌다고 볼 수 있다. 동양권의 경우 개인주의적보다 대인주의적 문화가 주를 이루기 때문에 개인주의적 문화에서 태어난 사람들보다 정상적인 도덕적 접점을 가질 확률이 더 높다. 실제로 한국이나 일본, 중국 등 동아시아 문화권에서는 사이코패스와 소시오패스의 사례가 서구권보다 적은 편이다. 반면 동양적 문화에서도 개인주의를 지향하는 서구적 가치 체계의 모방을 지향하는 인도의 대도시에서는 소시오패스의 증가가 목격됐다.

그렇다면 21세기 이미 서구화의 물결이 거센 한국에서 사이코패스와 소시오패스라는 말이 일상화가 될 정도로 급증하는 것은 그것 때문일까?

사람의 인성은 생물학적이고 경험적인 상황의 산물이다. 이 점을 전제로 한다면 사이코패스의 복합성은 아마 힘든 아동기를 보냈을 것이라는 추측을 가능케 한다. 아동기 때 경제적 여유가 부족한 가정환경, 학대, 가족 간의 불신 등을 통해 정서적 불안정을 안고 성장하게 되면 어릴 적 상처를 받은 자아는 평생 따라다닌다.

물론 정서장애를 가지고 태어난 사람도 있다. 하지만 문제는 이런 유전성과 개인적 환경뿐만 아니라 사회도 친사회적 혹은 반사회적 인성을 형성하는 데 핵심적인 역할을 한다는 것이다.

사이코패스와 소시오패스는 존재한다,
다만 우리가 인식하지 못할 뿐이다

사이코패스를 이야기하기 전 우리가 확실하게 인지하고 넘어가야 할 것은 사이코패스는 분명 존재한다는 사실이다. 하지만 아쉬운 것은 우리는 그들이 누구인지 잘 모른다는 점이다. 그들은 어느 순간에 우리의 삶을 송두리째 파괴하고 파멸할 수 있는데 그들이 자신의 본성을 드러내기 전까지 우리는 그들이 누구인지 모른다. 더 불행한 것은 그들이 본성을 언제 드러낼지 모른다는 사실이다. 그래서 우리는 두려워진다. 하지만 우리 주변의 사람을 의심했다가는 큰 실례를 범할 수 있기 때문에 우리는 그들이 존재를 드러내기 전까지 두려움 속에 살아야 한다. 이 점을 전제로 사이코패스와 소시오패스에 대한 진실과 오해에 대해 이야기하고자 한다.

'사이코패스'와 '소시오패스'라는 단어는 정신장애와 인격장애와 관련된 다른 여러 단어와 마찬가지로 지나칠 정도로 포괄적으로 사용된다. 그래서 종종 잘못 쓰이기도 한다. 특히 연쇄살인범이나 다중살인범 등을 설명할 때 반사회적인격장애Antisocial Personality Disorder, ASPD의 특성을 가지고 있지 않음에도 '사이코패스'와 '소시오패스'라는 단어 한마디로 설명되기도 한다. 더욱이 소시오패스와 사이코패스가 상호교환적으로 잘못 사용되기도 한다.

사실 '사이코패스'에 대한 진정한 개념 규정이나 정의는 매우 좁다. 하지만 많은 사람들이 인간관계에서 기만적이고, 감정적으로 냉혹하며,

10

행위적으로 무모하고 저돌적이면 "사이코패스"라고 부르기도 한다.

사이코패스는
자신을 사이코패스라고 여기지 않는다

이처럼 사이코패스라는 용어는 일반 대중들을 현혹시키고 때론 매료시키는 무언가가 있지만 동시에 상당한 혼란과 논쟁의 대상이 되기도 한다. 물론 이런 현실은 대중문화와 언론에서 잘못 보도하는 탓도 있다. 이로 인해 '사이코패스'라고 하면 맨슨패밀리라는 범죄집단을 이끈 찰스 맨슨Charles Milles Manson, 1934~2017 이나 가공의 인물 한니발 렉터Hannibal Lecter 의 이미지를 떠올리기 쉽다.

그래서 일반 사람들에게 사이코패스를 정의해보라고 하면 피해자의 고통을 보면서 쾌감을 느끼는 위험하고도 뒤틀린 마음을 가진 가학적 연쇄살인범과 범죄 주모자를 견본으로 내세우기도 한다. 이런 식의 개념화와 규정으로 인해 사이코패스는 매우 희귀한 종자로, 우리 주변에 존재하지 않기 때문에 크게 걱정할 필요가 없다고 생각한다. 하지만 이는 많은 오해의 소지를 낳기도 한다.

이런 오해를 더욱더 악화시키는 것은 사이코패스가 의도적으로 '정

절도, 강도, 강간 등 강력범죄를 저지르다 히피문화를 추종하는 사람들과 어울리면서 맨슨패밀리를 만들었다. 1969년 '로만 폴란스키가의 살인' 등 여러 살인으로 체포되어 수형 생활을 하다 2017년 옥중 사망했다.

영화 「양들의 침묵」의 주인공 중 한 사람

상이라는 가면'을 쓴 채 활동한다는 점이다. 그들은 일반 사람들을 효과적으로 이용하기 위해서 자신의 본성과 특성을 숨겨야만 한다는 사실을 잘 알고 있다. 바로 이 점이 사이코패스로 인해 피해를 받은 사람들이 그들의 반사회적 행동에 의해 기습적으로 당하게 되는 원인이 되기도 한다. 이는 곧 누구나 언제 어디서라도 사이코패스에게 희생을 당할 수 있음을 암시하는 것이기도 하다.

사이코패스는 자신이 "사이코패스"라고 불리는 것을 원하지 않는다. 그래서 우리가 사이코패스와 함께 걸어도 그 혹은 그녀가 사이코패스라고 확신하지 못하는 게 현실이다. 사이코패스는 매우 매력적이고 언변도 뛰어나서 다른 사람을 조종하면서 악용한 후 다시 정상인의 모습으로 살아갈 수 있다. 또한 그들은 다른 사람의 감정을 잘 속이기 때문에 피해자로 하여금 동정심을 느끼게끔 만들 수도 있다. 그들은 일반 사람들을 약탈하기 위해 청사진을 그리고, 그 안에서 세부적인 계획을 세우면서 개인적인 이득을 챙긴다. 그렇기 때문에 우리는 사이코패스에 대해 잘 알 것 같지만 잘 알지 못하는 상태에서 살 수밖에 없다.

자신이 받아야 할 고통을
다른 사람에게 전가하는 '그들'

어떻게 보면 사이코패스는 '고통 받는 영혼들suffering souls'이라고 할 수 있다. 그들은 자신들의 반사회적 행동으로 인해 수많은 갈등과 어려움이 가득한 삶을 살기 때문이다. 하지만 그들은 이런 부분을 괴로워하지 않는다고 한다. 자기 자신을 자각하지 못하기 때문에 다른 사람의 삶에 들어가 고통을 주는 것이라고 한다. 그래서 대부분의 정신질환이나 신경과학적 질병과는 달리, 사이코패스가 반사회적인격장애로부터 고통을 받는다고 말하는 것은 실제로 적절하지 않다고 한다. 일반적으로 그들은 자신이 고통을 받기보다는 자신의 원죄로 다른 사람들이 고통을 받게 만들기 때문이다.

바로 이 점이 사이코패스가 전형적으로 자신의 조건이나 증상에 대한 치료나 처우를 바라지 않는 이유기도 하다. 그들이 사회적인 지탄을 받아 교도소에 수용될 때는 사회적 규범의 경계를 완벽하게 벗어날 때다. 그리고 그들의 3분의 2가 교도소에 수용된다고 하니, 나머지 사람들은 어디서 어떻게 살아가는지를 정확하게 추정하지 못한다.

이 부분의 전문가들은 여성이 남성에 비해 그 비율이 상대적으로 낮고, 남성 200명 중 1명꼴일 수도 있다고 짐작하고 있다. 이 정도 추정 비율이라면 우리가 생각하는 정도보다 높은 비율이고, 그들이 야기하는 사회적 고통도 우리가 생각하는 것 이상일 것이라고 추정할 수 있다.

우리는 앞으로 '그들'에 대한 진실과 오해를 살펴보고자 한다. 먼 여정이 될 수 있고, 중간중간 소름이 돋을 수도 있으니, 떠나기 전 단단히 각오를 하기 바란다.

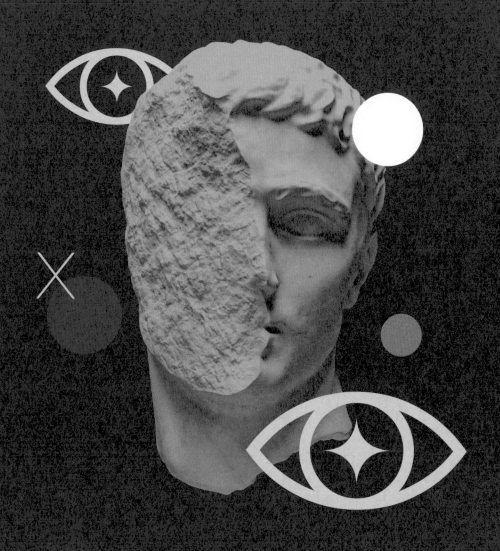

PART 1

X

Psychopath

사이코패스,
그들은 누구인가?

사이코패스란?

×
×
×

범죄자들은 모두
사이코패스인가?

대중문화의 힘은 강력하다. 그들이 표방한 사이코패스의 이미지는 이상한 눈빛을 보내는 뭔가가 결여된 무자비한 범죄자다. 「노인을 위한 나라는 없다No Country for Old Men」의 안톤 시거의 모습을 떠올리면 적당할까? 더심하게 들어가면 「양들의 침묵Silence of the Lambs」의 한니발도 역시 대중이쉽게 상상할 수 있는 사이코패스다. 찰스 맨슨, 제프리 다머Jefferey Dahmer, 1960~1994●, 버나드 메이도프Bernie Madoff, 1938~2021●● 등 세간에 이목을 끌었

● 1978년부터 1991년에 걸쳐 주로 밀워키 주나 위스콘신 주에서 10대를 포함한 17명을 살해한 뒤 시간과 사체를 절단하고 그 인육을 먹기도 한 연쇄살인범이다. 1991년 체포되어 징역 937년형을 받고 수형 생활을 하다 1994년 정신병을 앓고 있는 동료 수감자에게 살해당했다.

●● 폰지 사기로 650억 달러에 가까운 금액을 경영 자산으로 만들었다는 혐의로

던 범죄자에 대한 언론의 분석도 현재까지 재강화되고 있다. 대중언론은 사이코패스의 특성을 하나의 대중적 장르로 발전시켰지만 역설적으로 그들로 인해 무고한 사람들이 범죄적 괴물로 묘사되어 우리에게 혼란을 주기도 한다. 일반 사람들의 사이코패스에 대한 오해는 이것에서 기인한다.

사실 정신의학 전문가들이 가지는 사이코패스에 대한 정의나 개념은 일반 사람들이 한두 가지 심각한 범죄로 판단을 내리는 것과는 다르다. 그렇다면 사이코패스에 대한 정의에 대해 좀더 정확하게 알아보자.

가장 대중적인 관심 대상을 알아보려면 포털사이트의 검색어를 확인하면 알 수 있다. 그때그때마다 약간의 차이는 있겠지만 살인사건이 일어날 때마다 많이 검색되는 단어는 아마도 '사이코패스'일 것이다. 그 정도로 일반 사람들에게 사이코패스는 보편화된 의학이나 심리학 전문 용어다. 관련 검색어로는 '폭력적 사이코패스', '사이코패스 연쇄살인범', '사이코패스 살인범', '미친 사이코패스' 등이다. 이제는 사이코패스는 우리가 흔하게 접하게 되는 일상 용어로 발전했지만 이를 명쾌하게 정의를 내리기란 쉽지 않다.

사이코패스의 사전적 의미로는 '사이코패시Psychopathy', 즉 정신병을 가진 사람이라는 뜻이다. 사이코패시는 지속적으로 반사회적 행동을 하고, 공감능력이나 동정심, 양심의 가책을 느끼는 데 장애가 있고, 충동을

2009년 체포되어 150년형을 선고받았으나 2021년 복역 중 사망했다.

억누르지 못하는 제멋대로의 이기적 기질을 가진 인격인성장애personality disorder다. 그래서 사이코패스를 반사회적인격장애Antisocial Personality Disorder, ASPD로 분류한다. 때론 소시오패스와 동의어로 사용되기도 하지만 부분적으로 공통된 특징을 갖고 있기는 하나 기질이 정반대일 수 있어 오래전부터 상이한 개념으로 사용됐다.

1941년 조지아주립대학교 의과대학 정신의학자 허비 클레클리Hervey M. Cleckley, 1903~1984가 처음 체계적으로 기술한 이 반사회적인격장애자는 특정한 일련의 인격 기질과 행동으로 구성된다. 이들은 첫인상이 좋고 매력적으로 보인다. 그래서 주변 사람들의 호감을 사기 쉽다. 하지만 그런 호감을 산 후 주변 사람들에게 일격을 가한다. 사이코패스는 매우 자기중심적이다. 정직하지 않아 신뢰가 매우 낮고 종종 단순한 재미로 아무 이유 없이 무책임한 행동을 하기도 한다. 대체로 그들은 죄의식, 동정심이나 공감, 사랑 등의 감정을 갖고 있지 않기 때문에 인간관계에서 매우 무정하고 무심하다.

물론 그들이 자신의 부주의나 실수에 대해 자각을 하지 않은 것은 아니다. 자신의 실수에 대해 용서를 구할 때도 있지만 대부분 자신의 화나 실수에 대해 자신보다 남에게 비난의 화살을 돌리는 경우가 많다. 더불어 자신의 충동을 억제하는 데 어려움을 겪기도 한다.

교도소에 수감되어 있는 사람들 중 이런 속성들을 가진 사람들의 비율이 높다고 하는데 당연히 전혀 놀랍지도 않다. 대체로 재소자의 25% 정도가 이 반사회적인격장애의 범주에 해당되는 것으로 파악되고 있을 정도다. 이런 사실에도 연구자들에 따르면 상당한 규모의 사이코패스가 우리 사이를 활보하고 다닌다고 한다.

사이코패스라는 용어가 생긴 역사적 기초

1833년 제임스 프리처드James Cowles Prichard, 1786~1848 정신의학자가 현재 우리가 인식하는 '사이코패스'라고 알고 있는 반사회적인격장애에 대한 초기 형태를 체계화했다. 그는 이 인격장애에 대해 '도덕적 이상 또는 비정상moral insane'이라고 했다.

그에 따르면 도덕적 이상 또는 비정상인 사람들은 잘못된 혹은 나쁜 판단을 내리지만 정신건강이나 지능에는 아무런 결함이 없는 것으로 추정된다는 것이다. 그들은 정신이 온전하고 총명하지만 종종 잘못된 판단으로 광범위하게 부도덕한 일로 간주되는 일들을 할 확률이 훨씬 높다고 지적했다.

반면 초기 정신의학자들은 사이코패시, 반사회적인격장애의 합리적 기능은 정상으로 보이지만 일상 행동이나 사회관계는 현저하게 분열되거나 파괴되는 등 이례적인 형태를 보이기 때문에 정신질환으로 특정화했다.

프랑스의 정신과의사인 필립 피넬Philippe Pinel, 1745~1826은 일찍이 사이코패스를 극단적 경우의 공격성과 무자비함, 잔인함이 분명한 정신의 먹

구름에도 불구하고 고통을 느끼지 않는 개인에게서 나타나는 '망상이 없는 정신이상Insanity without delirium'이라는 용어로 기술했다.

독일의 정신의학자인 율리우스 코흐Julius Koch는 이런 유형의 조건이 체질적으로 유전될 수 있다는 것을 표현하기 위해 '사이코패스적psychopathic', 즉 반사회적인격장애라는 용어를 소개했다.

미국의 정신의학자인 허비 클레클리는 '사이코패시'에 대해 '겉으로 보기에 멀쩡한 정신건강 상태에 의해 숨겨진 뿌리 깊은 감정적 병리'라고 기술했다. 다른 정신질환자들과는 대조적으로, 반사회적인격장애자사이코패스들은 겉으로 자신감이 넘치고, 확신에 가득차 있으며 사교적이고 환경에 잘 적응하는 것으로 보이지만 그들 저변에 깔린 장애로 인해 시간을 두고 그들의 행동과 태도를 통해 반사회적 행동들을 스스로 표출하게 된다는 것이다.

허비 클레클리는 이들의 진단을 용이하게 하려고 임상 사례를 기초로, 계획의 실패나 무책임성 등 행위적 일탈의 증상과 기만, 죄의식 결여 등 감정 장애와 사회적 연계의 장애와 함께 매력과 지능 그리고 소심함이나 신경과민 등이 없는 분명한 외형적 심리 안정성 등의 지표로 정제된 16가지의 진단 범주를 제공했다.

1800년대 초, 정신질환 환자들을 진료하던 정신과의사들은 정상적으로 보이는 일부 환자들이 사회적 규범이나 도덕적 기준이 없거나 다른 사람들의 권리에 대해 관심이 전혀 없는 점에서 '도덕적 박탈moral depravity' 또는 '도덕적 비정상moral insanity'이었다는 것을 깨닫기 시작했다.

1900년대로 넘어오면서 현재의 용어인 사이코패스가 처음 이들 환자에게 사용됐고, 1930년대에는 이들이 사회에 끼치는 손상을 강조하려고 '사이코패스'라는 용어보다 '소시오패스'를 더 많이 사용했지만 현재는 다시 '사이코패스'로 돌아갔다. 일부는 보다 위험한 사람을 낳게 하는 유전적 기질과 연계된 보다 심각한 장애를 기술하기 위해 '사이코패스'라는 용어를 사용한다. 반면 유전적 기질보다는 양육을 포함한 환경의 산물로 보이는, 사이코패스보다 덜 위험한 사람을 지칭해 '소시오패스'라는 용어를 사용한다.

한편 일부 다른 학자들은 유전적으로 초래된 것으로 생각되는 경우를 '1차적 사이코패스primary psychopath'라 하고, 유전보다는 환경의 산물로 보이는 경우를 '2차적 사이코패스secondary psychopath'라고 하여 둘을 구분하기도 했다.

아직 공식적인 사이코패시 진단 도구는 없지만

비록 아직 어떤 정신의학 또는 심리학 조직이나 단체도 '사이코패시'라고 이름이 붙여진 진단을 재가하지 않았다. 다만 반사회적인격장애 특성의 평가와 측정은 많은 나라에서 형사사법제도와 과정 및 절차에서 폭넓게 이용되고 있다.

실제로 반사회적인격장애에 대한 연구는 최근 가장 활발한 연구 분야의 하나가 되었고, 심지어 대중언론과 소설 등은 물론이고 일반 시민들에게도 너무나 익숙한 용어가 되었다.

그러나 대중적 언어가 된 이 용어가 때로는 '미친', '제정신이 아닌', '비정상인' 또는 '정신질환' 등과 함께 혼용되거나 공통으로 쓰이기도 하지만 사실 정신병psychosis과 반사회적인격장애 사이에는 범주적 차이가 있다.

사이코패스를 가장 단순하고 명쾌하게 정의한다면 '비정상적, 폭력적 사회 행위를 가진 만성적 또는 고질적 정신장애로 고통을 받는 사람'이라고 할 수 있다.

그러나 이는 지나친 단순화다. 사실 반사회적인격장애자인 사이코패스에 대해서 다수의 개념화가 있었다. 예를 들어, 철면피하고 대담하며, 억제되지 않는 행동 그리고 사려가 깊지 않고 경시하는 행동 등을 수반하는 허비 클레클리의 개념인 '클레클리 반사회적인격장애Cleckleyan psychopathy'와 지속적이고 때로는 심각한 범죄행위를 명백하게 수반하는 더 비열하고, 보다 공격적이며, 억제되지 않는 개념인 '범죄적 반사회적인격장애criminal psychopathy'가 그 대표적이라고 할 수 있다.

'범죄적 반사회적인격장애'의 개념화는 사이코패스를 진단하는 임상적 개념으로 활용되고 있다. 이 도구로 측정해서 판명된 사이코패스범죄적 반사회적인격장애자는 범죄 행동에 대한 처벌이 약해지고, 대신 의학적 치료와 민사적 책임을 지게 된다. 실례로 '반사회적인격장애자'로 판명이 되면 정신 착란 현상으로 일어난 범죄는 처벌할 수 없다는 '정신착란성 방위Insanity defense'로 인해 범죄행위에 대한 형사정책상의 선고를 적용받지 못한다. 그렇기 때문에 '범죄적 반사회적인격장애(자)'의 용어나 판단 기준에 대한 보다 명확한 규정이나 정의가 이뤄져야 한다.

TriPM에서 다양하게 관찰할 수 있는 사이코패스에 대한 3가지 특성

최근 삼원사이코패시 측정 도구Triarchic Psychopathy Measure, TriPM에서 정도의 차이는 있겠지만 다양하게 관찰할 수 있는, 사이코패시에 대한 상이한 개념을 3가지 특성으로 설명했다. 문제는 이 특성들을 '사이코패시 체크 리스트(PCL, PCL-R)Psychopathy Checklist PCL or PCL-R'나 '사이코패스 성격 목록(PPI)Psychopathic Personality Inventory'에 얼마만큼 잘 적용할 수 있느냐다.

삼원사이코패시 측정 도구(TriPM)에서 제시한 3가지 특성을 살펴보면 가장 첫 번째가 대담함boldness이다. 여기에는 낮은 두려움을 포함한 스트레스 내성stress-tolerance, 생소함과 위험에 대한 내성, 자기 확신self-confidence과 사회적 주장social assertiveness이 포함된다.

하지만 이 대담함은 '사이코패시 체크리스트(PCL-R)'에서는 이 특성을 상대적으로 제대로 측정하지 못하고 있으며, '사이코패스 성격 목록(PPI)'에서는 '두려움 없는 지배fearless dominance' 항목과 유사한데 그것에 대한 원인은 전두엽 시스템의 손상에 해당할 수 있다.

두 번째는 탈억제Disinhibition다. 탈억제는 자신보다 힘이 센 사람이나 새로 사귄 사람에게 자신을 빠르게 개방하고 노출하는 현상이다. 일시적으로 억제 기능을 잃는다는 것은 어떤 상황을 마주할지 모르니깐 예측이 매우 어렵다. 또한 억제 불능인 상태에서는 충동통제력이 부족하고, 즉각적인 만족에 대한 욕구가 크다. 이는 사이코패스 성격 목록(PPI)의 충동적 반사회성Impulsive antisociality과 유사하고, 이것 또한 전두엽 계통의 장애로 인한 것일 수 있다.

세 번째는 비열함meanness이다. 다른 사람과의 밀접한 유대가 부족하기 때문에 공감능력이 없거나 매우 낮을 수 있다. 또한 그런 유대 관계를 경멸하거나 주변 사람들을 억누를 수 있는 힘을 가지기 위해 잔혹함과 잔인성을 표출하며, 착취나 약탈적 성향을 가진다. 대부분 권위에 저항하며 파괴적인 흥분을 추구하는 특성을 함축하고 있다.

사이코패스로 진단받은 사람들은 과연 진정한 사이코패스일까?

지금까지 살펴본 바에 따르면 현재 사이코패시나 사이코패스에 대한 정의는 제대로 개념화되지 못했거나 지나치게 주관적이거나 광범위하게 다양한 저변의 장애를 함축하고 있다. 그래서 종종 비판을 받는다.

아마도 지나치게 포괄적으로 사이코패시를 해석함으로써 생길 수 있는 비판과 우려일 것이다. 결국 정확한 기준이 없는 개념 정의는 범죄자들의 특성과 폭력성을 이해하는 데 장애가 되었다고 할 수 있다.

실제로 다양한 관점에서 정의를 내리려는 전문가들이 '사이코패스'로 진단을 받았던 다수의 사람들을 정신의학적, 신경과학적, 신경심리학적 측면 등을 종합적으로 평가를 해보면 그들은 양극성 기분장애bipolar mood disorder, 조현병증 스펙트럼 장애schizophrenia spectrum disorder, 복합성 부분 발작complex partial seizure, 해리성 정체감 장애dissociative identity disorder, 반응소실증parasomnia 그리고 뇌손상과 역기능 등과 같은 장애를 나타내는 행위, 증상, 신호 등을 보였다고 한다.

사실 캐나다의 범죄심리학자인 로버트 헤어Robert D. Hare, 1934~가 개발한 사이코패시 체크리스트(PCL-R)도 광적인 집착 또는 조증mania, 경조증hypomania 그리고 전두엽 역기능 등으로 구성되어 있다. 로버트 헤어의 정신병리학적 개념도 환원주의자reductionist적이며, 배제적이고 동의어가 중복적으로 나타나며, 역동적 특성의 인간 행위는 물론이고 그 내용마저 경시한다고 비판을 받아왔다. 일부에선 로버트 헤어의 개념이 오해하기 쉬울 정도로 모호하고, 주관적이며, 단정적이라는 이유로 개념 전체를 거부해야 한다고 주장하기도 한다.

참고 자료

- https://timesofindia.com/blogs/O-zone/why-are-sociopaths-on-the-rise
- https://www.elsevier.com/connect/psychopaths-what-are-they-and-how-should-we-deal-with-them
- https://inside.ewu.edu/engl201-13/what-makes-a-psychopath
- https://www.elsevier.com/connect/psychopaths-what-are-they-and-how-should-we-deal-with-them
- https://nobaproject.com/modules/psychopathy
- https://www.thecut.com/2018/08/my-life-as-a-psychopath.html
- https://www.scientificamerican.com/article/what-psychopath-means
- https://www.psychologytoday.com/us/blog/mindmelding/201301/what-is-psychopath-0
- https://en.wikipedia.org/wiki/Psychopathy

그들은 왜
사이코패스가 됐을까?

×
×
×

사이코패스는 선천적인가,
후천적인가?

사이코패스를 만든 요인은 무엇일까? 선천적본성, 유전인가? 후천적환경, 양육인가? 왜 우리는 사이코패시 성향이 나타나는 어린이가 위험한 성인으로 성장하지 못하도록 예방할 수 없을까? 심리학적인 측면에서 본성과 양육의 논쟁은 가장 오랜 의문이다.

심리학적인 측면에서 관찰했을 때 반사회적인격장애는 선척적인 요소와 후천적인 요소의 결합으로 생긴 것으로 추정하고 있다. 이런 가정은 선천적으로 사이코패시의 기질과 성향을 가진 아동이 성인 사이코패스로 이어지는 이유기도 하다.

만약 선천적으로 사이코패시의 기질이나 성향을 가진, 정서가 결여된 아동이 친사회적 가치를 가르치고 협동을 강조하는 가정에서 자란다면 그는 사이코패스로 성장할 확률이 낮아진다고 한다. 반대로 그 아동이 가정 내 학대가 이뤄지는 가정에서 자란다면 사이코패스로 성장할 확률이 높아진다고 한다.

일찍이 범죄학에서도 범죄성이나 범인성은 유전되는 것인지 아니면 양육되는 것인지에 대한 논란이 있었으며 지금도 끝나지 않았다. 그래서 연구자들은 쌍생아와 입양아를 대상으로 연구했는데 유전 조건이 같은 쌍둥이, 특히 일란성 쌍둥이를 환경이 다른 두 가정에 입양시켜 두 아이를 비교하거나 부모가 정반대의 기질을 가진 서로 다른 환경에서 태어난 두 아이를 한 가정에 동시에 입양시켜 둘을 비교하는 방식으로 유전과 환경의 영향을 검증하려고 했다.

연구 결과에 따르면 정서 결여냉담-무감정 기질은 유전적 요소가 큰 영향을 미치나 환경 요소나 양육에 의해 중화되거나 제거될 수 있다고 한다. 즉, 유전적 취약성이 아이의 운명은 가르는 절대 요소는 아니라는 것이다. 이런 연구는 부모가 아이를 사이코패스로 만들 수도 있고, 정상인으로 키울 수도 있다는 주장과 상통한다.

미국의 병리학자이자 정신과의사인 조지 엥겔George Engel, 1913~1999은 「사이언스Science」에 '생물심리사회 모델Biopsychosocial Model'이라는 용어를 소개했다. 궤양성 대장염, 우울증, 심인성 통증에 대한 연구 결과에 기초한 이 모델은 사람의 질병은 생물학적, 심리적, 사회적 요인이 결합되어 나타나는 것으로, 엥겔은 질병에 대해 총체적인 접근법을 사용해야 한다고 제안했다. 이에 어떤 전문가는 생물심리사회 모델을 기초로 인격장애를 설명했다. 인격장애는 인격에 영향을 미치는 유전 요소인 생물학적 취약성biological vulnerability이 상호작용한 결과로 개인의 공식적인 세계관을 결정하는 핵심적 조기 경험critical early experiences과 생활환경, 고용, 재정 상태, 사회적 신분 그리고 관계의 역동성과 같은 사회적 요소로 발달하는 것이라고 한다.

실제로 범죄학에서도 범죄자들의 유전성이 범죄행위를 유도하는 요소로 인식하고 있지만 환경적 요소도 상당한 영향을 미치는 것으로 파악하고 있다. 어린 시절 일찍이 가족 관계 붕괴와 같은 환경적 요소가 반사회적인격장애 행동 발달과 관련이 있다고 보는 것이다. 실제 연구 결과에서도 0~4세 사이에 생애 초기 부정적 사건이 사이코패시의 감정적 특징과 관련이 있음을 밝혀내기도 했다. 반사회적인격장애가 문화의 차이에 따라 달라질 수도 있다는 연구 결과도 이런 주장을 뒷받침하고 있다.

물론 아직까지는 문화적 차이에 관한 결정적 결론이라기보다는 개연성, 가능성에 지나지 않고, 반사회적인격장애는 공통적 기질들이 비교 문화적으로 확인되고 있다는 주장이 더 강하다.

과거부터 현재까지 사이코패시의 원인을 규명하기 위한 다방면의 연구가 상당한 수준으로 이뤄졌다. 연구에 따른 기존의 이론들은 대체로 감정 민감성과 반응성의 핵심 결핍을 강조하거나 인지주의 과정의 기본적 장애를 강조하는 것으로 분류됐다. 최근 대안 이론으로 신경과학적 접근에 대한 연구가 많이 이뤄지고 있다.

사이코패시의
유전적 요인

반사회적인격장애 기질이 있는 사람들을 대상으로 유전학적 연구를 해 온 결과 그들에게서 온건한 정도의 유전적 요소가 있음을 발견했다. 사이코패스 성격 목록(PPI)에서 지배와 충동적 반사회성이 유전적 요소의 유사한 영향을 받았으나 상호적으로 연관되지는 않았다. 반면 환경적 요소들은 반사회적인격장애 기질 중 우세한 것들에서 특정한 표출이나 표현에 영향을 미치는 것으로 알려져 있다.

실제 대규모 어린이 집단에 대한 연구에서도, 정서 결여 기질의 60% 이상이 유전성인 것으로 밝혀졌고, 이런 기질을 가진 어린이의 행동 문제들은 이런 기질을 갖지 않은 어린이들보다 더 큰 유전성을 보였다고 한다.

사이코패시의
환경적 요인

반사회적인격장애는 유전적 요인의 영향이 지배적인 것으로 알려지고 있으나 환경적 영향도 무시할 수 없다는 것이 일반적 사실이다. 일부 연구 결과에 따르면, 반사회적인격장애에 영향을 미치는 요소들 중에는 범죄 전과가 있는 부모, 신체적 방기, 아이 훈육에 대한 부모의 관심이나 참여 부족, 빈곤, 결손가정 등이 포함됐다. 그 밖의 중요 요소로는 부모의 부적절한 감독이나 감시, 지나치게 엄격한 훈육, 지나치게 큰 가족 규모, 비행 형제, 너무 어리거나 우울증이 있는 어머니, 낮은 사회계층, 좋지 않은 주거 환경 등이 있다. 또한 또래 친구들의 유해함, 주변 환경 속에서 나타나는 나쁜 처우도 반사회적인격장애와 상관성이 있는 것으로 보고됐다. 하지만 우선적으로 유전적 영향력이 강해서 다른 환경 요소들의 영향이 어느 정도인지 결정하기란 어렵다고 한다.

다만 최근 네덜란드에서 실시한 연구 결과에 의하면 반사회적인격장애가 문화적 요인에 영향을 받을 수 있다고 밝혔다. 네덜란드와 미국에서 반사회적인격장애 특성을 보이는 7,450명의 범법자들에게서 몇 가지 핵심적인 기질을 공유함에도 불구하고, 그들이 자신이 속한 문화에 따라 다양할 수 있다고 제안한 것이다. 미국 범법자들을 대상으로 사이코패시 체크리스트(PCL-R)로 검사한 결과 냉혹함이 1차적인 행동이었으나 네덜란드 범법자들은 무책임함과 기생적 생활 유형이 지배적인 특성이었다는 것이다.

사이코패시의 뇌손상과 진화론적 설명

다수의 연구자들은 반사회적인격장애자의 폭력이 뇌손상과 관련이 있다고 주장해왔다. 1980년대 이후 자기공명영상MRI 등 의료기기의 발달로 과학자들은 안와전두피질을 포함한 전전두엽에 대한 손상과 같은 외상적 뇌손상이 반사회적인격장애 행동과 '유사 반사회적인격장애 pseudopsychopath' 또는 '습득된 반사회적인격장애acquired sociopathy'로 이름 지어진 조건인 도덕적이고 사회적으로 수용 가능한 의사 결정 능력의 무 능함과 관련이 있다는 것을 확인하고 있다.

복내측시상하핵 전전두엽 피질 부분에 손상을 입은 사람들은 죄의 식이나 수치스러움 같은 사회적 감정과 공감능력이 부족하고, 혐오 조건 화의 결핍, 감정적 자극에 대한 자율반응의 축소 등을 보이는 등 반사회 적인격장애로 진단된 사람들과 놀라울 정도로 유사성을 보였다고 한다.

도덕적, 감정적 장애는 뇌손상이 어린 시절에 발생했을 때 특히 더 심각할 수 있다고 한다. 어린 시절에 전전두피질에 손상을 당한 어린이 들은 사회적이고 도덕적인 이성을 완전하게 성숙시키지 못하고, 공감이 나 죄의식을 갖지 않은 채 반사회적 행위와 공격 수준이 매우 높은 반사 회적인격장애자가 된다는 것이다. 또한 편도체의 손상도 변연계로부터 의 환류를 해석하는 전전두엽 능력에 장애를 일으킬 수 있으며, 이는 폭 력성과 공격성을 억제하거나 통제하지 못하는 것으로 이어진다고 한다.

반사회적인격장애는 폭력, 사고, 살인 그리고 자살과 같은 요인들에 기인하여 몇 가지 바람직하지 않은 삶의 결과를 만들 수 있다. 반면 일부 에선 진화론적인 측면에서 관찰해보면 반사회적인격장애가 사회에 큰 해악만 끼치는 것은 아니라고 주장한다.

다소 당혹스러운 이야기지만 진화론적 장점도 있다는 것이다. 그들 의 성적 표현과 표출조숙함과 문란함은 번식률을 증대시킬 수 있기 때문에 사회적으로 적합하다는 의미다. 로버트 헤어도 다수의 반사회적인격장애를 가진 남성들이 친화력이 좋기 때문에 번식률이 높아진다고 기술한 적이 있었다. 물론 그들의 유전자를 받은 아이들도 증가할 것이라고 덧붙였다.

아이가 성장할수록 유전보단 환경적 요소가 더 지배적

앞에서 쌍생아와 입양아를 대상으로 한 연구를 언급했는데 여기에서 주목해야 할 사실은 연구 대상인 청소년들을 연령별 집단으로 나누어 반사회적인격장애 기질과 특징의 변화를 들여다본 것이다. 연구 결과에 따르면, 9~10세와 11~13세 어린이들에게서는 유전이 94%에 환경이 6%, 11~13세와 14~15세 사이에서는 유전이 71%에 환경이 29%, 14~15세와 16~18세 사이에서는 유전이 66%, 환경이 34%로 나타났다.

이는 아동이 10대 후반의 청소년으로 자라면서 환경적 요소가 반사회적인격장애에 더 중요한 역할을 한다는 것을 보여주는 것이다. 이는 반사회적인격장애를 예방하기 위한 대안을 마련하는 데 매우 긍정적인 신호라고 할 수 있다. 특히 이 결과는 부모들의 인식을 바꾸는 데 한 요소가 될 수 있다. 대부분의 부모들은 아이의 반사회적인격장애 기질이 유전적 요소가 강하다고 생각하기 때문이다.

부모는 아동의 성장과 발달 과정에서 최대의 영향을 미치는 역할을 담당한다. 특히 반사회적인격장애 핵심 발달에 있어 매우 중요한 위치에 있다. 아마 이런 견지에서 신경범죄학자인 에이드리언 레인Adrian Raine은 부모 면허parental license 제도의 도입과 같은 조금은 극단적인 제안까지 내놓았을 것이다.

위의 연구에서 한 가지 더 주목해야 할 사항은 연령 범주별 연구에서 반사회적인격장애 발달에 핵심 전환점이 있다는 것이다. 연구자들은 반사회적인격장애의 발달을 조장하거나 제한하는 데 매우 중요한 시기를 사춘기 시작으로 보았다. 흥미롭게도, 반사회적인격장애 기질의 유전-환경 상호작용에 기초한 급격한 변화가 11~13세 조기에 일어나며, 성년이 되어서도 오랫동안 이어지는 경향이 있다는 것이다. 이때 부모와 교사의 훈육이 중요해진다는 의미다.

그 밖의 다른 연구에서는 사이코패스가 되는 과정에서 사춘기 말고 다른 전환점도 있다고 지적했다. 예를 들어 0~4세 사이에 생애 초기 부정적 사건이 반사회적인격장애에 영향을 미친다는 것이다. 이는 조기 환경요인이 반사회적인격장애 발달에 중요한 함의를 가진다는 것을 보여준다.

위의 이야기들을 종합해보면 반사회적인격장애는 대체로 유전적 요소가 영향을 미치나 아동 조기와 사춘기 환경요인에 따라 잠재적 사이코패스를 만들 수도 있고, 예방할 수도 있다는 것이다.

사이코패스의 심리학적 기제

사이코패스에 대한 심리학적 기제는 심리학적 공부가 필수적이다. 행동주의나 행동수정요법을 알아야만 이해할 수 있다. 이것을 전제로 간략하게 설명하고 넘어가려고 한다. 일반적으로 심리학적인 측면에서 반사회적인격장애에 자극이 일어날 때 보상체계가 정상적으로 기능한다는 주장이 제기되었지만 일부에선 유쾌한 자극에 대한 줄어든 반응성을 보고하기도 한다.

일부 실험실 연구는 고통스러운 자극에 대한 약한 조건화와 처벌을 유발하는 반응을 피하는 것에 대한 잘못된 학습, 고통스러운 자극을 기다리는 동안 피부 전도로 측정된 자율 신경계의 낮은 반응성을 포함하여, 정신병과 혐오 자극에 대한 비정형 반응 사이의 상관관계가 관찰되기도 했다.

반응조율가설response modulation hypothesis에 따르면 반사회적인격장애자는 전환이 필요하다는 환경적 신호를 받았음에도 기존의 행동을 바꾸는 데 어려움을 겪는다고 한다. 이는 반사회적인격장애자들이 처벌에 반응하는 데 어려움을 겪는 것으로 설명할 수 있다고 한다.

사이코패스의 신경과학적 기제

자기공명영상MRI의 기술 발전으로 신경과학 전문가들은 뇌 영역을 시각화하면서 반사회적인격장애를 가진 사람들의 감정, 사회적 상호작용, 윤리, 도덕성, 후회, 충동, 양심을 통제하는 능력 등을 관찰했다. 반사회적 인격장애와 신경계통의 연관성과 행동장애에 대한 원인을 밝혀내고자 노력했지만 여전히 반사회적인격장애의 감정적, 인지적 공감능력의 원인을 알아내고 그것으로 인한 치료는 분명하지 않다.

다만 지금까지의 선행연구들을 분석하고 검토한 결과 다른 여러 사항 중에서 감정적이고 학습 과정에 관련된 전전두 측두변연계의 뇌 비정상성과 반사회적인격장애가 종종 관련된다는 것을 암시한다. 신경영상학적 연구 결과들이 반사회적인격장애 검사에서 높은 점수를 받은 사람들과 낮은 점수를 받은 사람들 사이에 뇌 구조와 기능의 차이가 있음을 알아내기도 했다. 이는 편도, 해마, 해마곁이랑, 전대상피질, 측두피질과 전두피질 등에서 가장 현저하게 나타난다고 설명한다.

또 다른 연구에서도 폭력적이거나 반사회적인격장애를 가진 사람들이 안와전두피질, 우측 전대상피질, 왼쪽 배측 전전두엽피질에서의 구조 기능이 줄어들었다고 밝히기도 했다.

편도와 전두엽 부분이 특히 중요한 것으로 알려져 있는데 사이코패시 체크리스트(PCL-R) 검사에서 25점 이상을 받은 폭력행위 관련자들이 안와전두피질과 편도체를 연결하는 뇌백질 사이 미세구조 보전이 평균적으로 상당히 줄어들었다고 한다. 이런 증거가 바로 비정상성의 정도가 반사회적인격장애 정도와 심각하게 관련이 있으며 그들의 범죄행위를 설명하는 것이라고 암시한다. 편도의 변화는 아동의 정서 결여 기질과도 관련이 있다고도 알려져 있다.

그러나 편도는 긍정적 감정과도 관련이 있으니, 일관성이 있는 연구 결과를 내놓지 못하는 상황이다. 결국 이 부분에 대한 분명한 결론을 내리기엔 아직 이르다고 할 수 있다.

로버트 헤어의 정의대로 양심은 결여되어 있지만 최고 수준의 자기 확신을 가진 사이코패스의 뇌 속을 관찰한 신경과학 전문가들은 사이코패스의 가장 큰 특성은 바로 '공감능력의 결여'라고 보고 있다. 연구자들은 이들이 반사경 신경계mirror neuron system를 가졌기 때문일 것으로 주장한다.

실제 반사회적인격장애 점수가 매우 높은 사람들을 대상으로 기능적 자기공명영상FMRI으로 뇌를 촬영하는 실험을 한 적이 있었다. 자신에게 가해지는 고통을 보는 것과 다른 사람에게 가해지는 고통을 보는 상황을 연출했는데 자신의 고통에는 반응했지만 다른 사람의 고통에는 반응하지 않았다.

물론 아직은 신경과학적인 측면에서 최종적인 결론에 이르지는 못했지만 반사회적인격장애 기질을 가진 사람들에게서 감정을 다루는 뇌 영역의 변화를 발견한 것만은 확실하다. 특히 이 부분은 위협과 부정적 감정을 다루는 영역이라고 한다.

또한 신경과학 전문가들은 반사회적인격장애를 가진 사람들이 뇌의 감정적 영역보단 인지적 영역에서 더 많은 일들을 처리한다는 사실도 발견했다. 이는 반사회적인격장애를 가진 사람들은 다른 사람의 감정에 전혀 반응하지 않지만 그것을 이용할 수 있는 수단으로 여긴다는 것을 의미한다. 이는 반사회적인격장애의 특성을 설명해주는 중요한 연구 결과다.

사이코패스의 생리학적 기제

낮은 수준의 코르티솔과 세로토닌 그리고 높은 수준의 테스토스테론도 반사회적인격장애를 일으키는 데 한 요소로 알려져 있다. 테스토스테론은 접근 관련 행동, 보상 민감성 그리고 두려움 축소 등과 관련되며, 테스토스테론의 주입이 처벌로부터 보상 민감성으로 균형을 전환시키고, 두려움을 줄이고, 공격성을 증대시킨다고 한다. 일부 연구에서는 높은 수준의 테스토스테론이 반사회적이거나 공격적 행위와 관련이 있다고 하지만 다른 연구에서는 테스토스테론 혼자만으로 공격성을 야기하지는 않지만 지배를 추구하는 욕구를 증대시킬 수 있다고 한다.

물론 높은 수준의 테스토스테론과 반사회적인격장애의 연관성은 분명치 않지만 몇몇 연구는 세로토닌 신경전달의 붕괴가 스트레스를 유발하는 작업언어에 대한 코르티솔 반응성을 방해한다는 것을 발견했다. 낮은 코르티솔은 반사회적인격장애의 반응성과 연계가 된다고 알려져 있다. 코르티솔은 금단 행동과 처벌에 대한 민감도를 증가시키는데 반사회적인격장애자들을 관찰한 결과 코르티솔이 비정상적으로 낮았다.

높은 수준의 테스토스테론과 낮은 세로토닌이 결합하면 충동적이고 매우 부정적 반응을 야기할 수 있는데 그런 상황에서 좌절하거나 도

발을 받게 되면 폭력적 공격성이 증대된다고 한다. 흥미롭게도 높은 수준의 테스토스테론과 반사회적인격장애의 연관성을 살펴볼 때 사이코패스의 공격성이 왜 여성보다 남성에게 더 높은지를 설명해준다.

그러나 일부에선 반사회적인격장애의 감정적 대인관계 기질과 약탈적 공격성은 충동적이고 반응적인 공격성과는 대조적으로 세로토닌 작동 기능의 증대와 관련이 있다고 주장한다. 인격장애를 가진 범법자들을 표본으로 세로토닌과 반사회적인격장애의 관계를 연구한 결과, 세로토닌 기능이 충동적이고 반사회적인 기질과는 역으로 관련됐지만 오만하고 기만적인 기질과는 긍정적인 상관관계를 보였다고 한다. 높은 수준은 아니지만 죄의식과 후회를 하지 않고 냉담한 기질과도 어느 정도 긍정적인 상관관계를 보였다고 한다. 그러나 아직은 정확한 결론을 내리기엔 더 많은 연구가 필요한 단계라고 하는 게 바람직하다고 할 수 있다.

모든 사람의 뇌 속에는 측두엽 내부에 편도체라고 알려진 일련의 아몬드 모양을 한 핵이 있는데, 뇌의 바로 이 부분이 우리의 감정과 의사 결정을 조절하는 역할을 한다. 그리고 이 부분이 반사회적인격장애의 행동이 비롯되는 기초가 된다.

실제 자기공명영상MRI을 이용한 연구 결과 반사회적인격장애자들의 편도체는 보통 사람들보다 평균 18% 정도 작았다고 한다. 이는 반사회적인격장애자를 단순히 악마로 치부할 것이 아니라 신경과학적 결함을 가진 사람들로 인식해야 할 가능성을 암시한다.

참고 자료

- https://www.psychologytoday.com/us/blog/making-evil/201902/what-we-get-wrong-about-psychopaths
- https://blogs.royalsociety.org/inside-science/2017/10/09/why-do-some-people-become-psychopaths
- https://www.psychiatryadvisor.com/home/topics/disruptive-impulse-control-and-conduct-disorders/new-dimensions-in-psychopathy-are-there-cultural-differences-in-psychopaths
- https://en.wikipedia.org/wiki/Psychopathy
- https://brainblogger.com/2016/12/06/the-science-of-raising-a-friendly-psychopath
- https://www.medicalnewstoday.com/articles/321839
- https://sciencenorway.no/genetics-law-psychology/we-should-spend-more-time-studying-successful-psychopaths-says-forensic-psychiatrist-randi-rosenqvist
- https://www.pennmedicine.org/news/news-blog/2018/september/psychopathy-murder-myths-media
- B. Verschuere, van Ghesel Grothe S., Waldrop L., et al., What features of psychopathy might be central? A network analysis of the Psychopathy Checklist-Revised(PCL-R) in three large samples," Journal of Abnormal Psychology, 2018, 127(1): 51-65

다양하고 복잡한
사이코패스의 특성

×
×
×

정상인과 사이코패스의
가장 근본적인 차이

일반 사람들은 사이코패스가 저지른 잔인한 행위의 충격적인 이미지를 보거나 설명을 들으면 식은땀을 흘리거나 소름이 돋을 정도로 끔찍해하며 심장박동의 변화를 일으키곤 한다. 하지만 사이코패스는 잔혹한 행위를 할 때 심장박동의 변화가 일어나거나 땀을 흘리는 등의 정상적인 생리적 반응을 보이지 않는다. 그래서 범죄심리학자나 정신의학자 또는 경찰이나 검찰 관계자들은 깜짝 놀란다. 또한 그들과 눈싸움을 해서 이기는 것은 불가능하다고 말하기도 한다.

그래서 사이코패스가 자신의 증상이나 기질을 표출하는 것은 극적으로 약화된 감정의 영향일 것이다. 다만 현장에서 반론의 여지가 다분히 있지만 그들이 장애로 인해 엉망이 된 감정의 증상이나 징조, 신호는 여러 곳에 표출되기도 한다.

정상적인 정신을 갖춘 사람들은 '정상적인 감정적 영향의 결여'로 생긴 문제는 되도록 '정상적인 감정적 영향을 발휘해' 사회의 도덕적 기준에 맞추려고 행동한다. 그렇게 해야 양심의 가책이 덜해지기 때문이다.

더불어 정상인들은 옳고 그름을 구분하기 위해 도덕성과 양심, 죄의식 또는 공감능력과 같은 감정을 필요로 하고, 그것을 활용한다. 인간관계를 맺을 때도 그것을 바탕으로 신뢰를 구축한다. 그러나 불행하게도 사이코패스는 이런 감정들을 그리 중요하게 여기지 않는다. 실제로 아이를 발로 차는 것과 볏단을 발로 차는 것 중 어느 것이 더 나쁜지에 대해 물으면 동일한 반응을 보인다고 한다. 결과적으로 사이코패스는 자신의 행동이 남에게 끼친 고통에 대해 완전한 무관심을 보인다.

인격에 대한 장애가 아니라
뇌의 감정회로에 대한 장애로…

사이코패스의 이런 기질은 정상인들에게 주는 함축적 의미가 매우 극적이다. 그들은 정상인들의 행동을 규제하는 윤리적 족쇄로부터 자유롭다. 그래서 구속받기를 거부하면서 자신만의 개인적 이익을 위해 반사회적 어젠다를 추구한다.

사이코패스가 일상생활에서 표출하는 행위는 놀라울 정도로 다양하지만 전문가들이 지목하는 근본 원인은 장애로 생긴 감정적 영향이다. 실제로 신경영상 연구에 따르면 사이코패스는 감정 처리와 연관된 부변연계paralimbic system를 형성하는 뇌 영역에서 정상인들과 비교하여 극단적으로 기능적 차이를 보이는 것으로 나타났다.

우리는 이제까지 사이코패시를 반사회적으로 인격에 장애가 생긴 것으로 간주했지만 실제로는 뇌의 장애, 특히 대인관계를 다루는 감정 회로의 장애라고 보는 게 더 타당할 수 있다. 그래서 일부는 사이코패시를 생물학적으로 인식하는 것이 아니라 사회적 또는 행동적 관점으로 이해하면 사이코패시의 개념이 좀더 명확해질 수 있을 것이라고 생각하기도 한다.

유전적 요인과 환경적 요인이 복합적으로 뒤섞이면?

어쩌면 이런 특성으로 인하여 우리는 또 다른 도전에 직면하게 되는데, 바로 사이코패스와 소시오패스의 문제다. 이 이중적 또는 복수적 특성이 소시오패스와 사이코패스의 차이에 관한 혼란과 혼돈을 분명히 해주기도 한다.

요즘 들어 사이코패스와 소시오패스의 분류에 대한 의견이 지배적이지만 예전에는 이 두 용어를 상호교환적으로 사용했다. 소시오패스는 1970년대에 유행하게 된 학술 용어로, 역기능적 사회 조건을 통해 파생된 것으로 의미를 한정했다.

그러나 사이코패시의 특성을 전제로 한다면 분명히 사이코패스는 신경계통과 관련되어 있다. 이는 곧 사이코패스의 핵심에는 생물학적인 것이 자리잡고 있음을 보여준다.

그럼에도 사이코패스가 선천적으로 갖고 태어난 것인지 아니면 후천적으로 만들어지는 것인지에 대한 의문은 아직도 풀리지 않았다. 반사회적인격장애의 징조나 신호가 그것이 행위적이든 신경학적이든 간에 둘 다 모두 아동 초기 때부터 나타날 수 있으며 이는 사이코패시에 강력한 유전적 요소가 있음을 암시한다고 할 수 있다.

반면 환경적 요소도 한 역할을 한다는 증거 또한 많다. 아동기 때 부모 중 한 사람의 부재 혹은 물리적 학대 등이 반사회적인격장애의 기질을 예측할 수 있는 강력한 요인이 될 수 있다고 한다. 특히 유전적 요인과 환경적 요인이 복합적으로 뒤섞여 있는 경우 어느 한 방향으로 특정을 짓기가 어렵다. 결국 유전적 기질과 환경적 요소의 결합이 성인기 사이코패시 발현의 기저라고 할 수 있을 것이다.

대담함, 탈억제, 비열함이라는 3가지 독립적 증상 요소

사이코패시에 대한 역사적 개념화와 측정 도구에 따라 상이한 증상이나 특징을 보였다. 바로 이런 이유로 오늘날까지도 정신의학자들과 범죄심리학자들 사이에선 사이코패시가 정확하게 무엇인지, 어떤 원인에 의해 발생하는지 분명한 합의에 도달하지 못하고 있다.

물론 합의되지 못한 문제를 고려해서 상이한 개념을 모으기 위한 시도로 최근 삼원사이코패시 측정 도구(TriPM)를 통해 대담함, 탈억제감정적으로 억제하지 못하는, 비열함이라는 3가지 독립된 증상 요소를 내세웠다.

앞에서 잠깐 언급했지만 삼원사이코패시 측정 도구(TriPM)의 3가지 독립된 증상 요소 중 첫 번째인 대담함에는 지배dominance, 사회적 확약social assurance, 감정적 회복탄력성emotional resilience 그리고 모험심venturesomeness이라는 감정을 함축하고 있다.

두 번째 요소인 탈억제는 충동성impulsiveness, 연약한 행동 제한weak behavioral restraint, 적대와 불신hostility and mistrust, 감정 조절의 어려움difficulties in regulating emotion 등을 포함하고 있다.

세 번째 요소인 비열함은 공감능력과 동정심의 결핍, 친화력의 부족lack of affiliative capacity, 다른 사람에 대한 경멸contempt toward others, 약탈적 착취predatory exploitativeness 그리고 잔인함과 파괴성을 통한 권한 강화 등의 의미를 수반한다.

이 삼원사이코패시 측정 도구(TriPM)에서 살펴보면 사이코패스에 대한 허비 클레클리의 개념은 대담함과 탈억제를 강조하는 반면에, 범죄 지향적 개념에서는 비열함과 탈억제를 보다 더 강조하는 편이라고 할 수 있다. 이 측정 도구에 따르면, 탈억제적 성향이 강한 사람이 비열함과 대담함에서 높은 점수가 나왔다면 사이코패시 진단이 용이해질 수 있으나 3가지 중 하나의 성향만 높은 사람은 그렇지 않을 수도 있다는 것이다.

모든 사이코패스는
반사회적인격장애를 앓고 있는가?

사실 비도덕적, 비사회적, 반사회적 등의 용어가 붙은 인격장애들의 정의는 분명하지 않다. 사회가 기대하는 행동들에서 벗어난, 즉 일탈적인 행동에 가담하는 사람들을 기술하기 위해 무작위로 사용되는 경우가 많다.

지금까지 암묵적으로 동의하는 사실은 반사회적인격장애를 가진 사람들을 모두 사이코패스라고 할 수 없다는 것이다. 많은 연구에서 반사회적인격장애를 가진 사람의 3분의 1 정도만 사이코패스의 범주를 충족시키는 것으로 알려져 있다.

그렇다면 그 반대는 어떨까? 모든 사이코패스는 반사회적인격장애 진단을 받을까? 다수의 정신의학자들은 그렇게 믿는 것 같아 보이지만 일부에서 반사회적인격장애 외 다른 인격장애와 사이코패스 사이의 관계를 관찰해보는 경우도 있다고 한다. 이들은 사이코패시를 일종의 '불특정 인격 이상nonspecific personality abnormality' 정도로 기술한다.

사이코패시의 정의에서 반사회적 행위를 배제하고, 사교적으로 무감각한 사이코패시적인 사람도 있을 수 있다고 주장하는 것이다. 이런 면에서 사이코패스는 자신의 비정상성, 이상, 기형으로 인해 자신도 고통을 받고 남에게도 고통을 초래하는 그러한 사람이라고 해석하는 것이다.

이와 같은 정의는 인격장애를 가진 사이코패스의 고통을 인정하지 않는 기존의 사이코패시에 대한 정의와는 사뭇 다를 수 있다. 이런 논란은 두 개념의 양상이 다르기 때문이다. 하나의 개념은 사회적인데 다른 하나는 심리학적인 데 초점을 맞추기 때문이다. 반사회적인격장애를 사회적으로 살펴보면 반사회적 행위의 중요성에 초점을 맞춘다. 하지만 심리학적으로 살펴보면 인격인성에 초점을 맞춘다. 반사회적 행위를 배제하고 사교적으로 무감각한 사이코패시적인 사람이라는 개념의 기초는 심리학적인 측면보단 사회학적인 측면에 초점을 맞춘 것이다.

최근에는 반사회적인격장애를 반사회적 기질이라기보다 자기애성 인격장애narcissistic personality disorder나 연극성 인격장애histrionic personality disorder에 더 가까운 기질로 보는 경향도 나타나고 있다. 이런 견해에 따르면, 충동성, 허위성falsity, 무책임성, 회한의 결여 등과 같은 일부 기질이 반사회적인격장애 안에서 발견되고 있으나 일부는 다른 군에 속하는 인격장애에서 나타난다는 것이다. 예를 들어 과장이나 공감능력 결여, 충동성 등은 경계성 성격장애borderline personality disorder의 기질과 상통한다. 이런 견지에서, 연구자들은 반사회적인격장애와 범죄행위의 관계에 대해 지나친 평가를 경계했다.

무정함,
다른 사람에 대한 관심이 없다

사이코패스에 대한 특성은 그 개념만큼이나 매우 다양하고 복잡할 수 있지만, 지금까지 알려진 것들을 종합하면 다음과 같은 핵심적인 특성들로 요약될 수 있다.

그 특성 중 첫 번째는 무정함이다. 사이코패스 측정 도구의 하나인 사이코패시 체크리스트(PCL-R)에서는 사이코패스를 무정하고 냉담하며, 공감능력이나 동정심이 부족한 것으로 기술하고 있는데, 이런 기질은 사이코패스 성격 목록(PPI)에서도 냉담함이나 무정함으로 나타난다. 이를 통해 사이코패스는 다른 사람의 감정에 대해 냉담하거나 무정함이 주를 이룬다고 볼 수 있다.

그런데 이런 특성은 생물학적인 요소에 기인하는 경우가 많다. 일반 사람들은 대체적으로 다른 사람에 대한 관심이 많고, 누군가를 보살피는 것에 기쁨을 얻거나 챙김을 받는 것에 안정을 찾는다. 하지만 사이코패스의 뇌는 감정 체계의 요소들 사이의 연결이 약한 것으로 알려져 있다. 이 때문에 사이코패스는 다른 사람의 감정을 깊이 이해하지 못하는 것일 수도 있다.

또한 정상인들은 윤리적 감각으로 행동의 옳고 그름을 구별하며 어떤 혐오스러운 일이 일어나면 거부의 반응을 보인다. 반면 사이코패스는 윤리적 감각의 경계가 모호하기 때문에 정상인이 혐오스러워하는 것에 대해 아무런 동요를 일으키지 않는다. 불행하게도 사이코패스는 정상인들이 혐오하는 것에 대한 기준점이 극단적으로 낮다고 할 수 있다.

피상적 감정과 무책임성, 불성실하고 위선적인 언변

두 번째 특성은 피상적인 감정Shallow emotions이다. 사이코패스는 감정, 특히 수치심, 죄의식 그리고 당황 등과 같은 사회적 감정이 부족하다. 허비 클레클리는 자신이 접촉했던 사이코패스들을 관찰한 결과 죄의식, 후회 또는 수치심의 부재와 주요 감정 반응이 일반적으로 빈약했다고 보고했다.

사이코패시 체크리스트(PCL-R)에서도 사이코패스를 죄의식이 없고 무감정적인 것으로 기술하고 있다. 사이코패스는 두려움이나 공포가 결여된 것으로도 잘 알려져 있다.

세 번째 특성은 무책임성irresponsibility이다. 허비 클레클리에 따르면 사이코패스는 신뢰가 부족하다고 보고했다. 그래서 사이코패시 체크리스트(PCL-R)에서는 '무책임성'을 언급하고, 사이코패스 성격 목록(PPI)에서는 자신의 잘못을 인정하지 않고 남을 비난하는 '비난의 외재화 blame externalization'를 기술하고 있다.

물론 사이코패스도 구석에 몰리면 어쩔 수 없이 자신의 잘못을 인정하지만 그 속에는 후회나 수치심이 동반되지 않으며, 자신들의 미래 행위를 변화시킬 힘도 없다는 것이다.

네 번째 특성은 불성실하고 위선적인 언변이다. 사이코패시 체크리스트(PCL-R)에서는 말발이 좋고 인위적 매력으로 자신을 포장하는 것으로 기술하는 반면 허비 클레클리는 진실성이 없고, 무성의하고 위선적이며, 직설적인 '병리적 거짓'에 이르기까지, 사이코패스는 말을 왜곡하고 부풀림으로써 자신의 이익과 목표를 지향한다고 해서 그들의 언변을 평가 절하하고 있다. 사이코패시^{반사회적인격장애}의 범주 중에는 자신의 개인적 쾌락과 이익을 위하여 다른 사람을 속이는 것이 포함되어 있다.

지나친 확신과 한정적 주의력, 이기심과 무계획성

다섯 번째 특성은 지나친 확신^{overconfidence}이다. 사이코패시 체크리스트(PCL-R)에서는 이들이 '자신의 가치에 대하여 지나칠 정도로 과다하게 느끼고 있다'고 설명하고 있으며, 허비 클레클리도 환자들의 허풍을 종종 목격했다고 밝혔다. 로버트 헤어도 자신이 세계 기록을 가진 수영선수라고 믿고 있는 한 재소자를 언급한 적이 있다.

여섯 번째 특성은 주의력의 왜소화 또는 한정적 주의력이다. 이 특성은 어쩌면 사이코패스에게서 가장 핵심적으로 결핍되어 있는 부분이라고 하는데 이는 반응 조절의 실패 때문이라고 한다.

예를 들어 정상인들은 어떤 일을 하게 되면 진행 과정에서 부차적인 정보에 따라 자신의 반응이나 대응을 조절하거나 행동을 변경하는데 사이코패스는 특히 이 능력이 결핍되어 있다고 한다. 그렇기 때문에 사이코패스의 특성인 충동성은 물론 감정 처리와 회피성에 대한 문제점에 대해서까지 설명이 가능하다.

일곱 번째 특성은 이기심이다. 허비 클레클리는 이를 '병리적 자기중심성pathological egocentricity 그리고 사랑에 대한 무능력을 보이는 것'이라고 했다. 사이코패스 성격 목록(PPI)에서도 이런 특성은 측정되고 있으며, 사이코패시 체크리스트(PCL-R)에서도 '기생적 생활 유형Parasitic lifestyle'이라고 언급하고 있다.

여덟 번째 특성은 미래를 설계하는 능력이 없다. 허비 클레클리는 환자들이 생활계획표에 따라 행동하는 것에 실패했다고 보고했다. 사이코패시 체크리스트(PCL-R)에서는 그들이 현실적인 장기목표가 결여되어 있다고 기술했고, 사이코패스 성격 목록(PPI)에서는 그들이 '무사태평한 무계획성'을 보인다고 설명한다.

폭력의 용인 수준이 높다

마지막으로 이 책의 가장 핵심적인 관심 사항이기도 한 폭력성을 들 수 있다. 반사회적인격장애의 범주 중에는 좌절에 대한 아주 낮은 수준의 용인과 폭력을 포함해 공격성을 내보이는 기준점이 낮다는 점을 포함하고 있다.

일반적으로 범죄학에서는 '폭력의 용인 수준Tolerance Level of Violence' 즉, 폭력을 폭력이라 생각하지 않고 받아들이는 수준을 통해 폭력성의 기준을 설명한다. 예를 들어 폭력적인 사람일수록 이 폭력 수용 수준이 높다. 그만큼 폭력에 둔감해서 폭력에 가담하기 쉬워진다. 한편 반사회적인격장애의 범주에서는 반복되는 물리적 싸움과 폭력으로 나타나는 '과민성irritability'과 공격성이 포함되어 있다.

사이코패스의
인지력은?

사이코패시반사회적인격장애의 인지력은 뇌의 전전두피질과 편도체 부분의 역기능으로 인해 낮다고 알려져 있다. 이것은 학습장애와도 관련이 있다. 1980년대 이후부터, 과학자들은 전전두피질이나 편도체 등을 포함하는 외상적 뇌손상을 폭력행위와 반사회적인격장애와 연계시켜왔다.

실제로 뇌손상을 입은 환자들의 뇌를 관찰하면 사회적, 도덕적 지식을 습득할 수 없었던 사이코패스의 뇌와 매우 비슷하다고 한다. 특히 어린 시절 뇌손상을 당한 사람들은 사회적, 도덕적인 이성적 사고를 개념화하는데 어려움을 가질 수 있는 반면, 성인기에 뇌손상을 당한 환자들은 사회적, 도덕적인 이성적 사고에 대한 개념을 인지하고 있지만 행동에서 적절하게 반응하지 못한다고 한다. 특히 편도체와 복내측 전전두엽 피질 Ventromedial Prefrontal Cortex의 역기능은 사이코패스에게 있어 충동이나 자극 재강화 학습에 장애를 일으킨다고 한다.

한편 일부 연구에서는 사이코패스와 지능의 역관계에 주목하지만 다수의 문헌에선 사이코패스와 지능지수 사이에는 아주 미약한 상관성만을 보인다고 한다.

물론 허비 클레클리가 제안한 초기 사이코패스를 측정하는 검사지에는 안정적인 지능지수를 보이는 환자들도 포함됐으나 이는 당시 환자들 중 대부분이 고등교육을 받은 중상류층 사람들이었다는 것에 기인한 것으로 보인다. 반사회적인격장애가 안정적인 지능지수와 어떻게 관련되는지에 대한 논리와 이유를 설명하지도 않았다. 실제로 그들 중 일부는 명석하고, 일부는 그렇지 않은 것으로 밝혀졌다.

더불어 사이코패스의 대인관계적, 감성적, 행위적, 생활 유형 요소 등을 통해 추정하는 다양하고 상이한 개념 정의도 지능지수와는 다른 결과를 도출할 수 있다. 지능지수 중 언어적, 창의적, 분석적 등 어떤 항목을 연계시키는가에 따라 사이코패스와 지능지수의 연관관계가 달라질 수 있는 것이다.

사이코패스는 후회나 자책을 하지 않는다고?

사이코패스를 설명할 때 가장 큰 특징은 바로 아무런 죄의식을 느끼지 못한다는 점이었다. 하버드대학 심리학과 교수인 조슈아 벅홀츠Joshua Buckholtz와 예일대 심리학과 교수인 아리엘 배스킨 소머스Arielle Baskin-Sommers가 함께 연구한 결과에 따르면 기존 인식에 대한 사뭇 다른 결과를 내놓았다. 바로 사이코패스는 후회를 하지 못하는 것이 아니라 후회를 하지만 그들의 선택에 영향을 미치지 않는다는 것이다.

대부분의 사람들은 사이코패스라고 하면 냉혹하고 감정이 없고 자신의 욕망을 채우기 위해 어떤 행동이라도 할 수 있는 한니발 렉터 유형의 연쇄살인범을 생각한다. 일반 대중뿐만이 아니라 인격장애를 연구하는 정신의학 전문가들조차 그들을 죄책감이나 후회, 자책 등과 같은 감정을 처리하는 능력이 심각하게 결여되어 있다고 특징지었다.

하지만 조슈아 벅홀츠와 아리엘 배스킨 소머스 교수가 함께 연구하고 집필한 이론이 미국 국립과학아카데미 회보에 게재되면서 시선을 끌었다.

사이코패스는 후회나 자책, 공감능력의 결여와 실망과 같은 감정을 느낄 수 없는 것이 아니라 그들이 할 수 없는 것은 바로 자신의 선택이 가져오는 결과에 대한 정확한 예측을 하지 못할 뿐이라고 주장한 것이다.

> "그들이 두려움과 같은 부정적인 감정을 일으키거나 다른 사
> 람들에 의해 생성된 감정적인 신호에 적절하게 반응할 수 없
> 기 때문에 나쁜 선택을 한다는 것이 기정사실화되었습니다.
> 하지만 우리는 그 생각을 뒤집어버렸습니다."

벅홀츠는 일반 사람들의 후회를 선택에 대한 아쉬움에 대한 개념이라고 설명하면서 다른 선택을 할 경우 더 나은 결과를 얻을지도 모른다는 일종의 감정적인 경험이라고 했다. 그래서 우리는 후회를 하지 않기

위해 환경이 주는 신호를 받아들이는데 사이코패스는 이러한 긍정적 후회 신호를 사용할 수 없고, 얼마나 후회를 할 것인지를 예상하기 위해 자신들에게 주어진 정보를 사용할 수 없다고 한다. 즉, 그들은 전형적으로 후회를 이끌어내는 상황에서 정상적이거나 심지어 강화된 감정적 반응을 가지고 있지만, 환경의 정보를 제대로 추출하는 데 어려움을 겪는다는 것이다. 이는 복내측 전전두엽피질이라고 불리는 뇌 영역의 장애 때문이라고 추정한다.

실제로 대부분의 연구에서 반사회적인격장애로 진단된 사람들의 자기공명영상을 보면 뇌의 활동이 줄었다는 결과들이 있는데 바로 이 점이 사이코패스의 공감능력이 왜 낮은지에 대한 부분적인 이유라고 한다.

조슈아 벅홀츠와 아리엘 배스킨 소머스 교수의 연구는 향후 사이코패스에게 어떤 처벌을 내리는지에 대한 새로운 방향을 제공할 것으로 기대하고 있다.

누구에게도 말하지 못하는 사이코패스의 숨겨진 고통

사이코패스는 모두 정상적인 감정과 공감능력이 결여되어 있는가? 그들은 모두 차갑고, 비정하고, 비인간적인 존재인가? 사실 사이코패스는 부적절한 판단력, 병리적 자기중심성과 사랑에 대한 무능력, 거창한 자기가치관, 병리적 거짓말, 약탈적 행동, 부적절한 자기통제, 문란한 성행위,

다양한 범죄 등의 진단적 특성을 가지고 있다.

　하지만 일각에선 사이코패스들도 정상적인 사람들과 마찬가지로 자기 방식대로 부모나 배우자, 자녀, 애완동물을 사랑하지만 그 외의 사람들을 믿고 사랑하는 데 어려움을 겪는다고 한다. 그들 또한 사랑하고 사랑받는 사람의 죽음, 이별, 격리와 분리의 결과로 상처를 받고, 또는 자신의 일탈적 행동에 대한 불만으로 감정적 고통을 받는다.

　그렇다면 그들의 고통과 슬픔의 원인은 무엇일까? 이렇게 말하자니 조금 모순감이 든다. 그들 또한 사람이니 고통과 슬픔을 느끼는 것은 당연할 것이다. 그럼에도 그들의 특성은 정상인과 다른 점이 많기 때문에 이렇게 표현할 수밖에 없는 점을 이해하기 바란다.

　사이코패스는 정상인과 똑같이 다양한 이유로 감정적 고통을 겪을 수 있다. 그들도 사랑과 관심을 받고 싶은 깊은 소망을 가지고 있지만 상대방이 보고 느끼기에 다소 쉽게 받아들이기 힘든 인격에 대한 특성을 가지고 있기에 그것이 쉽게 이뤄지지 못한다고 한다.

　사이코패스들도 간헐적으로 자신의 행위가 다른 사람에게 미치는 영향을 알고 있으며, 그것을 통제할 수 없는 자신의 무능함 때문에 진심으로 슬퍼할 수 있다고 한다. 이 점이 그들이 안정된 사회관계망이나 따뜻하고 밀접한 유대를 갖지 못하는 원인이 되기도 한다.

　그들의 인생사를 살펴보면 어릴 적 안정적이지 못한 가정에서 생활한 경우가 많다. 부모의 관심과 지도가 결여됐고, 부모의 약물 남용과 반사회적 행위로 학대를 받았고, 부모의 이혼이나 죽음으로 정서적 상처를 받았다. 더불어 그들의 주변에는 부정적인 영향을 주는 사람들이 많았다.

　그렇기에 사이코패스들은 자신들을 '생태학적 결정론의 수형자 prisoner of ecological determinism'라고 느끼면서 정상인과 비교해 자신에게 주어진 인생의 혜택이 적다고 생각한다. 그들은 겉으론 오만해 보이지만 속으론 자신이 남보다 열등하다고 느끼며, 자신의 행동으로 인해 사회적 낙인이 찍혔다는 것을 알고 있다.

　일부 사이코패스들은 자신에게 주어진 환경에 잘 적응하고 심지어 주변 사람들에게 인기를 받기도 하지만 자신의 본성을 다른 사람들이 받아주지 않기 때문에 숨겨야 한다고 느낀다고 한다. 이것은 사이코패스에게 어려운 선택을 강요한다. 자신을 숨기고 조용히 다른 사람과 융화하면서 자신에게 있어 비현실적인 삶을 살아야 할 것인지 아니면 사회공동체로부터 소외된 외로운 삶을 살아야 할 것인지를 선택해야 하는 것이다. 그들 또한 정상적인 사람들처럼 사랑과 우정을 나누고 싶지만 자신이 그것을 제대로 해낼 수 없다는 사실에 낙담한다.

　사이코패스는 과다한 자극을 받기 위해 무모한 모험을 시도해보지만 주변 사람들과의 갈등과 비현실적인 기대로 환멸만 남기고 끝난다. 여기에 자신들의 말초적 쾌감 추구를 통제할 수 없어 다시 낙담하면서 반복적으로 자신의 약점에 직면하게 되는 것이다. 물론 그들도 자신을 변화시키려는 시도를 해보지만 나쁜 행동에 대한 공포 반응이 낮고, 사회화 경험이 부족해 여러 사법제도와 마찰을 일으켜 더욱 부정적으로 변

58

하고, 좌절로 인해 우울한 감정을 반복적으로 받는다는 것이다.

특히 사이코패스는 나이가 들면서 매번 주어진 환경에 자신의 본성을 숨겨야만 하는 일에 에너지를 소모하는 생활 방식을 고수하게 되는데 이는 대인관계에 대한 불만으로 이어질 수 있다고 한다. 그러다 보면 늘 일상이 지겹고 우울해지면서 안정적인 삶을 영위할 수 없는 것이다.

사실 사이코패스는 사회적 고독이나 격리 때문에 감정적 고통을 받아 폭력적으로 변한 것일 수도 있다. 그들은 세상이 자신에게 등을 돌리고 있다고 믿고 있으며 그 결과 자신의 욕구를 충족하기 위한 특전이나 권리를 가져야 한다고 확신하는 것으로 보인다.

사이코패스로 알려진 미국의 연쇄살인범인 제프리 다머와 영국의 연쇄살인범인 데니스 닐슨Dennis Nilsen, 1945~2018●이 언급했듯이, 폭력적으로 변한 사이코패스는 자신들이 정상 세계와의 마지막 얇은 연결마저 뭉개졌다고 느끼는, 다시는 돌아오지 못할 지점에 이르렀다고 생각하게 된다고 한다. 그 결과 그들의 고통과 슬픔은 더 증대되고, 그들의 범죄는 점점 더 괴상해진다는 것이다. 특히 데니스 닐슨의 범행 동기는 "그들이 돌아가는 게 외로웠기 때문에"이라고 말할 정도로 매우 일상적인 것이었다. 극악의 범죄를 저지른 그들은 실제로 친구가 없었다. 그들의 유일한 사회적 접촉은 동성애 바에서 성적 취향이 같은 이들과 이따금 만나는 것이 전부였다.

●　15명의 남성을 살해한 뒤 시간한 혐의로 체포되어 25년간 가석방 없는 종신형을 받고 수감된 후 2018년 옥중 사망했다.

데니스 닐슨은 자신이 죽인 시신들과 함께 TV를 시청했으며 대화를 나눴다. 제프리 다머는 자신이 죽인 사람과 하나가 되기 위해 시신의 일부를 먹기도 했는데 그렇게 함으로써 자신이 죽인 사람이 자신의 몸속에서 더 오래 산다고 믿었다고 한다.

물론 정상인들은 반문할지도 모른다. 자신의 외로움과 고독, 사회적 실패로 인한 참을 수 없는 고통 때문에 다른 사람에게 해악을 끼치는 범죄를 저지른다고? 하지만 이들은 소외, 거부, 학대, 굴욕, 방기로 인한 감정적 고통을 겪은 것에 복수를 하기 위해 자신만의 가학적 세계를 만들기 때문에 엽기적인 범죄를 저지르는 것이다.

그래서일까? 연쇄살인범 제프리 다머와 데니스 닐슨은 살인행위 그 자체를 결코 즐기지 않았고 좋아하지 않았노라고 주장했다. 제프리 다머는 피해자에게 수면제를 먹여 감각기능을 마비시킨 후에 그들의 뇌에 산성을 투입해 좀비를 만들려고 했다. 그 이유는 피해자에 대한 완전한 통제를 원했기 때문이다. 그리고 그것이 실패하면 살해했다.

데니스 닐슨의 경우 죽은 사람은 자신을 떠나지 않기 때문에 산 사람보다 죽은 사람과 사는 것이 더 편안했다고 말했다. 실제로 그는 시신을 대상으로 시를 쓰고 시신에게 감미로운 말을 하는 등 가능한 오랫동안 시신과 함께 있고 싶었다고 한다.

참고 자료

- https://www.elsevier.com/connect/psychopaths-what-are-they-and-how-should-we-deal-with-them
- https://nobaproject.com/modules/psychopathy
- https://www.psychologized.org/the-top-five-psychopaths-in-history
- https://www.scielo.br/scielo.php?script=sci_arttext&pid=S1516-44462020000300241
- https://www.psychologytoday.com/us/blog/mindmelding/201301/what-is-psychopath-0
- https://en.wikipedia.org/wiki/Psychopathy
- https://news.harvard.edu/gazette/story/2017/02/a-revised-portrait-of-psychopaths
- https://www.psychiatrictimes.com/view/hidden-suffering-psychopath
- https://www.psychiatrictimes.com/view/understanding-crisis-services-what-they-are-when-access-them
- W. H. Martens and Palermo, G. B., "Loneliness and associated violent antisocial behavior: Analysis of the case reports of Jeffrey Dahmer and Dennis Nilsen," International Journal of Offender Therapy and Comparative Criminology, 2005, 49: 298-307;
- W. H. Martens, "Sadism linked to loneliness: Psychodynamic dimensions of the sadistic serial killer Jeffrey Dahmer," Psychoanalysis Review, 2011, 98: 493-514

사이코패스의
증상과 신호

×
×
×

감정과 인지 과정에서
장애가 발생하다

반사회적인격장애를 가진 사이코패스는 그들의 감정과 인지 과정에서 장애가 일어나 폭력성이 표출되면서 반복적인 비행이나 범죄행위와 연관될 확률이 높다. 특히 아동발달학 측면에서 살펴봤을 때 행동장애를 가진 아이들에게서 반사회적인격장애 특성이 나타난다. 이는 반사회적 인격장애가 발달장애에 영향이 미치는 부분적 구성 요소임을 암시한다.

사이코패시 체크리스트(PCL-R)를 바탕으로 한 연구들에 따르면, 반사회적인격장애 점수가 일반인들과 비교해 수형자들에게서 높게 나타났으며, 사이코패스로 판단되는 비율도 일반인에 비해 상당히 높은 것으로 밝혀졌다. 이를 토대로 연구한 전문가들은 그 원인을 반복된 구금, 보안 수준이 높은 시설에의 수용, 훈육 위반, 약물 남용 등과 관련이 있다는 점을 발견했다고 주장했다.

실제 교정 시설 수형자들에 대한 사이코패시 체크리스트(PCL-R) 측정 결과 반사회적인격장애가 시설에서의 비행, 석방 후 재범, 석방 후 폭력 범죄에 대해 약간에서 보통 정도의 영향을 미쳤음을 메타분석을 통해서 밝혀졌다고 한다. 물론 포렌식 정신질환 표본, 성인 범죄자나 지역사회 표본과 청소년들에게서도 이와 같은 결과가 발견되었다고 한다.

하지만 이 같은 결과는 대체적으로 일반적 위험 요소에 지나지 않는 전과 경력과 충동적 행위를 평가하는 측정 정도에 기인한 것이다. 특히 반사회적인격장애로 간주되는 핵심적인 인격에 대한 관점이 그 자체로 범죄를 예측하는 데는 그 연결고리가 약하다. 그리고 범죄에 대한 충동적 행위는 독립된 별개의 위험 요소일 수도 있다. 따라서 사이코패스의 개념은 범죄의 일반이론으로 사용하려고 시도한다면 제대로 역할을 수행할 수 없다고 할 수 있을 것이다.

사이코패스와 폭력행위의 연관성에 대해

반사회적인격장애에 대한 대부분의 연구가 사이코패스와 폭력성의 강력한 상관관계에 관해서다. 사이코패시 체크리스트(PCL-R) 또한 폭력행위를 어느 정도 예측할 수 있는 특징들을 강조하고 있다.

그러나 연구자들은 사이코패스와 폭력이 동의어가 아니며 오히려 분리될 수 있음을 알게 되었다고 한다. 다만 사이코패스는 장애로 인해 약탈적이고 냉혈적이고 사전 계획적인 '도구적instrumental 공격'과 관련성이 있다는 점을 암시한다.

이와 관련한 한 가지 결론은 살인 범죄에 대한 한 연구에서 찾을 수 있다. 반사회적인격장애가 아닌 살인범에 의한 살인의 48.4% 정도가 도구적 살인이었던 데 비해 반사회적인격장애를 가진 살인범에 의한 살인은 무려 93.3%가 도구적 살인이었다는 것이다. 살인의 도구성은 사이코패시 체크리스트(PCL-R)에서도 관련이 있는 것으로 측정되고 있다.

그러나 일부에선 이런 연구와 검사 결과로 인해 사이코패스를 배타적인 냉혈한으로 받아들여서는 안 된다고 경고한다. 그 이유는 반사회적인격장애를 가진 살인범의 3분의 1 이상이 감정적 반응의 요소도 어느 정도 포함하고 있기 때문이라는 것이다.

실제로 범죄심리 분석관프로파일러들에 의하면 심각한 손상을 일으킨 범죄의 경우 일반적으로 우발적 범행으로 일어난 것이라고 한다. 특히 일부 범죄나 성폭행 범죄에서 이를 증명한다는 것이다.

통계적으로 살펴보면 평균적으로 반사회적인격장애가 아닌 범죄자의 범행이 반사회적인격장애를 가진 범죄자의 범행보다 더 심각하다는

● 범죄를 유형화하는 데는 여러 가지 기준이 있지만, 흔히 도구적 범죄(Institutional crimes)와 표출적 범죄(Expressional crimes)로 대별하는 경우가 있다. 도구적 범죄는 글자 그대로 범행 자체가 범죄의 목적이 아니라 다른 목적을 위한 도구로써의 범죄다. 예를 들어 금품을 뺏기 위한 강도와 같은 것이다. 표출적 범죄는 범행 그 자체가 범죄의 목적이다. 예를 들어 증오, 보복, 치정 등을 표출하기 위해 범행을 저지르는 것이라고 할 수 있다.

것이다. 이런 주장의 근거가 되는 대표적인 범죄가 가정 폭력이다.

다만 가정 내 폭력범들 중에는 반사회적인격장애자의 비율이 아주 높은데 그 원인은 죄의식이 결려되어 있고, 다소 냉혈적인 요소 때문이다. 이들이 행한 가정 폭력은 감정적 공격이라기보단 도구적 공격처럼 무정하게 가족 구성원을 약탈하고 착취하는 것이다.

사이코패스에게 있어 사회적 격리와 소외, 외로움 등과 관련된 감정적 고통은 그들의 폭력적 범죄행위에 대한 원인일 수 있다. 그들은 세상이 자신을 등지고 있다고 생각할 뿐만 아니라 자신에게 대항한다고 믿는다. 자신은 특권과 특전을 누릴 자격이 있으며 자신의 욕망을 만족시킬 권한을 받아야 한다고 확신하는 것이다.

정상 세계와의 얄은 연결마저 끊어지면
폭력적으로 변하기도

앞서 제프리 다머와 데니스 닐슨이 표현했듯, 폭력적으로 변한 사이코패스는 자신들이 정상 세계와의 마지막 얄은 연결마저 뭉개졌다고 느끼는, 다시는 돌아오지 못할 지점에 이르렀다고 생각하게 된다고 하는데 이를 바꿔 말하면 정상 세계와의 얄은 연결마저 끊어지면 폭력적으로 변할 수도 있다는 의미다.

그 결과 그들의 슬픔과 고통은 더욱 커지며 범죄는 점점 더 기괴해진다. 제프리 다머와 데니스 닐슨 둘 다 친구가 없었으며, 그저 잠깐 어울린 사람들과 함께 있고 싶어 살인을 저질렀던 것이다. 그리고 피해자와 하나가 되고 싶어 시체와 대화를 나누고, 시간을 하고, 시신의 일부를 먹었던 것이다. 심지어 닐슨은 살아 있는 사람보다 죽은 사람이 더 편안하게 느껴졌다고 하는데 그 이유는 죽은 사람은 자신을 떠나지 않기 때문이라고 밝혔다.

그들은 외로웠고, 사회적 실패가 견딜 수 없을 만큼 고통스러웠던 것이다. 그들은 자신이 거절당하고 학대받고 버려지고 굴욕당한 감정적 고통에 보복하기 위해 자신들만의 가학적 우주를 만들었던 것이다. 사이코패스의 변명이라고 치부할 수 있지만 제프리 다머와 데니스 닐슨은 결코 살인 그 자체를 즐기지 않았다고 고백했다.

이와 같은 고독이나 외로움으로 인한 정신적 고통 때문에 충동성이 증가하거나 폭력성이 표출되기도 하는데 이런 특성은 다른 사이코패스에서도 나타난다. 그리고 흥미로운 사실은 폭력적 성향이 강한 사이코패스가 자신의 공격성을 남들에게 표출하는 것 못지않게 자신을 표적으로 삼는 위험도 매우 높다고 할 수 있다.

사이코패스라고 해서
다 폭력을 휘두르지 않는다

사이코패스 사례 판단에 자주 사용하는 사이코패시 체크리스트(PCL-R)를 개발해 반사회적인격장애 분야에 큰 공헌을 한 로버트 헤어 박사는 사이코패스를 '사람들에게 매력적이면서도 그들을 교묘하게 조종하고 도구로 삼아 이용하며 무자비하게 자신의 길을 헤쳐 나가는 사회적 약탈자'로 규정했다.

그가 파악한 사이코패스는 다른 사람에 대한 배려나 양심은 완전히 결여되어 있고, 죄의식 없이 사회 규범과 기대를 위반하거나 이기적으로 자신이 원하는 것을 취하고 자기 마음대로 행동하는 사람이다.

사이코패스에 대한 정형화된 묘사는 「양들의 침묵」에 나오는 한니발 렉터와 같은 가상의 인물이거나 연쇄살인범 중 가장 대표격이라고 할 수 있는 제프리 다머와 자신의 매력 속에 사악함을 감춘 테드 번디^{Ted Bundy, 1946~1989}●와 같은 인물을 연상케 한다. 특히 테드 번디는 자신이 누명을 썼다며 여러 인터뷰를 했는데 그중 이런 말을 남겼다.

> "우리 연쇄살인범들은 너희들의 아들이고 남편이다. 우리는 어디에나 존재한다. 내일은 더 많은 아이들이 죽어 있을 것이다.
> We serial killers are your sons, we are your husbands. We are everywhere. And there will be more of your children dead tomorrow."

● 1970년대 젊은 여성들을 유괴하고 강간하고 폭행하고 살인한 미국의 연쇄살인범이다. 1975년 납치와 형사 폭행 미수로 체포되어 수감되어 사형이 확정됐다. 1989년 플로리다 주립교도소에서 사형이 집행됐다.

그의 말은 많은 점을 시사하고 있다. 대부분의 사이코패스는 우리들 속에 살고 있기 때문이다. 미국 통계를 추정해보면 사이코패스는 미국인의 약 1%도 안 되지만 이 얼마 되지 않는 비중에도 불구하고, 사이코패스 성향을 가진 사람들은 그렇지 않은 사람보다 20~25배 형사적 처벌을 받을 확률이 더 높으며, 미국에서 행해지는 모든 폭력 범죄의 절반이 이들에 의해 벌어지고 있다면 어떨까.

만약 로버트 헤어의 규정대로라면 우리 주변에 그와 같은 성향을 가진 사람들을 만날 수 있지 않을까. 로버트 헤어는 우리가 생각하는 것보다 더 많으며, 그들 중 다수는 정치나 기업 분야에서 완전하게 적응하고 심지어 성공해 높은 자리를 차지할 수도 있다고 주장한다. 그렇다고 해서 모든 사이코패스가 살인범은 아니라고 단언한다. 그들은 그저 최고의 자기 확신을 가지고 삶을 살아가는 보통의 남자와 여자들일 수 있다고 한다. 다만 양심이 없을 따름이라고 했다.

사이코패스와 성범죄의
연관성

사이코패스와 성범죄의 연관성에 대해 알아보자. 일부 연구자들은 반사회적인격장애가 폭력적 성행위와 상관관계가 있다고 주장한다. 하지만 캐나다의 한 연구에서는 보호관찰부 가석방을 앞두고 있는 성인 남성 범법자들을 조사한 결과 사이코패스가 폭력적 범행과 관련이 있으나 성범죄와는 관련이 없는 것으로 밝혀지기도 했다.

사회적으로 성공할 확률이 높은
사이코패스

한편 일각에선 반사회적인격장애가 조직범죄, 경제범죄 그리고 전쟁범죄와 관련이 있다는 가능성도 제기하고 있다. 극단적인 주장일 수 있지만 엘리트 범죄나 화이트칼라 범죄자에게선 상당한 수준의 반사회적인격장애 성향이 나타났다고 하니, 그 가능성을 배제할 수는 없을 것이다. 더욱이 성공한 최고경영자를 두고 사이코패스라고 확신하는 주장까지 나오곤 한다. 반사회적인격장애를 가진 다수의 사람들은 의외로 사회적으로 성공할 가능성이 높고, 그 과정에서 은밀하게 반사회적 행위를 표출하면서 사회적 약취나 화이트칼라 범죄를 저지를 확률이 높다고 지적한다. 전문가들은 그런 사람들을 '성공한 사이코패스'라고 지칭한다. 그리고 그들의 범죄는 은폐성이 짙기 때문에 쉽사리 사회적 문제로 번지지 않는다.

사이코패스와 테러리스트와의
연관성

테러리스트들 중에서도 반사회적인격장애가 나타나고 있다. 이는 그들이 자신의 범죄행위에 대한 죄의식이나 후회가 없고, 모든 것을 외부 탓으로 돌리려 하고, 다른 사람의 복지를 배제하거나 방해하는 이기적 세계관과 반사회적 폭력성을 표출하는 기질 때문인 것으로 보인다.

그러나 이런 주장에 대해 일부에선 전장에 나서는 장병에게도 그러한 기질이 있다고 반박한다. 반면 테러리스트들은 조직의 이념을 위해 조직화된 활동을 해야 하고, 극단적인 환상으로 인해 충성심으로 자신을 희생하는 것이라고 주장한다. 오히려 자기중심적 성향, 자신의 행동을 통제하지 못하는 부조화, 신뢰를 받지 못하는 감정 상태, 비정상적인 행위 등으로 대변되는 사이코패스는 조직화된 테러리즘으로부터 배제를 당한다고 한다.

참고 자료

- https://en.wikipedia.org/wiki/Psychopathy
- https://www.psychiatrictimes.com/view/hidden-suffering-psychopath
- https://namu.wiki/w/%ED%85%8C%EB%93%9C%20%EB%B2%88%EB%94%94
- https://ko.wikipedia.org/wiki/%ED%85%8C%EB%93%9C_%EB%B2%88%EB%94%94
- https://www.medicalnewstoday.com/articles/321839

사이코패스에 대한 오해와
통념들

× × ×

사이코패시와
반사회적인격장애의 진단 차이

사이코패시와 반사회적인격장애의 차이를 알아보자. 솔직히 이 책에서
도 사이코패시와 반사회적인격장애를 동일하게 설명하는 측면이 있다.
왜냐하면 우리나라에선 사이코패스를 반사회적인격장애증을 앓고 있
는 사람이라고 정의하기 때문이다. 그리고 형사사법제도에서는 그 둘을
동일하게 취급하곤 한다. 아쉽게도 현실적으로 정확하게 이를 구분할
토대가 없는 실정이다.

　　그러나 반사회적인격장애가 반사회적 활동이나 기타 범죄행위에 빈
번하게 가담하는 것으로 특징지어지는 인격장애지만 사이코패스와 동
일하지 않다고 말하는 전문가들이 많다. 학자들은 대체로 약 50% 정도
의 반사회적인격장애가 고전적 반사회적인격장애 기질을 보인다고 주

장한다.

사이코패시 성향을 가진 범법자가 통상적으로 반사회적인격장애 증상을 가지기 쉬우나 반사회적인격장애가 있는 범법자라고 반드시 사이코패스는 아니라는 것이다. 물론 두 부류 다 폭력적이고 범죄를 반복적으로 행할 가능성이 높아서 사회에 위험한 상태를 야기할 수 있다.

정신질환 진단 및 통계 매뉴얼(DSM-5)을 살펴보면 사이코패스에 대한 용어가 등장하지 않는다. 다만 반사회적인격장애Antisocial personality disorder, ASPD가 등재되어 있다. 그리고 정신질환 진단 및 통계 매뉴얼(DSM-5)을 통해 반사회적인격장애를 진단할 수 있지만 사이코패스는 가능하지 않다. 사이코패스는 사이코패시 체크리스트(PCL-R)로 진단할 수 있다. 이는 반사회적인격장애의 진단은 전적으로 반사회적 행위에 의존하지만 사이코패스 진단은 인격 기질personality traits에 더 의존하기 때문이다.

이 부분에서 가장 먼저 논의가 필요한 부분은 심리적이나 감정적 안정이 반사회적인격장애와 사이코패시의 특징인가 하는 논쟁이다. 허비 클레클리의 견해로는 반사회적인격장애는 건강한 정신을 함축하고 있으며 자신의 진단 범주에서도 긍정적 적응의 지표를 포함시키고 있다. 이와는 대조적으로 로버트 헤어의 사이코패시 체크리스트(PCL-R)와 같은 주요 임상적 진단 도구들은 일탈성을 절대적으로 지향하고 있으며, 긍정적 적응과 관련된 어떠한 지표도 포함되어 있지 않다.

삼원사이코패시 측정 도구(TriPM)에서는 반사회적인격장애의 적응

요소가 대담함 견지에서 보다 더 구체화되고 있는데, 이는 사회적 균형과 감정적 안정성 그리고 호기심과 모험의 즐거움을 함축하고 있다. 동시에 높은 수준의 대담함은 자기중심적 성향, 다른 사람의 감정에 대한 민감성의 둔화, 모험 등과도 관련되는 것으로 여겨진다. 이런 점에서 대담함의 개념은 반사회적인격장애에 대한 아주 특이하고 흥미로운 '가면mask' 요소에 대하여 생각할 수 있는 하나의 방법을 제공하고 있다.

또 다른 문제는 바로 허비 클레클리가 강조했던 것처럼 불안감의 결여나 부족이 반사회적인격장애에 핵심적인 요소냐는 쟁점이다. 이것은 사이코패시 체크리스트(PCL-R) 등 진단 도구의 전반적인 점수와 불안감 사이에 아주 미미하거나 무시할 정도의 긍정적 관계만 보일 뿐이라는 연구 결과가 있다.

사이코패시 체크리스트(PCL-R)에서 높은 점수를 보인 범죄자들에 대한 집락분석˙을 한 연구 결과를 살펴보면 낮은 불안감으로 특징되는 하위 유형 하나와 아주 높은 수준의 충동성, 공격성과 함께 높은 불안감을 보이는 또 다른 한 가지의 하위 유형이 발견되었다고 한다.

이러한 발견의 함의는 '1차적 또는 대담한 억제적 유형bold-disinhibited or primary type'이라는 범죄적 반사회적인격장애의 변형 중 하나의 핵심이다. 하지만 탈억제-비열disinhibited-mean이나 공격적 외재화aggressive-externalizing 또는 2차적 유형의 또 다른 변형과는 무관하다는 것이다. 진

˙ 단일한 특성만이 나라 동시적으로 고려되는 수많은 특성에 기초해 위계적으로 정돈된 집락으로 관측치들을 경험적으로 분류하는 수학적, 계산적 기술이다.

단적인 측면에서는 차이가 있지만 특성을 감안하면 판별하는 것이 어렵기 때문에 이 책에선 혼용될 수도 있다. 이 점을 미리 밝혀둔다.

사이코패스 대부분은
이성적이며 주변 환경에 잘 적응한다

우리들은 어쩌면 사이코패스에 대한 그다지 건강하지 못한 시선을 보내고 있는 것은 아닌지 한번쯤은 깊이 고민해볼 필요가 있다. 수많은 언론이나 방송매체에선 사이코패스를 연쇄살인마라는 낙인을 씌우고 있다. 그래서 아예 그들을 이해하려는 시도조차 하지 않는다. 이해한다고 하더라도 그것은 '척'을 가장한 이해일 수도 있다. 이번 장에선 조금은 왜곡된 사이코패스에 대해 알아보자.

사실 사이코패스에 대한 정확한 유형을 알려야 하는 범죄학자나 심리학자들까지 사이코패스를 괴물로 만들어 신비로움으로 포장하는 데 상당한 기여를 했던 것은 부인할 수 없을 것이다.

누군가는 기업가들의 사이코패스 성향을 '슈트를 입은 뱀snakes in suites'이라는 꼬리표를 붙이고, 그들과의 인터뷰 기사를 통해 '악마의 마음으로의 여정journey into evil mind'이라고 기술했다. 언제나 악마라는 단어가 들어가면 우리는 그것을 곧이곧대로 믿지 말고 그 사람의 내면이나 동기를 정확하게 확인해야 한다. 그리고 그것을 입에 올리는 우리들의 마음과 동기에도 의문을 품어야 한다. 누군가를 함부로 사이코패스라고 하거나 그렇기 때문에 악마라고 추정하는 것은 많은 오해를 낳을 수 있기 때문이다.

그래서 대부분의 사람들이 인격장애personality disorder를 잘 이해하지 못하고 잘못된 통념으로 받아들이고 바라보는 경우가 많다. 임상심리학자는 물론 반사회적인격장애를 연구하는 전문가들은 사이코패스가 하나의 인격장애를 앓는 사람으로 가정했다.

하지만 과학적인 측면에서 보자면 사이코패스는 서로 다른 여러 인격 기질의 융합이라는 흥미로운 증거들이 나오고 있다. 한 가지의 인격에 장애가 생겨서 문제가 발생하는 것이 아니라 서로 다른 수준과 정도의 탈억제, 무모함, 비열함을 반영하는 인격 기질이 혼합되어 복잡하고 다면적인 문제를 표출한다는 주장이다.

이런 주장들은 반사회적인격장애로 추정되는 청소년과 성인 범죄자가 감정이 결여됐거나 분리됐다고 보기보단 오히려 감정으로부터 장애나 방해를 받은 것이라고 말하는 것이다. 또한 사이코패스가 후천적이 아니라 선천적으로 안고 태어나는 것이라고 가정하지만 사실 사이코패시는 유전자만의 문제가 아니라 환경요인에 의해 다양하게 형성될 수 있다.

다수의 심리학자들은 사이코패시의 경우 치료가 불가능하기 때문에 사이코패스는 변할 수 없다고 가정하지만 집중적인 치료와 환경 개선으로 그들의 폭력이나 기타 범죄행위를 상당 수준으로 줄일 수 있다는 과학적인 연구 결과도 나오고 있다.

이와 관련해 우리가 가장 잘못 이해하고 있는 통념은 사이코패시와 폭력을 동의어로 알고 있다는 점이다. 대부분의 사이코패스는 아무런 범죄를 저지르지도 않고 전과 경험도 없을 뿐만 아니라 이성적이고 망상이 없으며 주변 환경에 잘 적응한다. 다만 다른 사람들에게 불쾌감을 줄 수는 있다.

따라서 그들을 통틀어 연쇄살인범이나 극단적 폭력을 휘두르는 사람들로 인식해선 안 된다. 사실 사이코패스의 범죄는 일반적인 반사회적 기질을 가진 사람들의 범죄를 예측하는 것보다 정확성이 떨어진다고 한다.

모든 사이코패스는 살인을 즐긴다?

「아메리칸 사이코American Psycho」의 주인공 패트릭 베이트만을 보면서 많은 사람들이 사이코패스는 냉혈한이고 무자비한 존재며 그들의 폭력적 행동은 사전에 계획된 고차원적인 범죄며, 그럼 행위를 함으로써 상당한 흥분감과 만족감을 얻는 것으로 이해하기도 한다.

영화 속 패트릭 베이트만은 뉴욕 월스트리트 중심가의 금융사 경영인으로, 상류층에 속하는 약혼녀가 있다. 아버지로부터 물려받은 회사기 때문에 그가 그다지 열성을 보이며 일할 필요도 없다. 그저 자신이 좋아하는 음악을 들으며 헬스로 몸매를 다지고, 미용실에서 몇 단계에 걸쳐 꼼꼼하게 스킨케어를 받고 머리를 다듬는다. 값비싼 브랜드의 옷과 액세서리로 치장하고 최고급 레스토랑에서 저녁식사를 즐기는 것이 그의 일과다.

그러나 그가 예약에 실패한 고급 레스토랑의 단골 고객인 친구에게 적대감을 느낀다. 그리고 자신보다 더 세련된 명함케이스를 가졌다는 이유로 그를 도끼로 난자한다. 그의 살인 동기는 깃털처럼 너무 가벼웠고, 그의 살인행위는 너무 충동적이었다. 흔하지는 않지만 반사회적인격장애의 공격성과 충동성은 아무렇지 않은 일에 자극을 받아 표출되기도 한다.

그렇다 하더라도 일부 사이코패스에 대한 폭력성이나 공격성을 나머지 사이코패스에게도 적용해선 안 된다. 영상 매체에서 보여주는 것은 하나의 사례일 뿐 그것을 전부로 받아들이다가는 우리는 사이코패스에 대한 이해를 온전히 하지 못하고 그들을 바로 떨어질 수 있는 벼랑으로 몰고 가는 것이기도 하다.

모든 사이코패스는 폭력적이다?

아마도 반사회적인격장애에 대한 가장 큰 쟁점은 이 장애의 특징인 공격적이거나 폭력적 성향이 이 장애 규정에 포함되어야만 하는가에 대한 의문일 것이다. 앞에서 설명했다시피 사이코패스와 폭력은 동의어가 아니다. 그래서 사이코패스라고 해서 반드시 폭력적이지는 않다.

다수의 사이코패스가 폭력적으로 변할 확률이 높게 나타나는 기질을 가졌다고 해서 그들이 폭력적이라는 것을 의미하지는 않는다. 사이코패스는 정상인과 다르게 보이지도 않고 위험하지도 않다. 오히려 폭력에 관련되는 것은 사이코패스에 대한 광의의 구성 요소 중에서 특정한 기질일 뿐 전체 인격장애를 대변하는 것이 아니다. 이를 뒷받침하듯, 허비 클레클리는 그런 성향을 법칙이 아니라 예외로 간주해야 한다고 자신의 견해를 밝혔다.

그러나 임상 지향적 반사회적인격장애의 규정에선 공격성이 핵심 특징으로 간주되고 있으며, 실제로 사이코패시 체크리스트(PCL-R)에서도 잔인성과 폭력성의 지표에 행동 통제를 잘하지 못하는 공격성과 다혈질을 반영하는 항목이 기초 점수에 포함되어 있다. 삼원사이코패시 측정 도구(TriPM)에서도 공격성을 지향하는 성향은 탈억제와 비열함 척도에 모두 함축되어 있으며, 현저한 공격적 행위의 표출로 특징되는 반사회적인격장애의 비열함-탈억제 유형mean-disinhibited type이 분명히 존재하고 있는 것도 사실이다.

허비 클레클리도 반사회적인격장애의 부수적인 요인으로 공격성은 높은 수준의 탈억제와 대담함을 포함하는 반사회적인격장애의 변형 중 하나에 더 가깝다고 말한다.

미국 앨라배마대학교의 랜들 살레킨Randall Salekin 심리학 교수는 자신의 연구에서 사이코패시가 장래의 신체적, 성적 폭력의 위험 요소라고 지적했다. 더군다나 테드 번디나 존 웨인 게이시John Wayne Gacy, 1942~1994●,

●　　광대 살인마로 알려진 성범죄자로 33명의 젊은 남녀를 폭행하고 살해했다. 살인 혐의로 1968년 아이오와 주 워털루에서 유죄 판결을 받고 10년형을 선고받았지

'묶고, 고문하고, 죽이는Bind, Torture, Kill, BTK' 방식으로 유명한 데니스 레이더Dennis Rader, 1945~●●와 같은 연쇄살인범들은 표면적으로 보이는 가공된 매력과 죄의식과 동정심, 공감능력의 심각한 결여를 포함하는 다수의 반사회적인격장애 기질들을 보이기도 했다.

우리는 사이코패스가 연쇄살인과 같은 극단적인 폭력성을 보였다는 실제 사례나 연구 결과가 있지만 현실 속 대부분의 사이코패스가 폭력적이지 않다는 점에 주목할 필요가 있다. 폭력적이고 잔인한 사람 대부분은 사이코패스가 아니라는 것 또한 분명하다.

2007년 4월 16일 미국 버지니아공대에서 참혹한 총격을 벌여 수십 명을 살해한 조승희에 대해 언론들은 '사이코패시적psychopathic'이라고 기술했지만 실제로 그는 반사회적인격장애의 기질을 별로 보이지 않았다. 오히려 그를 잘 아는 사람들은 그가 수줍음이 많고 혼자 있는 것을 좋아하는 그저 특이한 사람으로 기억했다. 물론 사이코패시는 하나의 범주를 말하는 스펙트럼을 의미하기 때문에 진단하는 데에 어려움이 많다.

앞에서도 이야기했다시피 미국의 경우 일반인 중 1%만 사이코패스로 진단될 수 있다. 폭력 범죄로 구금된 수형자들도 소수만 반사회적인

만 18개월 만에 복역하고 출소한 뒤 새 가정을 꾸리며 건실하게 사는 듯했지만 다시 30여 명을 살해한 혐의로 1978년 체포됐다. 1980년 사형을 선고받고 복역하다 1994년 사형이 집행됐다.

●● 1974년부터 1991년까지 10명을 잔혹하게 고문하고 교살한 뒤 자신의 살인 행각을 담은 편지를 언론에 보냈다. 언론을 이용해 교묘하게 수사망을 피하다가 딸이 유전자를 제공하면서 감식을 통해 2005년 체포됐다. 그후 종신형을 선고받고 현재 복역 중이다.

격장애자며, 영국에선 남성 수형자의 약 8%와 여성 수형자의 약 2%만 반사회적인격장애자였다고 한다.

물론 또 다른 연구에선 남성 폭력 범죄자의 31%와 여성 폭력 범죄자의 11%가 이에 해당되는 것으로 나타나기도 했다. 물론 이런 차이는 아마도 반사회적인격장애가 하나의 범주 스펙트럼criteria spectrum이라는 점에 기인할 수도 있다. 그리고 조사 대상자가 이미 유죄가 확정된 수형자라는 점도 고려돼야 한다.

따라서 어떤 경우에도 전 국민의 약 1% 미만으로 알려진 반사회적인격장애자가 반드시 범죄자의 길로 들어설 운명을 뜻하지는 않는다.

단지 그들이 교도소에 수용되면 재범 가능성이 사이코패스가 아닌 범죄자들보다 무려 4배 이상 높은 만큼 그들을 어떻게 교화하고 개선시킬 것인가에 주목할 필요가 있다.

모든 사이코패스는
정신병자(psychotic)다?

사이코패스 모두를 정신병자로 생각하고 있다면 큰 오해다. 전문가들은 일반인이 정신병psychosis과 반사회적인격장애, 사이코패시를 혼동하거나 마구 사용하는 데 우려를 나타낸다. 아마도 이런 혼돈은 영어 사이코패스psychopath와 사이코시스psychosis라는 단어의 유사함 때문인 걸로 보인다. 정신병은 질병이지만 사이코패시는 질병으로 분류되지 않고 특징도 다르다. 사실 정신병자와는 대조적으로 사이코패스는 보편적으로 합리적이며 망상에서 자유로우며 주변 환경에 잘 적응하고 범행을 시도함에 있어 법의 심판에 대해 두려움을 가지고 있다. 그리고 범죄에 대한 옳고 그름을 분별할 수 있다.

다만 그들은 공감능력이 떨어지기 때문에 일반인과 조금은 동떨어진 사고를 할 수 있다. 사이코패스는 자신의 불법적이고 무분별한 행동이 사회적으로 잘못된 것임을 인식하나 그런 것에 놀라울 정도로 관심이 없고 자신의 행동에 대해 과소평가를 하는 경향이 있다. 정신분열과 같은 정신병적 장애를 가진 모든 사람들이 종종 현실 감각을 상실해 현실을 직시하지 못하는 것과는 대조로 사이코패스는 대부분 합리적이고 이성적이라고 한다.

찰스 맨슨이나 데이비드 버코위츠David Berkowitz, 1953~•와 같이 언론에서 사이코패스로 칭한 일부 잔인한 연쇄살인범은 사이코패시라기보단 정신병과 같은 특징들을 보였다고 한다.

예를 들어 일가족 연쇄살인범인 찰스 맨슨은 자신을 '예수의 재림'이라고 주장했으며, 데이비드 버코위츠는 자신을 '샘의 아들Son of Sam'이라고 주장했는데 이는 이웃주민 샘 커Sam Carr의 개에게서 그런 지시를 받

●　　뉴욕 일대에서 1976년부터 1977년까지 살인을 저지른 연쇄살인범이다. 범행 이후 자신을 잡기 위한 특별수사본부에 샘이 자신을 조종해 살인하게 만든다고 해서 자신을 "샘의 아들"로 불러달라는 편지를 보냈다. 그가 이웃에게 보낸 편지를 계기로 1977년 체포됐다. 그는 자신의 범행을 모두 자백하면서 365년형을 선고받고 현재까지 복역 중이다.

았다고 말하기도 했다. 이런 사례를 통해 사이코패시와 정신병은 분명 다르다고 할 수 있다.

우리 주변 속에 숨은 사이코패스, 어떻게 알아볼 수 있을까?

사이코패스도 사람이다. 보통 사람들처럼 밥도 먹고, 잠도 자는 사람일 뿐이다. 영상 매체에서 사이코패스에 대한 이미지를 정형화시켰기 때문에 그들은 무조건 살인을 저지르고, 폭력을 휘두르고, 아무 거리낌 없이 남을 속이는 사람들로 인식하겠지만 주변 사람들에게 해를 끼치지 않는 사이코패스도 있다는 점을 간과해선 안 된다.

문제는 그들이 자신의 성향을 숨기지 못하고 사회적으로 해서는 안 되는 행동을 해서 다른 사람에게 피해를 줄 때다. 하지만 우리는 결코 그들이 다가오는 것을 알지 못한다. 그들은 대상을 이용하기 위해 철저하게 조사를 하고, 그로 인해 얻은 정보를 활용해 우리에게 다가온다. 우리는 그들을 알지 못하지만 그들은 우리의 모든 것을 파악했기 때문에 그들이 한바탕 놀기 시작하면 이미 승부는 기울어진 셈이다.

특히 사이코패스는 다른 사람을 쉽게 매료시키는 장점을 가지고 있는데 아마도 일정 기간 그들과 밀접한 관계를 유지하고 피해를 본 사람들은 모든 상황이 끝난 후에도 그들의 진정한 의도에 대해 알지 못하는 경우도 많다. 그러다 더 훗날, 알게 된다. 그들이 우리를 이용해왔다는 것을. 일부 반사회적인격장애를 가진 살인범들의 가족이나 연인들은 그들에게서 어떤 악惡의 징조나 표식도 느끼지 못했다고 주장할 정도다.

그렇다면 우리 곁에 있을 수 있는 사이코패스를 어떻게 인식할 수 있을까? 사이코패스의 기질에 대해 설명할 때 언급했지만 다시 한 번 간략하게 정리해보자.

첫 번째 사이코패스는 영악하기 때문에 사람을 교묘하게 조종한다. 이는 반사회적인격장애자의 공통적 특성인데 다른 사람의 약점을 재빨리 파악하고 그것을 악용할 준비를 한다. 대체로 첫 만남에 바로 상대방을 평가하고 가늠하는 능력을 가지고 있다. 실제로 그들은 사람들의 약한 부분을 파악하는 날카로운 능력이 있어 주변 사람들의 너그러움을 악용해 자신의 이득을 취한다.

두 번째 그들은 피상적인 매력을 가지고 있다. 물론 사이코패스 전부가 매력적이라고 할 순 없지만 대체적으로 누군가를 매료시키는 무언가가 있다.

세 번째 그들은 양심이 없다. 양심은 도덕심을 함축하고 있는데 그들은 도덕심에 기반한 옳고 그름에 대해 대체적으로 무관심하다. 그래서 아주 쉽게 비양심적으로 행동한다.

네 번째 그들은 공감능력이나 동정심이 결여됐다. 다른 사람의 고통을 느낄 수 없을 뿐만 아니라 관심조차 없다. 그러나 그들은 다른 사람들이 극단적인 분노와 두려움을 표출하는 데는 반응한다. 이는 그들을 동정해서가 아니라 그 감정을 이용할 기회를 포착하기 위함이다.

다섯 번째 그들은 극단적으로 오만하다. 그리고 자신이 남들을 통제하고 지배하기 위해 존재해야 한다고 생각하기 때문에 남들보다 위에 있어야 한다고 느낀다. 그들의 모든 말과 행동, 생각은 바로 이런 의식에서 나온다.

여섯 번째 그들은 사회의 규율을 따르고 지키는 것을 어렵게 생각한다. 조직의 일관적이고 지속적인 행위를 잘하지 못하기 때문에 직장생활의 변화가 잦다. 또는 노골적으로 규율을 깨기도 하는데 이를 과시하기도 한다. 그래서 스스로 그만두거나 해고를 당한다. 그렇다고 해서 이직률이 높은 사람들이 사이코패스는 아니다. 자신만의 자리를 찾지 못해 방황하는 사람들일 경우가 더 많다.

일곱 번째 그들은 거짓말을 잘한다. 그들은 자신을 포장하기 위해, 자신이 원하는 것을 얻기 위해 무슨 말을 어떻게 해야 하는지 잘 알고 있기 때문에 거짓말을 한다.

여덟 번째 그들의 눈은 생명력이 없다. 사이코패스로 판명된 연쇄살인범들의 눈을 보면 생기가 없고 죽어 있다. 또한 표정도 마찬가지다.

아홉 번째 그들의 억양은 단조롭다. 그들은 아무리 짜증나더라도 목소리를 높이지 않는다. 아니 불가능할 정도라고 한다. 정상인에게 있어 억양의 높고 낮음은 일종의 감정 신호인데 사이코패스는 그렇지 않다고 하는데 이는 감정이 없기 때문이라고 한다. 그렇기 때문에 사람들 앞에서 거짓말을 능숙하게 하는 것이기도 하다.

열 번째 그들은 감탄사를 통해 자신을 감추고, 접속사를 통해 자신의 행위를 설명한다. 사이코패스를 알아차리는 흥미로운 연구가 있다. 유죄가 확정된 살인범들에게 자신의 범죄에 대해 진술하게 한 뒤 그들의 말을 분석해 사이코패스의 여부나 특성을 파악하는 것이다.

실제로 55명의 살인범 중에서 14명이 사이코패스로 분류됐는데 한결같이 그들은 정서감정가 결여됐고, 자신의 범죄에 대한 인과관계가 명확했고(자신의 범죄를 합리화하면서 이유나 핑계를 만듦), 음식이나 돈과 같은 기초생활물품에 관심을 집중시켰다고 한다. 또 정상인들은 자신이 사용하는 단어나 말에 의식적이거나 양심적 통제력을 갖는데 이들은 그렇지 않다고 한다.

한편 사이코패스의 다양한 특성들을 검증하려는 연구자들은 대화에서 과거시제의 사용이 심리적 분리psychological detachment의 한 지표라는 점에 착안하여 살인범들의 범죄에 대한 진술에서 과거시제를 사용하는 빈도를 조사했다고 한다. 그 결과, 사이코패스가 아닌 살인범에 비해 현재시제present tense보다 과거시제past tense를 더 많이 사용했다는 것이다.

일반적으로 말하는 도중 "음…"이나 "어…" 등의 감탄사를 섞어서 말한다는 것은 언변이 유창하지 못하다는 뜻도 포함되어 있지만 생각할 시간이 필요하다는 것일 수도 있다. 하지만 사이코패스에게 있어 이 감탄사를 섞어서 사용한다는 것은 온전한 정신 상태라는 것을 보여주거나 무언가를 숨기기 위해서라고 한다.

사이코패스의 언어는 접속사로 알려진 단어들을 많이 사용한다. 예를 들어 "왜냐하면" 또는 "그래서" 등의 접속사는 인과 진술과도 관련이 있다. 이는 자신의 범죄 목표를 성취하기 위해 행해져야 하는 계획의 논리적 결과를 설명하기 위함이다.

마지막으로 그들은 생리적 욕구에 집착한다. 보통 사람들은 매슬로의 욕구 단계처럼 성장할수록 단계별로 욕구의 크기가 달라지는데 사이코패스는 기본적으로 생리적 요구를 충족하는 데 크게 반응한다.

사이코패스는 보통 사람보다 먹는 것, 마시는 것, 금전적 자원에 치중하면서 생리적 욕구와 안전의 욕구를 채우는 데 더 많은 노력을 한다고 한다. 반대로 일반 살인범들은 종교와 가족에 대해 더 많은 말을 한다고 한다.

블랙커피를 마시는 사람은 사이코패스가 될 수 있다?

사람은 커피나 설탕이 들어가지 않은 초콜릿과 같은 쓴맛에 독특한 친밀감을 가진다고 한다. 하지만 동물은 쓴맛을 먹을 수 없는 음식이라고 여겨 멀리하라는 경고로 해석한다.

최근 한 연구 결과에 따르면 쓴맛이 나는 음식을 선호하는 사람은 반사회적 성향을 가질 수 있다고 한다. 쓴맛을 좋아하는 사람들이 반사회적인격장애나 가학주의, 공격성 측정에서 높은 점수를 보유할 확률이 더 높았으며 쓴맛은 다른 어떤 것보다 인격을 예측하는 요인이라고 주장한 것이다.

연구자들은 실험에서 쓴맛을 좋아하는 것이 자신의 목표를 성취하기 위해 다른 사람을 조종하고 이용하려는 의도를 포함하는 자기도취증과 마키아벨리즘과도 연계된다고 보고했다. 그런데 마키아벨리즘, 자기도취증, 반사회적인격장애가 바로 심리학자들이 "어두운 삼각지대 dark triad"라고 부르는 인격 기질들이다.

이로 인해 온라인을 통해 퍼진 글 중 블랙커피를 마시면 사이코패스가 될 수 있다는 황당한 글들이 퍼지기도 했다. 이와 유사한 주장으로 토닉 워터, 케일, 브로콜리, 쓴맛이 나는 무 등을 즐기는 사람도 마찬가지라는 것이다. 사실 선호하는 음식과 인격 기질에 관한 연구들을 보면, 쓴맛이 나는 음식을 좋아한다는 것은 일부 매우 어두운 성격과 관련이 있다고 보고한다.

매우 황당한 이야기로 들리겠지만 이런 주장은 사실 2016년 「애페타이트Appetite」라고 하는 전문 학술지에 게재된 연구 결과다. 호주의 한 대학교 연구진들은 이 논문에서 기호식품과 인격 사이에 일부 연계가 있으나 아직은 그 증거가 흔치 않을 뿐이라고 주장했던 것이다.

기호식품과 인격 기질이라는 두 변수 사이의 상관성도 크지 않기 때문에 해석에 더 주의해야 하며, 이 점을 극복하려면 일반화된 연구가 필수적이다. 실제 두 변수의 관계를 검증한 연구에서도 연구자들이 특정한 측정기법을 이용할 때만 성립됐다고 단서를 붙였다.

더군다나 연구 결과 기호식품으로 인해 그 사람이 어두운 인격 기질을 가질 확률은 겨우 5% 미만 정도라고 하는데 이는 심리학을 비롯한 사회과학에서 매우 작은 영향력이다. 그 밖에 유전과 사회규범 등을 포함하여 개인의 식품 선호와 기호에 영향을 미치는 것들이 많다. 처음엔 피하고 싶었지만 다양한 이유로 즐기게 되는 커피, 와인, 칠리페퍼, 맥주 등과 같은 다수의 음식이 있다.

사람들로 하여금 어떤 특정한 음식을 선호하게 만드는 것은 과거 경험을 비롯하여 냄새와 맛에 대한 민감성 등으로 영향을 받는 생물학과 심리학의 복잡한 매듭이다. 그리고 사람마다 맛을 다르게 느끼고 기술하기 때문에 어떤 음식을 쓴맛의 표본으로 삼아야 할지도 분명하지 않다. 비록 어두운 인격 기질과 쓴맛이 있는 식음료에 대한 기호의 상관관계는 있을 수 있지만 그 원인이 생물학인지 심리학인지 아니면 둘 다인지 알 수도 없다. 시간의 흐름에 따라 어릴 적 좋아하지 않았던 채소가 어른이 된 후 좋아지기도 하고, 커피를 좋아하지 않았지만 커피가 좋아지기도 한다. 특히 블랙커피는 건강에 유익하다는 주장도 있기 때문에 설탕이나 우유를 타지 않고 블랙커피로 마시는 사람들도 많다.

물론 과거에도 단 음식을 지나치게 선호하는 사람이 우호성이나 쾌활함과 신경증적 성질의 수준이 높다는 연구도 있었으며, 쓴맛에 많이 노출되면 냉혹하고, 가혹한 판단과 적대적인 사고와 행위에 연계된다는 주장도 있었다. 만약 이 연구 결과가 사실이라면 쓴맛을 선호해서 정기적으로 먹는 사람은 고약하거나 악의적인 인격 기질을 가질 확률이 더 높아질 수 있다고 가정해볼 수 있을 것이다.

종합하면 음식의 기호를 인격 기질에 연결시키는 것은 아직 초기 단계에 있지만 쓴맛을 좋아하는 기질이 반사회적인격장애의 한 변인이 될 수도 있다는 점을 보면 놀라운 발견이 될 수도 있을 것이다. 다만 쓴맛을 좋아한다는 이유만으로 그 사람을 사이코패스로 판단해선 안 된다.

사이코패스가 좋아하는 음악 장르가 따로 있다?

미국 뉴욕대학교의 연구진들이 200명의 실험 참가자들에게 260곡의 장르가 다른 음악을 들려주고 각자 좋아하는 음악을 선택하게 한 연구를 한 적이 있었다. 결과는 사이코패스 점수가 가장 높은 사람들이 블랙스트리트의 〈No Diggity〉와 에미넴의 〈Lose Yourself〉의 소위 '찐팬'이었다고 한다. 반면 다른 인격 기질에 관계없이 반사회적인격장애 점수가 가장 낮은 사람들은 더 낵의 〈The Sharona〉와 시아의 〈Titanium〉의 팬이었다고 밝혔다.

연구진들은 이 연구 결과를 바탕으로 음악이 장애를 예측하는 데 도움을 줄 수 있다고 제안한 것이다. 비록 이 실험적 연구가 아직은 그야말로 초기 단계이지만 연구진들은 만약 사이코패스가 강력하게 선호하는 음악이 있다면 사이코패스를 파악하는 데 이 선곡 목록을 활용할 수 있다고 생각했던 것이다.

한편 영국 옥스퍼드대학교 심리학자인 케빈 더튼Kevin Dutton은 사이코패스의 음악적 취향과 기타 기호를 연구한 적이 있는데 그는 사이코패스가 클래식이나 재즈보단 힙합을 선호하며, 시사지보단 경제전문지인 「파이낸셜 타임즈Financial Times」를 구독할 확률이 더 높아 보였다고 설명했다.

최근 음악적 기호로 사람의 정신 상태 특이성을 밝혀내려는 주제로 다수의 연구가 진행됐다. 공감능력에서 높은 점수를 보인 사람들의 경우 발라드록이나 알앤비 같은 장르를 선호한 반면 인지 척도에서 인정이나 이해심이 적게 나온 사람들의 경우 〈No Diggity〉와 같은 힙합 장르를 선호했다고 한다.

사이코패스는 전 배우자나 연인과 친구로 남고 싶어한다?

이혼한 배우자와 친구 관계로 남아 있는 사람은 사이코패스일 수 있다는, 얼핏 듣기에 얼토당토아니한 연구 결과가 전문 학술지에 게재되어 사람들의 관심을 끌었다. 오클랜드대학교 연구진들이 「퍼스널리티 앤 인디비주얼 디퍼런시스Personality and Individual Differences」라는 학술지에 게재한 연구에 따르면, 861명의 실험자를 대상으로 과거와 현재의 혼인관계를 분석한 결과 사이코패스에게서 나타나는 기질들과 유사한 점을 가진 사람일수록 여러 가지 이유로 전 배우자와 계속 연락을 유지할 확률이 더 높았다고 한다.

왜 이런 결과가 나왔을까? 일반적으로 사이코패스는 자신의 피상적인 매력을 활용하는 것으로 알려져 있다. 그들은 실질적인 관계가 끝났더라도 전 배우자와 전략적 관계를 유지하면서 자신의 이익성, 돈, 정보 등을 위해 활용할 수 있다는 것이다. 더불어 그들이 전 배우자와 관계를 지속하려는 또 다른 이유가 충격적인데 그들은 전 배우자가 다른 사람과 관계를 맺는 것에 이해를 하지 못하기 때문이라고 한다. 그래서 이혼한 후에도 전 배우자를 자신의 울타리 안에 가두려고 하는 것이다.

하지만 이 연구 결과는 오해를 사기 쉽다. 다수의 이혼한 커플들은 선의의 감정으로 좋은 관계를 맺고 있으며, 일부는 이타적인 이유로 관계를 지속한다. 그렇기 때문에 친구로 남기로 원하는 모든 전 배우자가 다 반사회적인격장애 성향이나 동기를 가졌다고 생각해선 안 된다. 사이코패스가 아니더라도 서로를 축복해주며 관계를 돈독하게 다지는 사람들이 많다. 다만 어느 과학자의 경고처럼 전 배우자와의 밀접한 관계를 지속하려는 성향은 무언가 불길한 신호의 하나가 될 수 있다는 점도 무시해선 안 된다.

사이코패스와 안전한
연인관계가 될 수 있을까?

사이코패스가 가장 사랑하는 대상은 바로 자기 자신이다. 그들은 자신의 이익을 위해 상대방이 필요할 뿐이다. 그렇다면 반사회적인격장애를 가진 사람들은 사랑을 주고받을 수 있을까? 안전하고 행복한 연인이나 가족 관계를 만들 수 있을까? 일반적으로 그들의 공감능력 결여, 분노, 적대감, 조종 등 전형적인 기질 외에도 여러 가지 장애로 인하여 어려울 것이라는 게 상식이다.

반사회적인격장애자들은 다른 사람과의 유대 능력이 부족하거나 결여되어 있다. 관계를 맺을 초기에는 새로운 상대방에 의해 흥분하고 자극을 받지만 이내 쉽게 흥미를 잃고 상대방에 대한 경멸을 보이거나 무시한다. 그들은 관계에 대해 순환적 형태를 보이는데 처음에는 상대방을 이상화한다. 하지만 바로 평가절하하고, 상대에게 고통을 주면서도 그것에 대한 죄의식이 없다. 그렇기 때문에 쉽게 버리는 역기능적 관계 순환을 보이는 것이다.

특히 그들은 관계에서 멀어지는 것에 대해 아무런 불편도 느끼지 않으며, 오히려 대다수는 새로운 표적으로의 이동에 대해 행복해한다. 그들은 잘못된 뇌기능으로 인하여 부도덕하거나 비윤리적 행위에 가담할 성향을 가졌음에도 원래 죄책이나 후회를 하지 않는 것으로 알려져 있는 만큼, 설사 누군가에게 상처를 주거나 손상을 가해도 대체로 사과를 하지 않는다.

특히 자기애가 강한 1차적 사이코패스는 다른 사람의 감정에 관심이 없을 뿐만 아니라 필요로 하지도 않는다. 그래서 교우 관계에도 진솔한 흥미나 관심을 가지지 않는 경향이 심해 우정을 나누기가 쉽지 않다.

그들은 자신에게 사랑이나 신뢰, 충성을 보이는 사람들을 패배자 losers의 위치에 놓이게끔 만들어 자신의 이득을 위한 수단으로 여긴다.

그들에게 있어 주변 사람들은 자신을 보호하고, 자신의 의견을 지지하고, 자신을 보호하기 위해 희생할 인형 정도로 생각하는 경향이 있어 연인이나 가족들도 이렇게 행동하기를 바란다. 그렇기 때문에 사이코패스는 누군가와 안전하고 행복한 관계를 구축하기가 어렵다.

반사회적인격장애를 가진 사람은 상대방을 통제하고 비하하고 조종하려는 욕구를 가졌기 때문에 당연히 이런 관계는 '트라우마적 유대TRAUMA BOND'를 일으킬 수 있다. 트라우마적 유대를 쉽게 설명하면 자신보다 큰 힘을 가진 사람에게 심리적으로 의존하면서 반복적으로 학대를 받는 경우라고 할 수 있다. 사이코패스와 사랑을 나누는 상대방 사이에는 학대와 의존성에 기초한 형태의 유대가 형성될 수도 있다. 이런 것에 익숙해지면 정상적인 사람과는 애정을 나눌 수 없는 역기능적 관계에 빠질 수 있다.

그렇다면 자신의 연인이 사이코패스인지 어떻게 알 수 있을까? 미국 신경정신과 전문의인 론다 프리먼Rhonda Freeman은 과학적인 연구 결과로 완벽하게 입증되진 않았지만 사이코패스와 연인관계였던 사람들의 경험을 토대로 몇 가지 신호를 파악할 수 있었다고 한다.

① 불같이 타올랐다 꺼진다.
② 관계 주기가 길지 않다.
③ 진정한 사과를 하지 않는다.
④ 자기애가 강하다.

여기에 병적인 거짓말을 더하면 사이코패스를 의심할 수 있다. 그들은 상대방을 속이기 위해 반복적으로 거짓말을 하는데 그것이 굉장히 계획적이기 때문에 쉽게 알아차리기가 쉽지 않다. 사이코패스는 상대방이 자신에게 중독되도록 피상적인 매력을 발휘해 의심의 눈초리를 거두게 한다. 지나칠 정도로 강한 자기 확신과 자기애는 상대에게 큰 위압감을 주기 때문에 오히려 상대방이 자신을 별 가치가 없는 사람처럼 느끼게 한다.

한때 우리나라에 큰 화두를 던졌던 가스라이팅gaslighting도 이 과정에서 나온다. 사이코패스는 연인에 대한 강력한 통제를 위해, 연인의 자아존중감을 뭉개기 위해, 자신의 목표를 성취하기 위해, 가스라이팅 기법을 활용한다. 가스라이팅은 상대의 심리나 상황을 교묘하게 조작해 상대의 현실감과 판단력을 잃게 만들고 스스로 의심하게 만드는 심리 조작이다. 결과적으로 사이코패스와 안정적인 연인관계가 되기엔 어려운 일이 되지 않을까 조심스럽게 추정해본다.

눈을 보면
사이코패스인지 알 수 있다?

수많은 사람 중에 사이코패스를 판별하는 일은 쉽지 않다. 인간의 특성이 매우 복합적인 요소를 가졌기 때문이기도 하겠지만 설사 어떤 사람이 반사회적인격장애의 기질을 내보인다고 해도 그를 사이코패스라고 진단하기에는 복잡한 절차를 거쳐야 한다. 사이코패스라고 하더라도 그가 큰 범죄를 저지르지 않는 한 그는 그냥 한 인간일 뿐이다. 실제로 사이코패스로 판명이 난 사람들도 기업가, 의사, 언론인, 정치인들로 성공했다.

그럼에도 정신의학자나 심리학자들의 꾸준한 노력으로 사이코패스를 판별하기 위한 검사 기법이 만들어지고 있다. 이런 견지에서 일부 연구자들이 새로운 검사법을 제안하는데 그중 하나가 바로 동공을 관찰하는 방식이다.

연구에 따르면 사이코패스는 공포스런 장면을 볼 때 동공이 확장되지 않는다고 한다. 그들의 이런 반응은 두려움이나 위협을 느끼지 못하기 때문이라고 해석할 수 있다. 실제 학술지에 실린 논문에 의하면, 연구자들은 82명의 정신적으로 장애가 있는 범법자들을 대상으로 현실 세계에서 흔히 볼 수 있는 시각 영상과 청각 음향 클립, 역동적인 얼굴 표정 동영상 등을 보며 그들의 동공이 어떻게 반응하는지를 실험했다. 그 결과 무서운 장면을 보았을 때 일반 참가자는 동공이 확장됐으나 사이코패스는 동공이 확장되지 않았다.

사람은 불쾌하거나 위협이 될 만한 무언가를 보면 도망가거나 꼼짝하지 않거나 싸우거나 하는 반응이 일어나면서 아드레날린이 급상승한다. 그 결과 동공이 확장된다. 위협에 대한 이러한 정상적인 심리적 반응이 반사회적인격장애 범법자들에게서는 감소된다는 사실이 반사회적인격장애 조건에 대한 분명한 물리적 표식을 제공할 수 있다는 것이다.

우리가 꼭 알아야 할
사이코패스 성향을 가진 사람들이 보내는 15가지 신호

우리는 누군가 4차원적인 행동을 할 경우 우스갯소리로 '사이코'라 칭하기도 한다. 이는 다소 일상적인 대화로 받아들일 수 있지만 농담이라도 누군가를 '사이코'라고 하는 것은 '사이코패스'라는 용어를 잘못 이해하고 있는 것이기도 하다.

'사이코패스'라는 용어 자체가 실제로는 공식적인 정신질환 진단통계편람 제5판(DSM-5)에 사용되고 있지 않다. 대신 정신질환을 진단하고 범주화하기 위해 '반사회적인격장애Antisocial Personality Disorder, ASPD'라는 포괄적 용어를 사용한다. 더군다나 사이코패스라는 용어 정의와 용도는 오랜 시간을 거치는 동안 변했다.

1900년 무렵 다른 사람의 권리와 윤리 의식에는 아무런 관심을 보이지 않는 사람들을 기술하기 위해 '사이코패스'라는 단어가 처음 사용되기 시작했다. 반면 반사회적인격장애의 진단은 아무런 죄책이나 후회를 느끼지 않고 습관적으로 다른 사람의 권리를 침해하거나 규정을 위반하는 사람들을 기술하기 위하여 사용됐다.

그러나 문제는 미국의 경우 일반인 중 약 1%가 사이코패스 진단 범주에 해당된다는 점이다. 특히 성공한 기업인, 의사, 언론인, 정치인들 사이에서 그 비중이 더 높다. 더욱 기업 임원진 중에는 평균 4~5%가 사이코패스일 수 있다는 연구 결과가 있다.

우리가 사적으로 만날 수 있는 100명 중 한 사람이 사이코패스일 수 있으며, 우리가 일하는 회사의 임원진 중에는 100명 중 4~5명이 그 범주에 속할 수 있다. 이것은 물론 추정치다. 추정치로 누군가를 의심하면 결코 안 된다. 나 또한 그런 성향을 가질 수 있다는 점을 받아들였으면 좋겠다. 그럼에도 사이코패스 성향을 가진 사람들이 보내는 신호를 판별할 수 있는 식견을 가지고 있다면 바람직한 상황을 만들 수 있지 않을까 한다. 그래서 이번 장에선 사이코패스 성향을 가진 사람들이 보내는 신호 15가지를 추려보았다.

사이코패스 성향을 가진 사람들의 첫 번째 신호는 공감능력이 결여되어 있다는 점이다. 그들은 다른 사람들에 대한 동정심이 없거나 그것에 개의치 않는다. 그래서 주변인들을 혼란스럽게 만들기 때문에 종종 인간관계가 피상적이 될 수밖에 없다.

임상심리학자 데번 맥더모트^{Devon MacDermott}가 반사회적인격장애가 있는 사람들의 뇌를 관찰한 결과 그들은 다른 사람들의 고통을 상상할 때 공감하지 못할 뿐만 아니라 오히려 쾌감을 느끼는 것으로 나타났다.

사이코패스 성향을 가진 사람들의 두 번째 신호는 끊임없이 공격적이라는 점이다. 그들은 감정적 인식이 결여되어 있는 반면 폭발성이 높은 사람이라고 할 수 있다. 특히 그들은 자신의 욕구나 결과가 빨리 성취되지 않거나 좌절을 경험할 때 화를 내거나 공격적인 싸움을 통해 자신의 분노를 표출하기도 한다.

사이코패스 성향을 가진 사람들의 세 번째 신호는 믿기 어려울 정도로 충동적이라는 점이다. 종종 그들은 충동적이고 부주의해서 결과를 무시한 채 위험한 상황으로 뛰어든다. 이는 자연스럽거나 모험을 도전하는 듯한 충동의 종류가 아니라 변덕스러운 난폭함, 혼란, 주의산만, 부정확한 의사 결정 등으로 특징되는 '역기능적 충동

dysfunctional impulsivity'으로 간주된다.

사이코패스 성향을 가진 사람들의 네 번째 신호는 위험한 자극을 추구한다는 점이다. 그들은 황홀감이나 전율, 스릴감을 느끼기 위해 정상적이지 않은 성적 행위를 추구하거나 신체적 위해를 초래할 불법적인 활동을 포함한 위험한 방식의 자극을 추구한다. 그들은 지루함을 견디지 못하기 때문에 자극을 찾으러 다니기도 한다.

사이코패스 성향을 가진 사람들의 다섯 번째 신호는 매우 교활하다는 점이다. 자신의 이익이나 개인적 즐거움을 얻기 위해 다른 사람들을 교묘하게 조종하고 속이는 매우 교활한 성향을 보인다.

이런 유형의 인격장애가 있는 사람은 윤리적으로 옳고 그름의 분별력이 결여되어 다른 사람의 느낌이나 감정을 전혀 배려하지 않는다. 그렇기 때문에 자신의 이익을 위해 다른 사람을 조종하고 속이는 데에만 집중할 뿐이다. 그리고 양심의 가책을 느끼지 않는다. 그들은 자신의 매력을 어필하거나 폭력이나 위협, 속임수를 쓴다.

사이코패스 성향을 가진 사람들의 여섯 번째 신호는 범죄행위에 대한 거부감이 없다는 점이다. 그들은 비윤리적이고 무책임하고 부도덕적이라서 사회적 규범과 기대에 어긋난 범행을 반복하기 때문에 누범자가 될 경향이 강하다. 실제로 전체 수형자의 25% 이상이 이런 성향을 가진 사람들이라고 한다.

사이코패스 성향을 가진 사람들의 일곱 번째 신호는 자신의 피상적인 매력을 잘 활용한다는 점이다. 그들의 첫인상은 호감을 느낄 정도로 사교적이고 재미가 있다. 언뜻 매력적으로 보이지만 장기적으로 관계를 이어가기 위한 따뜻함과 온정이 부족하다. 그들이 매력적으로 행동하는 것은 다른 사람을 배려해서가 아니라 자신이 원하는 것을 얻기 위해 그렇게 하는 것뿐이다.

　사이코패스 성향을 가진 사람들의 여덟 번째 신호는 얕은 감정을 가지고 있다는 점이다. 그들에겐 친절, 공감, 연민, 슬픔, 후회, 수치심, 죄책감 등과 같은 감정은 낯선 것이고, 화나 분노, 좌절과 같은 감정에 쉽게 동화된다. 다만 이 부분은 많은 오해를 불러일으킬 수 있으니 조심해야 한다. 사람의 인생은 매우 굴곡지기 때문에 긍정적인 시기가 있는가 하면 부정적인 시기도 있다. 긍정적인 분위기가 가득할 때는 긍정적인 사고가 가능하지만 부정적인 분위기가 가득하면 부정적인 사고가 일어날 수밖에 없다. 마냥 행복할 수 없는 게 우리네 삶이다. 그러니 부정적 감정이 많다고 해서 모두 사이코패스의 성향을 가졌다고 할 수는 없다.

　사이코패스 성향을 가진 사람들의 아홉 번째 신호는 가식적인 언변을 보인다는 점이다. 그들은 의도를 숨긴 채 다른 사람에게 자신의 뜻을 관철하기 위해 친절한 말을 내뱉고 자애로운 척을 하지만 그 저변의 의도는 개인적 이득을 얻기 위해서라는 것을 잊지 말아야 한다.

　사이코패스 성향을 가진 사람들의 열 번째 신호는 책임을 회피하고 자신의 잘못을 남의 탓으로 돌린다는 점이다. 자신의 행동에 책임을 지기보단 다른 사람을 비난함으로써 책임을 모면하려고 하는 것이다.

　사이코패스 성향을 가진 사람들의 열한 번째 신호는 자신의 가치에 대해 지나칠 만큼 과장되게 생각하는 성향이 강하다는 점이다. 자기애적, 자기도취적인 감정에 빠져 어긋난 자존감을 내세워 오만하게 군다. 이로 인해 특권의식을 보이기도 한다.

　사이코패스 성향을 가진 사람들의 열두 번째 신호는 병적일 정도로 거짓말을 잘한다는 점이다. 거짓말은 그들의 교활한 인격의 한 부분으로, 누군가를 속이는 데 쾌감을 느끼기도 한다. 특히 거짓말이 탄로가 나면 거짓말의 강도를 높인다. 작은 거짓말을 감추기 위해 더 큰 거짓말로 덮는 것이다.

사이코패스 성향을 가진 사람들의 열세 번째 신호는 문란한 성행위를 보인다는 점이다. 충동적으로 누군가와 성적 관계를 맺는데 자신이 정상적인 이성 관계를 가질 수 없거나 힘들기 때문에 더욱 충동적으로 쾌락만을 추구하면서 단기적으로 여러 사람들과 성관계를 맺기도 한다.

사이코패스 성향을 가진 사람들의 열네 번째 신호는 목표가 없다는 점이다. 「사이콜로지 투데이Psychology Today」에 따르면 그들은 미래를 계획할 수 있는 능력이 결여되어 있다고 한다. 삶의 목표가 없기에 장기적인 계획을 세우지 못하는 것에 대한 두려움도 없어 그저 하루하루를 소비할 뿐이다.

사이코패스 성향을 가진 사람들의 열다섯 번째 신호는 기생적 생활 유형PARASITIC LIFESTYLE을 갖는다는 점이다. 그들은 다른 사람의 호의에 대한 보답이나 보상을 하지 않으면서 자신이 필요한 모든 것을 얻기 위해 다른 사람을 이용한다. 설득을 하든 강요를 하든 자신이 원하고자 하는 것을 충족시키기 위해 기생적 생활 유형에 갇혀 사는 것이다.

참고 자료

- https://www.mindbodygree.com/articles/breeds-of-psychopaths-and-how-to-spot-them
- https://www.psychologytoday.com/intl/blog/neurosagacity/201506/6-obstacles-relationship-psychopath
- https://theconversation.com/not-all-psychopaths-are-criminals-some-psychopathic-traits-are-actually-linked-to-success-51282
- https://www.smithsonianmag.com/science-nature/the-pros-to-being-a-psychopath-96723962
- https://www.elsevier.com/connect/psychopaths-what-are-they-and-how-should-we-deal-with-them
- https://nobaproject.com/modules/psychopathy
- https://sciencenorway.no/genetics-law-psychology/we-should-spend-more-time-studying-successful-psychopaths-says-forensic-psychiatrist-randi-rosenqvist
- https://www.psypost.org/2017/02/certain-form-psychopathy-can-lead-top-professionalperformance-4779
- https://www.uni-bonn.de/Press-releases/psychopathy-need-not-be-a-disadvantage
- https://www.techtimes.com/articles/163737/20160608/people-with-psychopathic-traits-can-be-helpful-at-work.htm
- https://www.sciencedaily.com/releases/2017/02/170223102030.htmhttps://psychocentral.com/news/2016/06/05/are-some-psychopaths-kind-and-helpful/104262.html
- https://www.psychologytoday.com/us/blog/fulfillment-any-age/201610/are-creative-people-more-likely-be-psychopathic
- https://www.sciencedaily.com/releases/2020/05/200512190000.html
- https://www.sciencemag.org/news/2010/03/psychopaths-keep-their-eyes-on-prize
- https://www.inc.com/amy-morin/advice-from-a-therapist-5-ways-to-with-a-psychopath-at-work.html
- https://www.npr.org/sections/theprotojournalist/2014/08/21/341858696/is-there-such-athing-as-a-good-psychopath

참고 자료

- https://www.cnbc.com/2016/11/18/why-psychopaths-are-so-good-at-getting-ahead.html
- https://www.forbes.com/sites/jackmccullough/2019/12/09/the-psychopathic-ceo/?sh=16fd7e90791e
- https://www.ethicalsystems.org/are-jerks-more-likely-to-have-workplace-power
- https://www.cnbc.com/2019/04/08/the-science-behind-why-so-many-successful-millionaires-are-psychopaths-and-why-it-doesnt-have-to-be-a-bad
- https://www.fastcompany.com/53247/your-boss-psychopath
- https://www.utas.edu.au/news/2018/8/23/712-the-reality-of-corporate-psychopaths
- https://www.institutionalinvestor.com/article/b1505qtwhyc949/the-psychopath-in-the-corner-office
- www.bhevolution.org/public/almost_psychopath.page
- https://hbr.org/2004/10/exwcutive-psychopaths
- https://www.apa.org/pubs/highlights/spotlight/issue-123

사이코패스의 유형

×
×
×

높은 자리에 있는 사람일수록
사이코패스의 성향이 짙다

사실 사이코패스는 별천지의 사람이 아니다. 우리가 사는 세계에 함께 살아가는 사람일 뿐이다. 사이코패스에 대해 연구하는 정신의학자들이나 범죄심리학자들은 사이코패스라고 해서 모두 잔인하지도 않고, 폭력적이지도 않다고 말한다. 심지어 기업 총수나 고위 경영인들에게서 사이코패스의 특성을 찾을 수 있다고 지적한다. 버나드 메이도프의 사례를 보면 쉽게 이해할 수 있다. 그는 자신의 이름을 건 가족재단을 만들어 각종 자선 활동을 하면서 기부를 해왔다. 그의 활동은 주위 사람들에게 선한 영향을 미치기도 했다.

여기서 우리는 매우 조심해야 할 부분이 있다. 직장인들은 대부분 자신에게 가혹하게 대하는 직장 상사를 미워하며 농담을 섞어 그들을

"사이코"라고 부르기도 하는데 실제로 그럴 수도 있다는 점을 간과해선 안 된다. 실제 기업의 임원 자리에 있는 사람들은 반사회적인격장애 기질을 가질 확률이 그렇지 않은 사람보다 더 높다는 연구 결과들이 나오기 때문이다.

나르시시스트narcissist, 자기도취자와 사이코패스는 기업 내에서 자신을 매력적으로 보이기 위해, 남보다 앞서가기 위해 다양한 범주의 전략들을 활용한다. 만약 그런 사람들과 함께 일한다면 그들은 주변 사람들을 억누르기 위해 기만적이고 부정직한 무언가를 할 때까지 그들의 본성을 드러내지 않는다.

사이코패스의 하위 유형

사실 미국의 경우 정신의학자나 범죄심리학자는 일반인의 약 1% 정도만 반사회적인격장애 기질을 가지고 있는 것으로 추정하지만 기업인들 대상으로 조사하면 이 수치가 4%까지 치솟는다. 이는 교도소 수형자 다음으로 높은 수치라고 한다.

정신의학자 레나타 슈만Renata Schoeman은 직원들의 스트레스와 번아웃을 초래하는 작업환경을 개선하는 데 최전선에 서야 하는 사람은 바로 기업 임원들과 최고경영자이지만 그들은 종종 문제를 해결하기보다는 문제를 더 키우는 데 기여한다고 주장한다. 여기서 우리는 공식적으로 확인된 사이코패스의 하위 유형을 살펴보는 게 먼저일 것 같다.

죄의식도 후회도 없는
1차적 사이코패스

우선 '1차적 사이코패스primary psychopath'다. 그들은 정서가 결여되어 있으며 냉혹하고 약탈적인 습성을 가지고 있다. 두려움을 느끼지 않고 걱정도 하지 않지만 위험을 감수하지 않을 만큼 영악하기도 하다. 더 무서운 것은 그들이 죄의식을 갖지 않으며 후회도 하지 않는다는 점이다. 그리고 반사회적인격장애와 자기애성 인격장애와 매우 강한 상관성을 가지고 있다.

만약 누군가가 개인적 이익을 위해 윤리적 동기를 저버리는 행동을 하고, 다른 사람에 대한 감정적 민감성이 결여되어 있는 것을 표출한다면 그는 '고전적 사이코패스Classical psychopath'라고 할 수 있다.

이런 유형의 사이코패스는 '높은 지능'을 보유하기도 하는데 그들은 지능적으로 일탈행동을 하는 데 있어 사회적 낙인을 피하고, 자신의 행동이 사회적으로 받아들여질 수 있는 루트를 만들기도 한다.

범죄행위와 관련될 확률이 높은
2차적 사이코패스

다음은 '2차적 사이코패스secondary psychopath'다. 그들은 감정적으로나 정서적으로 불안정하고, 그들의 기질이 1차적 사이코패스보다 범죄행위와 관련될 확률이 더 높다. 그리고 정상인들은 그들을 직장에서 만나게 될 확률이 높다.

그들은 성급하고, 감정적이고, 충동적이고, 적대적이고, 공격적이다. 자기파괴성도 가지고 있어 불안증을 안고 있지만 1차적 사이코패스와는 달리 조직화되지 않고 위험한 의사 결정을 하는 경향이 있다.

그들은 1차적 사이코패스와 다르게 어느 정도 두려움을 느끼고 후회도 한다. 그리고 다른 사람에 대한 동정심도 있다. 하지만 그들은 정서적 장애로 인해 그러한 감정들이 적대성과 공격성으로 뒤덮이곤 한다.

지루함을 참지 못하는 병적 사이코패스

그 밖의 하위 유형으로 '병적 사이코패스distempered psychopath'가 있다. 그들은 흥분을 갈망하고, 지루함을 잘 참지 못하고, 위험한 운동과 활동에 빠지곤 한다. 이런 유형의 사이코패스는 대부분 남성들이며 성질이 급하고, 공격적이고 폭력적일 확률이 가장 높은 사람이라서 종종 분노를 참지 못하고 표출한다.

그리고 '카리스마적 사이코패스Charismatic psychopath'가 있는데 이들은 대체로 매력적이다. 그리고 별 노력도 들이지 않고 다른 사람을 조종하고 약취하는데 그것을 자신의 장점으로 여기고 활용한다. 그래서 병리적 거짓말쟁이가 될 확률이 높다. 그들이 가진 매력으로 인해 반사회적 성향이 가려져 다른 사람을 조종하고도 그것으로 인해 비난을 받지 않는다.

다른 사람을 교묘하게 조종하는
자기중심적 사이코패스

마지막으로 '자기중심적 사이코패스egocentrically-impulsive psychopath'다. 그들은 자신에게 유리하게 규칙을 고치거나 해석하거나 적용하고, 개인적 이득을 위해 상황을 교묘하게 조작하며 거짓말도 한다. 하지만 장기적 목표에 전념할 수 없고, 마키아벨리적 자기중심성Machiavellian egocentricity의 특성을 보유하고 있다.

2002년 성격심리학자 델로이 폴허스D.L.Paulhus와 케빈 윌리엄스 K.M.Williams가 인간관계를 망가뜨릴 수 있는 해로운 성향을 지닌 3가지 성격을 제시했다. 3가지 성격은 마키아벨리적 성격Machiavellianism, 준임상적 자기애Subclinical narcissism, 준임상적 반사회성Subclinical psychopath을 의미하는데 여기서 말하는 마키아벨리적 성격이 마키아벨리적 자기중심성을 잘 설명해준다. 도덕보다 이해관계를 우선시하면서 다른 사람을 교묘히 조종한다. 냉소적인 태도를 가지면서 필요에 따라 선한 사람이 되기도 하고, 악한 사람이 되기도 한다. 자기 외의 사람은 도구나 수단으로 여기는 것이다. 참고로 그 외 2가지 성격에 대해 간략하게 설명하자면 이렇다.

준임상적 자기애는 과장된 자기관념을 갖고 있기 때문에 다른 사람에게 추앙을 받기 원한다. 자신에게 향하는 비난을 참지 못하는데 사실이는 정상인들 중에서도 나타나는 특성으로 일반적으로 이런 특성을 가지고 있다고 해서 성격장애로 분류하는 데는 한계가 있다.

준임상적 반사회성은 충동적이고 무책임하다. 거짓말을 일삼으며 기만적인 행동을 서슴지 않게 하는 반면 죄책감이 없다. 자신이 우월하다고 생각하며 자신의 나쁜 행동에 대해 합리화를 잘하고, 그것에 대한 문제의식을 느끼지 못한다.

자기중심적 사이코패스는 세상을 적대적으로 보고, 어떤 상황에서도 자신을 무고한 피해자로 여긴다. 이런 점에서 자신의 공격적 행동을 합리화하고, 자신의 문제나 실패에 대해 남을 비난하고 탓하는 경향이 있다. 자기중심성 사이코패스는 경계성 인격장애borderline personality disorder와 관련이 있는 것으로도 알려져 있다.

참고 자료

- https://m.health24.com/Lifestyle/Healthy-workplace/Employee-wellbeing/5-common-types-of-psychopaths-you-might-find-in-the-workplace-and-how-you-can-avoid-becoming-a-victim-of-their-mind-games
- https://namu.wiki/w/%EC%96%B4%EB%91%A0%EC%9D%98%20%EC%82%BC%EC%9B%90
- https://www.politico.com/magazine/story/2018/06/23/washington-dc-the-psychopath-of-america-218892

사이코패스가 많이 사는
도시는 따로 있다?

미국의 어느 경제학자가 흥미로운 논문을 발표했다. 미국의 수도 워싱턴이 사이코패스의 수도라는 것이다. 한때 언론에서 디트로이트를 살인의 수도라고 표현한 적이 있었는데 통계와 연구를 통해 범죄다발지역이라는 것이 검증된 곳이었다.

　미국 텍사스의 서던메소디스트대학교의 경제학 교수 라이언 머피Ryan Murphy는 사이코패스 우위에 따라 각 주에 점수를 매긴 결과 워싱턴이 압도적인 격차를 보이며 1위를 차지했다는 것이다. 사이코패시의 기질인 탈억제, 대담함, 비열함 등을 각 주의 지배적인 기질과 맞췄을 때 해안이나 인구가 밀집된 지역이 가장 점수가 높았으며, 그중에서도 워싱턴이 단연 최고였다는 것이다. 2위인 코네티컷은 1.89점인데 워싱턴은 3.48점이라고 밝혔다.

　워싱턴의 점수가 왜 높을까? 가장 먼저 구조적 원인을 들 수 있다. 인구밀도가 높은 곳일수록 반사회적인격장애를 가진 사람이 많다는데 워싱턴은 인구밀도가 다른 주보다 더 높다는 것이다. 또한 워싱턴이라는 도시는 유독 원대한 야망, 한 가지 목표에 대한 맹렬한 매진, 목표를 이루기 위해서 남을 밟고 올라서려는 의지 등을 보상하는 유형의 일자리가 많아 사이코패스가 매력을 느껴 몰리기 때문이라고 가정한다.

　사이코패스는 무서울 정도로 지나치게 자신에 대한 자신감이 높은데 워싱턴은 권력을 추구하는 데에 다양한 수단을 제공한다는 것이다. 덧붙여 워싱턴에 사이코패스가 다수 존재한다는 것은 그들이 정치 분야에서 매우 효과적일 확률이 높다는 추론과도 일치하는 것이라고 주장한다.

　이 같은 주장은 워싱턴에는 사이코패스적이라고 분류되는 유형의 직업이 놀라울 정도로 많으며, 직업군으로는 법률가, 언론인, 공무원, 최고경영자, 요리사 등이 포함된다는 다른 연구 결과로도 보완되고 있다. 지금까지 심리학자들 사이에서는 사이코패스가 일부 직업에서 무시무시할 정도로 효과적일 수 있다는 점을 이미 기정사실로 받아들이고 있다.

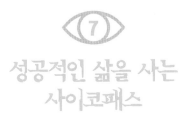

성공적인 삶을 사는
사이코패스

×
×
×

사이코패스라고 해서
다 같은 부류는 아니다

우리는 사이코패스라고 하면 광기가 가득한 사람이라고 생각하지만 그들은 정상인과 다르게 보이지 않는다. 그래서 평범한 우리들 삶에 쉽게 섞여들 수 있다. 여기서 사이코패스의 4가지 공통된 유사성에 대해 알아보자. 첫째 기만적이고, 둘째 교묘하게 다른 사람을 조종하고, 셋째 자기애적이고, 넷째 공격적이다. 다만 이런 점에도 불구하고 사이코패스가 하나의 유형으로만 존재하지는 않는다는 사실을 염두에 둬야 한다. 그래서 사이코패스라고 해서 다 동일하게 생각해선 안 된다.

그렇다면 우리가 어떤 식으로 사이코패스의 유형을 만날 수 있는지 좀더 자세히 들여다보자.

첫 번째 '영혼의 친구The Soul Mate' 유형이다. 이들은 이성을 속이기 위해 자칭 '영혼의 친구'를 언급하며 사기극을 벌이는 부류다.

평생 여자를 속이며 기생충처럼 살던 한 남성은 교도소에서 출소하자마자 데이트 사이트에서 한 여성을 만나 자신을 외과의사라고 속이고 결혼했다. 그가 바로 영국의 전설적 사기꾼 존 미한John Meehan이다. 그가 바로 이런 유형에 속한다. 그의 이야기는 미국 드라마 「더티 존Dirty John」 시즌 1에서 다뤄지기도 했다.

이런 사이코패스는 피상적일지라도 매력이 있기 때문에 쉽게 이성을 사귄다. 하지만 관계를 이어가면서 자신의 본모습을 보이고 이로 인해 상대방은 많은 고통을 받는다. 사실 존 미한과 결혼까지 했던 '데보라'라는 여성은 가족들의 만류에도 존 미한과 관계를 이어갔지만 끝내 가족의 희생으로 정신을 차린 케이스다.

두 번째는 '지도자The Leader' 유형이다. 이런 유형은 쉽게 만날 수 있다. 매력적이고 정교하며 카리스마가 있기 때문에 사람을 따돌리고 괴롭히고 조종하면서 자신을 제외하고 서로 경쟁하는 구도를 만들어 그것을 밟고 우뚝 올라선 성공한 사람들 중에 많다.

이들은 1차적 사이코패스에 해당하며 자기 능력을 과장하면서 이기적으로 행동한다. 자신의 욕구를 우선시하며 정교한 사회적 기술을 가지고 있기 때문에 업무 성과가 좋다. 특히 '두려움 없는 우월감fearless dominance'이 매우 높다.

다만 성공하기 위한 권모술수와 책략이 뛰어나기 때문에 이들의 성공 사례는 외부에 노출되지만 정확하게 묘사되지 않는다. 이들의 사생활에 대해 아는 사람이 없다. 심지어는 은밀하게 가족들을 학대하기도 한다. 이런 학대 사실이 세상에 알려지더라도 가해자가 워낙 좋은 사람이라는 이미지가 강하기 때문에 피해자가 비난을 받기도 한다. 이런 실제 사례는 의외로 많이 뉴스에서 접할 수 있다.

세 번째는 '나쁜 소년The Bad Boy' 유형이다. 우리가 가장 쉽게 인식할 수 있는 부류다. 이들의 반사회적인격장애 기질은 속임수, 충동성, 다른 사람의 안정성에 대한 무시 등을 꼽을 수 있다. 이들은 범죄행위를 할 가능성도 있어 형사사법제도에서의 처벌도 받을 수 있다.

이들의 삶은 매우 불안정해서 취업을 하더라도 제대로 출근하지 않고 알코올이나 약물을 남용한다. 다만 이들은 쾌락을 추구하기 때문에 함께 있으면 재미가 있을 수 있겠지만 이들에 변덕으로 그것 또한 일회성에 그칠 가능성이 높다. 하지만 이들 또한 자신에게도 사랑이나 구원이 필요하다며 어떤 계기로 인해 자신이 이전과는 다른 사람처럼 살고 싶어 하는 마음도 갖고 있다.

네 번째는 '편집증 환자Paranoid' 유형이 있다. 이들은 모든 사람들이 자신을 해치거나 이용한다는 공상을 가지고 있으며 모든 잘못을 세상 탓으로 돌린다. 편집성 인격장애나 편집증적 망상을 가진 사람과는 달리 이 부류는 다른 사람이 대가를 치러야 한다는 공상을 갖는다.

그 밖에도 자신을 마치 성자처럼 부각시키는 '성자The Saint', 문화에 대항하는 반문화적 가치를 숭상하는 '반문화주의자The counterculturalist', 피해자를 가치 없는 존재로 느끼게 만드는 '경멸적인contemptuous' 유형이 있다.

사이코패스 성향이 짙은 사람이
성공하기 쉽다?

앞에 설명했지만 사이코패스 성향이 짙은 사람이 성공하기 쉽다는 것은 잘못된 통념이 아니라 어느 정도는 사실이라고 말할 수 있다. 사이코패스 중 일부는 반사회적인격장애의 기질인 대담함이나 무모함 등을 잘 활용해 직업적 성공을 성취하기도 한다.

일부에선 이를 두고 개념 진행이 논리적이지 못하다고 비난하기도 하지만 성공한 사람들 중에는 분명 사이코패스가 존재하는 것만은 확실하다. 허비 클레클리 또한 자신의 저서 『정상의 가면The Mask of Sanity』에서 일부 사이코패스는 단기적인 측면에서 관찰했을 때 대인적으로, 직업적으로 성공적일 가능성이 있다고 역설적 조건을 기술하고 있다.

그렇다면 이들의 반사회적인격장애 기질을 사회에 긍정적으로 환원할 수는 없을까? 영국 옥스퍼드대학교 심리학자 케빈 더튼은 영국 공군 특수부대원들을 인터뷰한 결과 이들의 반사회적인격장애 기질을 목표로 설정해 그것을 달성하는 데 사용하면 도움이 될 것이라고 밝혔다. 반사회적인격장애에서 아주 높은 점수가 나오는 군인들이기 때문이다. 또한 신경과의사나 흉부외과의사 등도 반사회적인격장애 기질의 점수가 높지만 자신의 전문 분야에서 두각을 나타내고 있다. 반사회적인격장애 기질 점수가 높다고 해서 이들이 사회에 해로운 영향을 끼치는 것은 아니라는 점을 시사하고 있는 것이다.

반사회적인격장애 사례 연구로 유명한 허비 클레클리도 일부 사이코패스는 의료나 기업 분야에서 경력을 잘 쌓으면서 조직에 잘 적응하면 성공한 사람으로 보일 수도 있다고 주장했다. 그들이 목표를 설정하고 그것을 성취하는 데 주력을 다한다면 자신들의 냉혹함이나 무자비함을 잘 활용할 것이다. 사실 미국 언론에서 월가의 임원들 중 10%는 사이코패스에 해당한다는 기사는 다소 과장된 것인지는 모르겠지만 사회 지도층 위치에 있는 사람들 중 사이코패스가 차지하는 비율이 상당히 높다는 것은 의심할 여지가 없는 부분이기도 하다.

선한 영향을 미치는 사이코패스가 많이 배출되려면?

현재 이 사회는 개인주의가 성행하면서 사이코패스 범죄가 날로 증가하고 있다. 이는 우리가 사이코패스에 대한 정확한 정의를 내리지 못하고 그저 그들을 '사회악'이라고 치부하는 데서 오는 부작용이 아닐까 한다.

더불어 사이코패스가 우리에게 해를 가하기 전에 어떤 방어책을 마련해두는 것이 좋을 것이다. 특히 사이코패스 중 일부가 사회적으로 성공한 위치에 있다면 그것을 반면교사로 삼는 것도 도움이 될 것이다.

사실 우리는 거의 범죄를 일으킨 사람들이거나 수형자들을 대상으로 반사회적인격장애를 진단하기 때문에 반사회적인격장애자들은 모두 범죄자라는 논리로 일관해왔다. 이는 반사회적인격장애자들을 올바르게 인식하는 데 장애물이 될 수 있다.

특히 요즘 평판 관리reputation management와 공유경제의 출연으로 엄격하게 신뢰를 바탕으로 인맥을 만들려는 시도를 하지만 이것이 쉽지만은 않다. 사람은 누군가를 의심하기보단 큰 탈이 없으면 믿어보려는 경향이 강하기 때문에 이런 것은 사이코패스가 다른 사람을 약취하고 이용하는 이상적 사냥 기지를 만들어주는 것이기도 하다.

허비 클레클리는 반사회적인격장애자들이 태생적으로 잔인하거나 폭력적이라고 특징짓지 않았다. 그들 중 일부는 반복적으로 폭력행위를 일삼지만 그것이 신체적인 위험을 뜻하는 것은 아니다. 오히려 그들은 사악함이나 잔인함과는 반대되는 충동적인 자아중심성의 산물이라는 것이다.

이러한 그의 주장은 실제 자신의 임상 결과로도 보여주는데, 그의 환자 중에는 아무런 목표도 없는 역기능적 유형도 있지만 교수나 의사, 기업인 등으로 이어진 성공적인 사이코패스 사례들도 포함되어 있었다. 물론 반사회적인격장애 기질로 인해 범죄적 표현에 관심을 가지고 우려를 표했던 그와 동시대의 다른 전문가들은 냉정함과 공격성 그리고 약탈적 피해자화victimization를 더 강조했다.

사실 기질적으로 두려움이 없는 대담함을 가진 존재가 목표를 설정하고 그것에 매진하면서 탈억제 수준이 낮다면 오히려 사회적 기준의 성공을 빠르게 성취할 수도 있다.

예를 들어, 대담함은 높은 수준이지만 탈억제 수준은 낮은 사람이라면 반사회적인격장애 성향이 사회적 효과성, 감정적 회복탄력성, 모험심 측면에서 나타나기 때문에 지휘력과 지도력이 높고 용기가 있어서 군인 같은 직업 분야에서 큰 두각을 나타낼 수 있다.

독일 본대학교 심리학자들의 연구는 사이코패스가 약탈적이며 죄의식이 없고 두려움이 없고 자극을 추구하는 등 자신이 아닌 다른 사람의 희생으로 자신의 이익을 바란다는 프레임을 크게 흔들었다. 그들은 어떤 유형의 사이코패스는 다른 사람이나 회사에게 해악을 끼치지 않고 최고의 직업적 업무 수행을 이끌 수 있다고 주장했다. 이런 역설적 인격의 소유자들은 종종 모험을 감수할 의향이 강하고, 무자비함과 동시에 호감을 줄 수 있기 때문에 직업 사다리의 맨꼭대기까지 오를 수 있다고 밝혔다.

기존의 연구 결과는 그런 사람들이 위험한 결정을 하거나 조직의 규칙을 무시하고 약물이나 알코올 남용으로 다른 직원들에게 해를 끼친다는 평판이 지배적이었지만 본대학교의 연구 결과에 따르면 반사회적인격장애가 어두운 면이 있는가 하면 밝은 면도 있다는 것이다. 그래서 반사회적인격장애에 대한 보다 정확한 구분이 이뤄져야 한다고 밝혔다.

'반사회적 충동성'의 유독성 유형과 '두려움 없는 우월성'의 무독성 유형

연구자들에 따르면, 사이코패시에는 유독성과 무독성 유형이 있다고 한다. 유독성 유형의 반사회적인격장애는 '반사회적 충동성'이라는 특징으로 대표된다. 자신을 통제할 수 없어 깊이 생각하지 않고 자신이 원하는 대로 행동하며, 자신에게 향하는 비난을 남의 탓으로 돌리는 것이다.

반면 무독성 유형의 반사회적인격장애는 '두려움 없는 우월성 fearless dominance'이라는 특징으로 대표된다. 나쁜 방향으로 발전될 수도 있지만 동시에 매우 좋게 발전할 수도 있다. 이런 특성을 가진 사람들은 두려움을 모르고, 단호한 자기 확신이 있고 사회적 기술이 좋기 때문에 스트레스 내성이 강하다.

다만 두려움 없는 우월성을 가진 사람들이 조직에 해를 끼치지 않고 자신의 장점을 발휘하기 위해선 교육이 가장 중요한 요소가 된다. 이런 특성을 가진 사람들이 교육 수준이 낮으면 조직에 해가 되는 행동을 보이지만 교육 수준이 높으면 조직에 도움이 되는 매우 뛰어난 능력을 보인다. 더불어 동료로부터도 좋은 평가를 받는다고 한다.

이 연구 결과는 반사회적인격장애가 반사회적 행동으로 이어질 수 있지만 반드시 그런 것은 아니라는 과거 소수 이론을 뒷받침해주는 것이다. 높은 수준의 '두려움 없는 우월성'과 평균 이상의 지능 그리고 성공적인 교육 과정을 거쳤다면 사회에서 이타적인 영웅도 될 수 있다는 점을 시사한다.

한편 무독성 유형의 반사회적인격장애 기질을 가진 사람만 조직에 도움이 되는 것은 아니다. 독일 본대학교 심리학자들의 연구 결과에 따르면 반사회적인격장애의 기질을 가진 사람들이 정상인보다 더 협조적이고 도움이 된다고 밝힌 것이다. 연구자들은 모든 사이코패스가 반사회적이라서 사회의 짐이 되지는 않으며 팀 구성원으로 생산적인 사람이 될 수 있다고 보고했다.

필리핀 드라살레대학교에서 실시한 한 연구에서 예술가와 같은 창조적인 사람들은 사이코패스와 비슷한 기질을 가지고 있다고 밝혔다. 또한 영국의 언론인 존 론슨Jon Ronson은 포춘 500기업 CEO 중 약 4%가 반사회적인격장애 기질을 보였다고 보도했다.

빅터 립먼Victor Lipman이라는 작가도 리더십과 반사회적인격장애의 연계 고리를 취재해 반사회적인격장애 일부 기질이 기업 분야에서 크게 성공하기 위한 필수 요소라고 밝혔다.

독일 본대학교의 심리학자들은 '자기중심적 충동성self-centered impulsivity'과 '두려움 없는 우월성'이라는 두 가지 유형의 반사회적인격장애 기질을 보다 깊이 이해하기 위해 설문을 실시했다. 그 결과 '두려움 없는 우월성'을 가진 유형의 반사회적인격장애자들이 직장 동료들로부터 훌륭한 팀 구성원이라는 평가를 받았다고 밝혔다.

연구자들은 이 특성을 가진 사람들의 경우 자기가 원하는 것을 자신의 방식으로 취하고, 스트레스를 잘 참으며 저항하기 때문일 것으로 분석했다. 다만 이런 기질이 긍정적으로 발휘되기 위해선 훌륭한 사회적 기술을 보유하고 있어야 가능하다고 덧붙였다.

반면 '자기중심적 충동성' 유형의 반사회적인격장애는 훌륭한 사회적 기술을 보유하든 그렇지 않든 조직 내에서 업무 수행을 이행하지 못하고 파괴적이고 분열적인 행동을 보였다고 한다. 그들은 자기 통제가 약하기 때문에 다른 사람을 배려하지 않는다고 설명했다. 이는 앞에서 설명한 유독성 유형에 해당한다고 할 수 있다.

필리핀의 드라살레대학교의 갈랑 교수와 동료 연구자들은 독일 본 대학교 연구진의 연구 결과에서 한 발 더 나아가 반사회적인격장애와 관련된 여러 기질 중에서 '창의력'을 발전시켜야 한다고 주장했다. 반사회적인격장애 기질 중 하나인 자신만의 리듬과 색을 찾으려는 욕구와 욕망 같은 특성은 매우 창의적인 사람들에게서 나타난다는 것이다.

연구진들은 사이코패스 중 자신의 충동성과 냉담함을 좋게 활용하는 친사회적 유형이 있다고 설명했다. 협잡꾼, 사기꾼, 도둑, 악당들은 악과 덕을 동시에 가진 인물로 받아들이고 좋은 쪽으로 기질을 활용할 수 있도록 인도해야 한다는 것이다. 협잡꾼이나 사기꾼의 영리함과 영악함을 통해 정상인들이 쉽게 해결하지 못하는 문제를 풀 수 있다. 더불어 창의적인 사람들이 도덕적 기준으로 올바른 행동만 하는 것은 아니라는 점에서 천재성은 동시에 일탈성을 가질 수 있다고 주장한다.

이어진 드라살레대학교의 연구에서 도박꾼이 도박을 하는 과정에서 보이는 대담함은 창의적 사고력 검사에서 높은 점수와 관련된다고 암시했다. 연구자들은 반사회적인격장애의 대담함 형태의 탈억제는 실제로 일부 창의성의 핵심이며, 창의적 과정에서 기능적으로 연계되어 있다고 결론을 내렸다.

물론 드라살레대학교의 연구자들이 밝힌 대담함이 창의성에 미치는 인과적 관계에 대한 주장은 최종적인 결론이 아닐 수 있다. 상황이나 여건 또는 환경의 역할도 간과해선 안 되기 때문이다. 더군다나 그 사람이 창의적이라고 해서 그 사람이 선하다는 것을 의미하지는 않는다. 반대로 대담하다는 반사회적인격장애 기질을 가졌다고 해서 그 사람이 사회적으로 나쁜 영향을 주는 것을 뜻하지도 않는다.

독일 본대학교 심리학자들은 자기들의 연구 결과를 토대로 거듭 강조한다. 인격장애 성향을 가진 사이코패스에 대한 상이한 시각과 견해를 가질 필요가 있다고 말이다. 그들이 비록 반사회적인격장애 기질을 가진 사람이라고 하더라도 반드시 반사회적 행위를 보이는 것은 아니라는 것이다. 많은 사람들이 사이코패시를 정신의 질병disease of the soul과 같은 것으로 오해하는데 이는 왜곡된 생각일 수 있다.

같은 기질을 가졌는데
왜 정반대의 삶을 살까?

어떤 사이코패스는 연쇄살인범이 되고, 어떤 사이코패스는 성공한 기업가가 된다. 같은 기질을 가졌는데 왜 정반대의 모습으로 살아가는 것일까? 최근 미국의 한 대학에서 이 미스터리를 조금이라도 풀어줄 연구를 했다고 한다. 반사회적인격장애를 가진 사람은 기질로 인해 반사회적 행위에 가담하는 경향이 매우 크다고 알고 있지만 이 연구 결과에 따르면 사이코패스 일부는 정상인보다 자신의 충동을 더 잘 억제하고 통제할 수 있다는 것이다.

그들이 어떻게 무의식적 충동을 잘 조절하는지는 정확하게 밝혀지지 않았지만 일부 반사회적인격장애 기질에서 높은 점수를 받은 사람들에게서 이런 현상이 일어나고 있다는 것을 알게 된 것이다.

성공한 사이코패스와 성공하지 못한 사이코패스를 기술할 때 그들의 인생 궤적을 살펴보면 성공한 사이코패스는 법조인이나 기업인이 많았다. 성공하지 못한 사이코패스는 대부분 교도소에서 만날 수 있었다.

연구자들은 성공한 사이코패스에 대해 '보상모형compensatory model'을 활용하여 그 이유를 설명한다. 이 모형은 매력적인 속성으로 비매력적인 속성을 보충하여 결정을 짓는 것을 말한다. 쉽게 말하면 비교해보고 결정하라는 것이다. 상대적으로 성공한 사이코패스는 자신의 반사회적 충동을 억제하는 데 다른 사람보다 극대화된 양심적 기질을 활용한다고 한다. 사기나 거짓말, 공격성 등의 반사회적 충동을 더 강한 성실성이나 양심성을 통해 극복하거나 보상한다는 것이다.

더불어 연구자들은 반사회적인격장애 기질이 높은데도 범죄자가 아니라 최고경영자가 될 수 있었던 이유는 보상에 대해 주목했기 때문일 수도 있다고 밝혔다. 즉, 그들이 돈이나 지위 등에 대한 병리적 충동과 자극을 만드는 보상에 대한 과민증hypersensitivity이 있어서라는 것이다.

이 연구는 이전의 사이코패스에 대해 결함이나 부족함에서 대표 특성을 찾으려고 했던 것과 달리 장점이나 과잉되는 점에 더 초점을 맞추고 있다. 이 같은 연구는 사이코패시가 단순히 결점이나 결함으로만 구성된 인격 기질이 아니라 다양한 형태가 있을 수 있다는 것을 시사한다.

'성공적인 사이코패스 검색'이라는 연구에 따르면, 성공적 사이코패스와 성공적이지 못한 사이코패스를 비교한 결과 동일한 핵심 기질을 공유하는 것으로 결론을 내렸다.

정직하지 못하고, 오만하고, 무자비하고, 죄의식이나 후회가 없고, 자신의 잘못을 인정하지 않고 다른 사람들을 이용하며 감정이 빈약하다는 특성은 동일하다. 다만 다른 점이 있다면 '양심의 수준'이라고 한다. 성공한 사이코패스는 성공하지 못한 사이코패스보다 양심의 수준이 높아서 범죄자로 사는 사이코패스에 비해 덜 충동적이고, 덜 나태하며 덜 무책임하다. 그렇다고 그들이 늘 법을 준수하는 바른 시민은 아니다. 법에 저촉되지 않을 만큼 충분히 지능적이라는 의미다.

반사회적인격장애 기질이 무조건 나쁜 것은 아니다

왠지 모순되어 보이지만 실제로 선한 사이코패스가 있을까? 영국 옥스퍼드대학교 심리학자 케빈 더튼과 영국 소설가이자 군인 앤디 맥냅Andy McNab이 집필한 『성공으로 가는 좋은 사이코패스의 지침The Good Psychopath's Guide to Success』이라는 책에서 일부 반사회적인격장애 기질을 잘 활용하면 성공적인 삶을 이끌 수 있다고 주장했다. 특히 앤디 맥냅은 자신이 사이코패스라고 말한다.

반사회적인격장애 측정 도구에는 카리스마, 매력, 압박을 받아도 냉정함 유지, 두려움이 없음, 초점을 잃지 않음, 충동성, 양심의 결여, 정신적인 강인함, 부족한 공감능력과 죄책감 등이 포함되어 있다. 그들에 따르면 이런 기질 중 하나도 그 자체가 근본적으로 나쁜 것은 아니라고 한다. 다만 그 기질들이 역기능적일 때 문제가 발생할 수 있다고 주장한다.

사이코패시 기질이 기능적으로 발휘될 때 보다 생산적으로 활동할 수 있으며 충동이나 공격성을 조절할 수 있다는 것이다. 그렇다고 사이코패스를 좋게만 받아들여선 안 된다고 경고한다. 그들이 잘못 반응하면 자신은 물론이고 자신과 접촉하는 사람들의 생명까지 파괴할 수 있기 때문에 그들을 사회에 좋은 영향을 미치는 사람으로 이해해선 안 된다고 선을 긋는다. 다만 반사회적인격장애 기질이 특정한 환경과 만나 특정한 수준으로 작용한다면 성공적인 삶을 살 수 있다는 것이다.

이와는 정반대로 행동분석가 릴리언 글래스Lillian Glass는 자신의 저서 『독이 있는 사람들Toxic people』에서 '사이코패스'와 '성공'이라는 단어가 결코 같은 문장에 함께 쓰여서는 안 된다고 항변한다. 그녀는 사이코패스가 주변 사람들에게 위험한 존재로, 누군가에게 사이코패시의 기질을 배워 행동하라고 하는 것은 무책임하고 위험한 제안이라고 경고한다.

그녀는 보통 사람들에게도 일정 정도의 사이코패시 기질을 가지고 있다는 주장에 대해서도 받아들이지 않는다. 사이코패스이거나 아니거나 둘 중의 하나이지 중간은 없다는 것이다.

사이코패스는 자신의 기질을 정확히 인지해 상황에 맞춰 선택할 수 있는 것이 아니라 그 기질이 사이코패스를 증명하는 것이라고 말하며 정도에 따른 차이도 인정하지 않는다.

단순하게 사람을 해치면 나쁜 것이고, 양심의 결여는 매우 잘못된 것이고, 냉혹함이나 무자비함은 좋은 쪽으로 유도할 수 없는 그저 나쁜 특성이라는 것이다. 그렇다면 케빈 더튼은 이 주장을 어떻게 받아들일까? 과연 선한 사이코패스가 존재할까? 그는 사이코패시가 연속선상의 스펙트럼이지 전부 아니면 전무all or nothing라는 흑백논리로 설명될 수 있는 것이 아니라고 말한다. 그러면서 반사회적인격장애 스펙트럼에서 높은 점수를 받았으면서도 세상에 공헌한 영국의 처칠 수상을 예로 들었다.

사실 사이코패스가 좋은 사람이 될 수 있을지의 논쟁은 양면성을 가진 것으로 보고 균형을 찾는 것이 바람직할 수도 있다. 사람의 미래는 예측 불가능이지 않을까.

사이코패스는 선한 사람인가, 아니면 악한 사람인가?

전체 국민에 비해 적어도 3배나 높은 비율의 사이코패스가 기업 임원이나 경영인 중에 있다고 하는데 최근에는 그 비율이 더 높아져 20% 이상에 이른다는 연구 결과도 나오고 있다.

실제로 2004년 태국에 쓰나미가 밀려들 때 20여 명의 생명을 구한 호주 기업인이 있었다. 그는 그 일로 영웅이 됐으나 얼마 후 호주에서 강도와 폭력 혐의로 수배가 내려진 사람이었다는 게 밝혀졌다.

2005년 영국 런던 지하철폭탄테러 사건 때 한 소방관이 자신의 생명이 위험한데도 버스 승객을 구한 일로 훈장을 받았는데 지금 그는 무려 1억 3,500만 달러 상당의 코카인과 관련된 범죄로 14년형을 선고받고 복역 중이라고 한다.

심지어 애플의 스티브 잡스나 테슬라의 일론 머스크도 낮은 수준이지만 공감능력이 결여되었고, 반사회적 행동을 보였다고 한다. 하지만 스티브 잡스나 일론 머스크는 세계적 기업인으로 성장했고, 각 분야에 공헌을 한 것만은 분명하다.

물론 모든 기업인이 다 그런 것은 아니지만 스티브 잡스를 흉내 냈지만 사실 사기꾼이었던 반사회적인격장애 기업인도 많다. 2~3방울의 피로 수백여 가지의 질병을 진단할 수 있다는 기술을 개발했다고 홍보한 테라노스의 엘리자베스 홈즈가 이에 해당할 수도 있다.

옥스퍼드대학교 심리학자 케빈 더튼은 자신의 진단에서 '두려움 없는 우월성'과 '자기중심적 충동성'에서 높은 점수를 받은 미국 전 대통령 트럼프까지 반사회적인격장애 범주에 속하는 사람으로 진단하기도 했다.

사이코패스를 기능성 자기공명영상FMRI으로 관찰한 결과 그들에게선 기본적인 인간의 감정을 경험하거나 죄의식이나 후회 등의 감정이 나타나지 않았다. 다만 그들이 주변 사람들을 조종하고 이용할 때만 감정을 보였다고 한다.

직장 동료 중 지나치게 감정적인 사람들이 있다. 그들은 자신과 함께 일하는 사람들을 보호하려는 욕구로 판단력이 흐려져 자신에게 불리한 상황을 만들곤 한다. 반대로 공감능력이나 동정심이 부족하거나 결여되면 다른 사람들을 전혀 배려하지 않기 때문에 다른 사람에게 부정적인 결과를 초래하는 결정을 해야 하는 업무에서 도움이 될 수 있다.

특히 경쟁 구도에서 이기기 위해선 공감능력이나 동정심은 방해 요소로 작용할 수 있기 때문에 정서적이고 감정적인 사람은 스트레스를 받거나 어려움을 겪을 수 있다. 사이코패스는 이런 부분에서 어려움 없이 해결하기도 한다.

뿐만 아니라 사이코패스는 자신의 매력과 카리스마, 교활함으로 다른 사람들을 조종하기 때문에 경쟁 구도에서 유리한 위치에 도달할 수 있다. 이런 능력은 그들을 성공적인 길로 이끄는 원동력이 될 수 있다.

또한 사이코패스에게서 나타나는 다중인격은 각각의 동료들에게 다른 모습을 보일 수 있다. 어떤 사람에겐 다정하지만 어떤 사람에겐 냉혹하게 보일 수 있는 것이다. 자신의 진정한 본모습을 숨기고 조직에서 바라는 호감이 가는 사람으로 보일 수 있는 능력을 가지고 있다는 것이다. 영화나 드라마에서 상사에겐 매력적으로 고개를 숙이지만 동료에겐 날카로운 눈초리를 보내며 악랄한 술수를 벌이는 캐릭터가 이에 해당할 수 있다.

기업 임원들에게 이런 허울은 매우 이상적인 사원이자 미래의 책임자로 평가되기도 한다. 특히 희생을 원하는 기업에서 흑기사를 찾는 경우라면 이런 유형의 사람들이 위기에 처한 조직을 살릴 수 있는 효과적인 대책이 될 수 있을 것이다. 더불어 사이코패시 기질 중 하나인 강한 자기 확신과 자신감도 성공으로 이끄는 요소가 된다. 더불어 실패에 대한 두려움이 없고 거짓말에 능숙하기 때문에 성공적인 경영인이 되는 데 도움이 된다. 끝으로 단기 쾌락주의short-term hedonism 행동습관이나 충동성도 기업 환경에선 모험에 도전하는 정신으로 보일 수 있다.

여기서 간과해서 안 되는 점이 있다. 모든 성공적인 기업인이 어느 정도의 반사회적인격장애 기질을 갖고 있거나 성향이 비슷할 수 있지만 분명한 것은 자신의 기질을 잘못된 방향으로 활용한다면 회사 내 마련된 값비싼 의자에 앉아 있는 것이 아니라 교도소 바닥에 앉아 있을 수 있다는 사실이다.

사이코패스를 성공하게 만든 주역은 누구?

이야기를 시작하기 전 아래의 글을 읽고 이미지를 떠올려보자.

'그는 사람들로 하여금 자신을 따르도록 고무하고 자극을 주는 카리스마가 있는 지도자이자 작은 부분까지 살피는 전략적 사고자, 믿을 수 없을 정도로 집중력이 높고 지치지 않고 문제를 해결할 수 있는 능력자로, 다른 사람들을 불편하게 만들 수 있는 결정을 내리고 실행할 수 있으며, 월가의 모든 직원과 청중에게 비전을 전할 수 있는 소통 전문가다.'

이런 평판을 가진 사람이라면 당연히 성공한 기업가라고 생각하겠지만 사실 이 평은 기업 사이코패스의 초상이라고 한다.

호주 심리학회는 유통 관리 분야에서 활동하는 261명의 기업인들을 조사한 결과 조사 대상자의 21%가 임상적으로 심각한 수준의 사이코패시 기질을 가진 것으로 나타났다고 밝혔다. 이 수치는 교도소 수형자 인구 중 사이코패스 비율과 거의 맞먹는 수준이라고 한다.

물론 다른 한편에선 이런 수치는 과장된 면이 있으며 사이코패스가 경영자 위치에 오르는 비율이 그 정도는 아니라고 주장한다. 그럼에도 3대 어두운 성격Dark Triad Personality인 나르시시즘, 마키아벨리즘, 사이코패시는 조직에 해악을 끼칠 수 있다. 나르시시즘은 자기중심적 생각과 행동을 하고, 마키아벨리즘은 전략적으로 다른 사람을 조종하면서 교묘하게 속이고, 사이코패시는 무자비하고 냉혹한 성향을 가졌기 때문이다.

사이코패시 체크리스트(PCL-R)를 개발한 로버트 헤어 박사는 한 강연에서 미국의 세계적인 기업인 월드콤의 설립자인 버나드 에버스Bernard Ebbers, 1941~2020●와 엔론●●의 최고재무책임자 앤드류 패스토우Andrew

● 월드콤의 전신인 LDDS(Long Distance Discount Services)에서 CEO로 선출되어 인수합병을 통해 사업을 확장하면서 사명을 월드콤으로 변경했다. 그 후 회계 부정과 사기로 기업을 유지하다 2002년 파산보호를 신청하면서 그의 부정이 탄로가 났다. 2005년 증권 사기와 공모 혐의로 25년형을 선고받았다. 13년의 복역을 마치고 2019년 석방됐지만 이듬해인 2020년에 사망했다.

●● 인터노스와 휴스턴 내츄럴 가스가 합병한 회사로 월드콤과 비슷하게 분식 회계를 통해 부채를 감췄다. 특히 월드콤과는 회선 임대 교환 거래로 매출을 조작하기도 했다. 엔론은 분식 회계 스캔들로 2001년 파산보호를 신청했다. 엔론의 주식은 급락하다 못해 휴지 조각이 됐는데 미국의 노후자금 준비 계획안 중 하나인 401K로

Fastow를 예로 들어 사이코패스를 설명했다.

그는 이들이 반사회적인격장애의 전형인 냉혹하고 냉혈한 개인들이라고 주장하면서 죄책감이나 후회가 없기 때문에 수많은 사람들에게 직장을 빼앗고, 평생 모은 돈을 잃게 만드는 행위를 아무렇지 않게 벌일 수 있었다고 설명했다. 이 사례를 교훈으로 삼아 기업 사이코패스의 행동을 확실히 인지해서 더 이상 기업 분야에서 나쁜 사례가 일어나지 않도록 예방해야 한다고 제안했다.

사이코패스가 기승을 부리는 발판을 마련해준 우리들

우리는 이런 현실 속에 반전이 숨어 있다는 것을 간과해선 안 된다. 바로 우리들이다. 우리는 바람직한 미래를 예측할 수 있는 식견이 있고, 카리스마가 강한 경영자를 원한다. 동시에 그들이 이윤을 극대화하기 위해 사람들을 기만하고 약취하고 무책임하며 언어적이고 심리적으로 학대를 가하며 자기망상적이고 과대한 권력욕을 가졌음을 잘 알지만 이를 무시하면서 그들을 최고경영자로 만드는 데 공모했다.

그들이 높은 자리에 오를 수 있었던 원인에는 우리도 한몫을 한 것

엔론의 대부분 사원들은 노후자금으로 엔론의 주식을 가지고 있었다. 이 일로 401K 관련 법안이 수정됐는데 회사가 사원의 노후 자금으로 자사 주식을 모두 사지 못하도록 변경했다.

이다. 버나드 에버스와 앤드류 패스토우는 그들의 조직 내 사람들이 선출하거나 채용한 것이다.

일부에선 사이코패스가 성공적인 삶을 살 수 있는 것은 보통 사람들의 지지도 있었다고 주장하기도 한다. 그들을 회사에서 승진시키고, 선거에서 이기게 만들고, 국민의 삶을 보살피라고 높은 위치에 올라가게 만든 것은 우리들, 보통 사람들이기 때문이다. 그리고 그들이 보통 사람들보다 높은 자리에 있을 때 안정감을 느낀다고 설파하기도 한다.

극단적인 예겠지만 사이코패스가 활동할 수 있도록 자신의 의견을 관철하기보단 지나치게 동조적이고 정해진 규율만을 따르고 다른 사람의 눈치만 살피며 그에 맞춰 행동한다면 성공보단 그저 휑한 미소만 지어야 하는 근로자의 삶밖에 살 수 없다.

문제는 현재 기업 분위기나 환경을 살펴보면 사이코패스에게 더 호의적으로 변했다는 사실이다. 심각한 인력 감축, 긴축재정, 구조조정, 인수합병, 조인트 벤처joint venture® 등은 오히려 유독성 유형의 사이코패스를 빛나게 해줄 발판을 마련해주는 것이기도 하다. 사이코패스는 이런 상황을 더욱 즐기는데 조직적 혼돈이 사이코패스적인 스릴을 충족시키기 때문이다.

● 특정한 목적을 달성하기 위한 2인 이상의 당사자가 공동으로 운영하는 공동사업체로, 합병회사라고도 한다.

기업 사이코패스를
쉽게 인식하는 방법은?

우리는 기업 사이코패스를 어떻게 알아차릴 수 있을까? 로버트 헤어 박사는 사이코패시 체크리스트(PCL-R)를 개정해 기업 사이코패스를 쉽게 파악할 수 있는 측정 도구를 만들었다.

그는 20개의 인격 특성을 2개의 요소 또는 하위집단으로 나누었는데 기업 사이코패스는 요소 1에 점수가 높은 것으로 알려졌다. 요소 1에는 이기적, 냉혹한, 다른 사람에 대한 무자비한 이용이라는 범주가 포함되는데 이것에는 '입담이 좋고 인위적이고 피상적인 매력, 자기 가치에 대한 과장된 생각, 병리적 거짓말, 속임수와 약취, 죄책감이나 후회 결여, 피상적 감정, 냉혹함과 공감능력 결여, 자기 행동에 대한 책임 부정 등을 포함하고 있다.

실제로 영국에서는 이 검사를 이용하여 기업 최고경영자들을 검사했다. 그 결과를 범죄자와 반사회적인격장애 환자들의 검사 결과와 비교했더니 기업 경영자들이 피상적으로 매력적이고, 자기애적이며, 진실하지 못하고, 교묘하게 사람들을 조종할 가능성이 더 높았다고 한다. 이뿐만 아니라 과시적이고, 약탈적이며, 공감능력이 결여될 가능성도 더 높았다고 한다.

이를 토대로 연구자들은 기업가들을 성공적인 사이코패스로, 범죄자들을 성공하지 못한 사이코패스로 분류했으며, 기업가들이 범죄자들보다 더 충동적이고 공격적이라는 결론을 내렸다.

사실 로버트 헤어의 측정 도구 중 요소 1의 사이코패시 기질은 다수의 기업가들의 스크립트와도 같았다고 한다. 그들은 다른 사람들을 교묘하게 조작하고 조종하는 데 능했는데 MGM의 공동 창립자인 루이스 메이어Louis B. Mayer, 1884~1957는 그가 고용한 배우들보다 더 연기력이 뛰어나 배우들과 임금 협상을 할 때 동정심을 일으키기 위해 일부러 눈물을 흘렸다고 한다.

사실 기업 사이코패스는 공감능력이 부족하지만 보통 사람들을 자극하는 데 필요한 연기력을 가진 것으로 알려져 있다. 그들은 다른 사람들을 신경쓰지 않지만 감정적, 정서적 정보에 밝은 편이다. 그래서 다른 사람들의 감정을 분명하게 느낄 수 있지만 그것을 잘못된 방식으로 이용한다.

기업 사이코패스의 냉혹한 면을 보고 싶다면 포드 모터 컴퍼니의 창업주 헨리 포드Henry Ford, 1863~1947의 이야기에서 쉽게 찾을 수 있다. 그는 노조를 와해시키기 위해 폭력배를 고용하고 작업장에 기관총을 배치하고, 최루탄을 쌓아두었고, 10대의 어린 비서와 불륜을 저지르고 그것을 덮기 위해 자신의 운전기사와 결혼시키기도 했다.

기업 사이코패스의 공감능력 결여를 보고 싶다면 미국 호텔업계의 거물 리오나 헬름슬리Leona Helmsley, 1920~2007의 이야기에서 쉽게 느낄 수 있다. 사소한 일로 직원들에게 욕설을 퍼붓고 바로 해고했다. 그리고 임금 체불로도 유명했다. 그녀는 1989년 소득 탈세와 다른 범죄로 유죄 판결을 받았다.

기업 사이코패스의 무자비함을 알고 싶다면 걸프 앤 웨스턴Gulf & Western의 최고경영자 마틴 데이비스Martin Davis의 이야기에서 찾을 수 있다. 그는 최고경영자가 되자마자 회사 꼭대기 층의 절반을 비울 정도로 많은 직원을 해고했다. 이유는 그곳에 근무하던 사람들이 자신의 적이었기 때문이다.

기업 사이코패스의 기만적 행동이 어떤 식인지 알고 싶다면 미국의 옥시덴털 석유 회장인 아몬드 해머Armand Hammer, 1898~1990의 사업 수완을 확인하면 쉽게 이해할 수 있다. 그는 에스키모에게 냉장고를, 아프리카인에게 난로를 판다. 특히 소련에게서 많을 이권을 따내 막대한 부를 쌓았다. 한편으론 그가 소련 첩자에게 줄 돈을 세탁했다고 한다.

기업 사이코패스의 과대망상을 느끼고 싶다면 미국의 45대 대통령 도널드 트럼프의 활동을 보면 쉽게 이해할 수 있다.

범죄자는 그들이 반사회적인격장애를 앓고 있든 아니든 가정 폭력과 학대, 빈곤에 기인한 부분이 크지만 기업 사이코패스는 이와는 반대로 전형적으로 중산층이거나 부유층이 많다. 그들은 안정적이고 사랑이 가득한 가정에서 어린 시절을 보냈으며 자신만 원한다면 최고의 교육을 받을 수 있었다.

그러나 그들은 다른 사람의 동정을 얻기 위해 자신이 어려운 가정환경에서 자랐다며 병리적 거짓말을 늘어놓는다. 연구 대상이었던 기업 사이코패스들은 모두 대학교를 졸업했으며 일부는 박사 학위까지 받은 것으로 나타났다. 이는 기업 사이코패스가 자신의 이익을 추구하기 위해 범죄자들보다 더 기만적으로 행동하는 반증이기도 하다. 그렇기에 성공을 더 쉽게 얻었던 것으로 보인다.

직장 내 따돌림이나 괴롭힘은 사이코패스의 손안에

미국의 경우 직장 내 따돌림이나 괴롭힘은 일반인 중 1% 정도의 일부 사이코패스사이코패스의 30~40% 정도에게 책임이 있다는 연구 결과가 있었다. 이는 기업 사이코패스가 꼭 기업 임원진이나 최고경영자에 해당하지 않는다는 것을 조금 엿볼 수 있게 해주는 자료다.

이런 기업 사이코패스는 자신의 길을 개척하기 위해 혹은 자신에게 도전하는 것을 막기 위해 동료를 따돌리거나 괴롭힌다. 이럴 때 그들은 무자비하고 인정사정을 봐주지 않는 특성으로 다양한 사이코패시 기질을 동시다발적으로 구현한다.

이들은 당연히 죄의식이나 양심의 가책을 느끼지 않으며 거짓말을 일삼고 다른 사람을 교묘하게 조종하기 때문에 조직의 감사부나 인사부의 담당자들을 혼란스럽게 만든다. 하지만 그 상황을 역으로 이용한다. 얼핏 보면 그들은 매우 성실하고 조직화된 사람처럼 보여 인사 담당자의 평가가 좋아 승진하기도 한다.

특히 기업 사이코패스는 금융권에 가장 많다고 한다. 대체로 이들은 돈이나 권력, 통제를 좇는데 금융권이 바로 그런 토양을 갖추고 있기 때문이다. 흥미로운 것은 영국의 일부 은행에서 직원을 채용할 때 반사회적인격장애 검사를 실시했다고 한다. 부적절한 사람을 가려내기 위해서screen out가 아니라 부적절한 사람을 채용하기 위해screen in 반사회적인격장애 검사를 활용한 것이다. 아마도 초경쟁적이고 무자비하고 냉혹한 특성이 은행원으로서 긍정적인 기질로 받아들였기 때문일 것이다. 하지만 불행하게도 기업 사이코패스는 자신의 기질을 회사에 긍정적으로 활용하는 것이 아니라 자신의 이익을 위해 이용한다.

금융가에서 사이코패스를
반기는 이유는?

사실 '성공한 사이코패스'는 2008년 세계 금융 위기* 때 진실성이 없고 공감능력이나 죄책감이 결여되고, 자기중심적이고, 매력적이며, 피상적인 특성을 가진 잘나가는 금융 전문가들을 설명하려는 의도에서 만들어진 용어다.

　그러나 일부 투자자나 경영전문가들은 사이코패스가 되는 것이기적으로 행동하는 것이 개인적으로 직업적 성공을 이룰 수 있고 기업을 설립하고 운영하는 데 이익이 된다고 말하기도 한다. 앞에서도 설명했지만 사이코

* 2007년 미국 서브프라임 모기지 대출회사인 뉴센추리 파이낸셜의 파산신청을 시작으로 2008년까지 기업들이 연쇄적으로 도산하면서 미국뿐만 아니라 전 세계적으로 파급된 대규모 금융 위기 사태를 말한다.

패스와 관련된 자기 확신과 자신감, 이기적 충동과 더불어 소시오패스와도 관련된 극단적인 자기 신념, 이기주의, 고집 등이 기업을 성장시키는 데 적합하다는 것이다.

무엇보다 경영 이익을 최우선으로 생각하는 금융권 쪽은 사이코패시 기질을 가진 임원들에게 보상을 주려는 경향이 있다. 예를 들어 스티브 잡스는 자신이 아버지가 된다는 것을 받아들이지 못해 딸의 존재를 부인했다. 애플 투자자들과 분석가들은 스티브 잡스의 이런 냉혹함을 회사를 성공으로 이끄는 열쇠였다고 평가했다. 누군가는 스티브 잡스가 독일의 독재자 아돌프 히틀러나 미국 45대 대통령 도널드 트럼프보다 반사회적인격장애 검사에서 훨씬 더 높은 점수가 나왔다고 주장하기도 했다.

심리학자들은 이런 '성공적 사이코패스'를 '보상된 사이코패스 compensated psychopath' 또는 '거의 사이코패스에 가까운', '준임상적 반사회성'이라고 하기도 한다. 마치 상어가 밑밥에 끌리듯이 사이코패스가 돈과 권력에 끌리는 것을 이해한다면 '거의 사이코패스에 가까운' 사람들이 기업 분야에 나타나는 것은 어쩌면 당연한 것인지도 모르겠다.

다수의 사이코패스는 결과만을 중요시하고 빠른 속도로 변하는 상황을 즐긴다. 마키아벨리즘과 나르시시즘으로 무게 중심이 심하게 치우친 사이코패스는 자신의 조작적이고 무자비한 방식을 보상해주는 기업 환경에 끌리게 될 확률이 더 높다. 이런 점을 아쉬워한 나머지 사이코패시 체크리스트(PCL-R)를 개발한 로버트 헤어조차도 자신이 교도소가 아니라 증권거래소에서 더 많은 시간을 보내야 했다고 토로하기도 했다. 그는 산업화가 가속화되면서 기업의 과잉경쟁적인 속도와 변덕스러움에 사이코패스가 오히려 매력적으로 평가될 수 있기에 그들이 보편적으로 점점 증가할 것이라고 덧붙였다.

로버트 헤어는 교도소 수형자와 기업의 고위임원들을 비교해서 연구한 결과 11가지의 인격장애 중 3가지가 정신질환을 앓고 있는 수형자보다 기업의 고위임원들에게서 더 보편적으로 나타났다고 밝혔다.

첫 번째는 연극성 인격장애로 인위적인 매력, 불성실이나 무성의, 교묘한 조종이나 조작 등의 기질이 나타난다. 두 번째는 자기애성 인격장애로 과장된 자기과시와 공감능력 결여 등의 기질이 나타난다. 세 번째는 강박성 인격장애obsessive-compulsive personality disorder로 완벽주의, 일에 대한 과잉충성, 불굴의 강직함, 독재적 성향 등의 기질이 나타난다.

기업 고위임원들은 연극성 인격장애, 자기애성 인격장애, 강박성 인격장애에선 점수가 높았지만 물리적 공격성, 충동성, 반사회적이고 편집증적 성향을 표출할 가능성은 낮았다고 한다.

일부에선 일반인보다 기업 사이코패스 비율이 높다는 주장에 반론하는 집단도 있다. 기업범죄가 증가하면서 기업의 최고경영자 5명 중 1명이 사이코패스라는 주장이 신빙성을 얻고 있지만 그런 것은 지나치게 과장됐다고 반박하는 것이다.

실제 메타분석 결과는 기업의 경영진이 다른 집단에 비해 반사회적인격장애 기질을 가질 확률이 약간 높겠지만 그런 기질을 가진 사람들을 경영자로 받아들일 가능성이 더 낮다는 것이다. 그런데 이것도 정비례로 나타나지 않기 때문에 반사회적인격장애 기질이 낮거나 중간 정도 수준의 사람이 경영자로 받아들일 확률이 더 높다고 한다.

이를 종합해보면 기업의 임원진이나 최고경영자가 반사회적인격장애 성향이 아주 높은 수준이라는 주장은 옳지 않은 것이 된다. 그들의 성향이 지도자적 위치를 얻는 데 작은 이점이 될 수 있을지는 모르겠지만 연구자 대부분은 다수의 기업 임원진이나 최고경영자가 사이코패스라는 것을 보여주는 증거를 찾지 못했다고 한다.

기업 사이코패스에서
남성과 여성의 생물학적 차이

반사회적인격장애 기질은 남성과 여성의 분명한 생물학적 차이를 보인다고 한다. 이런 기질을 가진 남성은 조직에서 승진할 기회가 더 주어지지만 여성에겐 더 부정적으로 작용한다는 것이다. 아마도 그러한 기질이 사회의 성별 규범에 반하기 때문일 것이며, 여성 경영자에겐 이점이 될 수 없다는 의미일 것이다.

정치인들의
사이코패시 수준은?

영국 옥스퍼드대학교의 심리학자인 케빈 더튼은 자신의 저서 『사이코패스의 지혜The Wisdom of Psychopaths』에서 과거와 현재의 지도자들을 대상으로 각자의 사이코패시 수준을 분석했다.

그는 사이코패시에 대해 '두려움 없는 우월성', '자기중심적 충동성', '냉담함'을 포함하는 3가지 범주의 특성을 가진 것으로 설명했다. 그는 자신의 측정 도구에서 최소한 남자는 155점, 여자는 139.5점을 맞으면 사이코패스로 간주할 수 있다고 주장했다.

그의 척도에 따르면 도널드 트럼프 전 미국 대통령은 171점이 나왔는데 '두려움 없는 우월성'과 '자기중심적 충동성' 기질에서 점수가 높게 나왔기 때문이라고 한다. 그는 도널드 트럼프가 사이코패스로 간주할 수 있는 유일한 미국 대통령은 아니라고 덧붙였다. 여러 조사를 통해 사이코패시의 출현이 가능한 직업군 중 하나가 정치인이기 때문이다.

정치 쪽에서 사이코패스가 승승장구할 수 있는 원동력은 그들의 무모함과 공감능력의 결여, 매력성이라고 한다. 이 3가지는 정치인들의 큰 특징이기도 하다. 그들은 카리스마로 가장한 행동으로 국민이나 시민을 압도하고, 진실하지 못한 제스처로 국민을 안정시킨다. 다른 사람들을 교묘하게 조종하고 이용하는 자질은 정치인들에게 큰 장점이 될 것이다. 여기에 매력까지 겸비한다면 그는 놀라울 정도의 정치적 성공을 이룰 것이다. 직업의 세계와 환경에서 사이코패스는 다중인격을 표출하기도 하는데 각각의 동료들에게 상이한 모습이나 비전을 내보이기 때문이다.

성공한 사이코패스는
자신의 충동을 어떻게 억제할까?

대부분의 반사회적인격장애 기질을 가진 사람들은 자신의 충동성과 공격성을 제어하지 못해 반사회적 행위를 한다. 하지만 일부 반사회적인격장애 기질을 가진 사람들은 자신의 반사회적 성향을 적절하게 통제할 수 있기 때문에 사회에 적대적인 행동을 하는 것을 피할 수 있다고 한다. 같은 반사회적인격장애 기질을 가졌는데 왜 이런 차이를 보이는 걸까?

자신의 반사회적 성향을 통제할 수 있었던 성공한 사이코패스들을 자기공명영상MRI으로 검사한 결과 그들은 자기규제에 강한 신경구조를 가졌음을 발견했다. 이 연구는 반사회적인격장애자의 성공을 설명해주는 열쇠가 되는 것이기에 매우 중요한 함의가 들어 있다.

여러분의 상사가
사이코패스라면?

미국의 경우 일반인 중 약 1% 정도가 사이코패스라면 기업 임원들 중 3~4%가 사이코패스로 간주된다. 이는 보통 사람들이 개인적 환경보다 사회적 환경, 즉 조직 내에서 사이코패스를 만날 확률이 더 높다는 것을 나타내는 징표다. 물론 사이코패스가 우리에게 물리적 위험을 가하지는 않을 것이다. 다만 그들과 일하면서 감정적 피해를 당할 수 있다. 왜냐하면 우리는 조직 내에서 사이코패스를 만날 확률이 더 높으니깐 말이다.

실제로 직장 내 사이코패스는 우리의 정신적 안정에 적지 않은 부담을 안겨주기 때문에 특별히 조심하지 않으면 안 된다. 커뮤니티에 올라오는 글들을 보면 상사나 동료의 이상한 행동으로 큰 상처를 받은 사람들이 적지 않다.

상사가 반사회적인격장애를 가졌다면 그의 명령하에 기능하는 조직은 매우 적대적이고 개인적일 수 있다. 우선 여러분의 상사가 이 책에서 열거한 사이코패스 성향에 해당하고, 직원들을 서로 등을 돌리게 만들어 이간질을 일삼으며 정신적으로 학대를 가하면 동료들과 의견을 모아 상사에게 반사회적인격장애 검사를 받아보라고 권해보는 것이 좋다. 다만 이 경우는 기본 매뉴얼에 해당하는 것이지만 쉽지 않을 것이다. 이는 한국 사회에서 일어날 수 없는 기적 같은 일이다. 물론 다른 나라도 마찬가지일 것이다.

더불어 동료들이 의견을 모아 상사에게 정중하게 제안을 드린다

해도 누군가는 상사의 호의를 얻기 위해 동료들의 행동을 나쁘게 말하는 등 이간질이나 고자질을 할 것이기 때문이다.

가장 큰 문제는 여러분의 상사는 변하지 않는다는 사실이다. 특히 창업주의 경우는 그의 일탈적인 행동을 막을 방법이 없다. 사이코패스는 자신의 자질을 감출 수 없다.

그렇다면 여러분은 동료들과 참고 견딜 것인지 아니면 다른 행동을 할 것인지 선택해야 한다. 고통을 감내할 것인가? 그만둘 것인가? 전문가들은 여러분이 고통을 감내하는 쪽을 선택했다면 어떻게 행동해야 할지를 알려준다.

첫 번째는 자신의 감정을 억누르는 것이다. 여러분이 자신의 감정을 억누르지 못하고 냉정함을 잃게 되면 사이코패스 상사는 여러분의 감정을 조종하고 이용하며 점점 더 큰 힘을 행사할 것이다. 어떤 상황이든 침착하고 차분하게 행동하는 것이 가장 좋다.

두 번째는 자신의 확고한 입장을 고수하는 것이다. 사이코패스 상사는 다른 사람들을 통제하기 위해 종종 협박을 하는데 위에서 내려다보거나 상대를 물러나게 하려고 공격적인 언사를 사용한다. 이럴 때는 확고하게 여러분의 입장을 유지하고 위협이 계속되면 인사부에 신고하는 것이 좋다. 사이코패스 상사가 최고경영자라면 외부의 도움이 필요할 수 있다. 하지만 이는 매우 힘겨운 싸움이 될 것이다.

세 번째는 사이코패스 상사의 이야기를 믿지 말라는 것이다. 그들은 종종 자신을 피해자로 위장하기 위해 장황한 이야기를 한다. 그래서 다른 사람을 비난하고 자신의 잘못에 대해 어떤 책임도 지려고 하지 않는다. 그들에게 동정심을 보이는 것은 그들의 손에서 놀아나게 되는 시작이다. 만약 그들과 대화를 해야 한다면 사실에 초점을 맞추도록 해야 한다.

네 번째는 그들의 약점을 지적하는 것이다. 이는 사이코패스 상사를 무장해제시킬 수 있는 최선의 방법이 될 수도 있기 때문에 그가 자신의 잘못을 인정하지 않고 다른 사람들을 비난하면 대화의 초점을 그에게 돌려 "오늘 무슨 일이 있었나요?"라고 질문을 던져 그의 이야기를 하도록 해야 한다.

다섯 번째는 가능하면 대화를 대면보단 온라인으로 하라는 것이다. 사이코패스 상사는 협상에 능하기 때문에 그들과 대화하면 여러분이 약자 위치에 몰릴 수 있다. 온라인 대화에선 자신의 인위적인 매력을 제대로 발휘하기 어렵다. 그래서 그들과의 의사 소통은 가능한 전자우편을 이용하라고 충고한다.

다만 반사회적인격장애 기질은 매우 다양하고 범주가 넓기 때문에 그런 기질을 가지고 있다고 해서 그를 반사회적인격장애자로 몰아붙일 수 없다. 그런 순간 여러분이 반사회적인격장애자가 된다. 누군가를 함부로 호도하는 것은 여러분이 더 악질이라는 반증이다. 모든 행위에는 동전의 양면과도 같아 각각의 이야기를 들어보지 않은 이상 누군가를 사이코패스라고 매도해선 안 된다.

참고 자료

- https://arstechnica.com/science/2018/10/acting-like-a-psychopath-is-great-for-male-ceos-not-so-much-for-women
- https://sciencedaily.com/releases/2019/09/190919114843.html
- https://www.inc.com/amy-morin/advice-from-a-therapist-5-ways-to-with-a-psychopath-at-work.htm
- https://www.mindbodygree.com/articles/breeds-of-psychopaths-and-how-to-spot-them
- https://www.psychologytoday.com/intl/blog/neurosagacity/201506/6-obstacles-relationship-psychopath
- https://theconversation.com/not-all-psychopaths-are-criminals-some-psychopathic-traits-are-actually-linked-to-success-51282
- https://www.smithsonianmag.com/science-nature/the-pros-to-being-a-psychopath-96723962
- https://www.elsevier.com/connect/psychopaths-what-are-they-and-how-should-we-deal-with-them
- https://nobaproject.com/modules/psychopathy
- https://sciencenorway.no/genetics-law-psychology/we-should-spend-more-time-studying-successful-psychopaths-says-forensic-psychiatrist-randi-rosenqvist
- https://www.psypost.org/2017/02/certain-form-psychopathy-can-lead-top-professional-performance-4779
- https://www.uni-bonn.de/Press-releases/psychopathy-need-not-be-a-disadvantage
- https://www.techtimes.com/articles/163737/20160608/people-with-psychopathic-traits-can-be-helpful-at-work.htm
- https://www.sciencedaily.com/releases/2017/02/170223102030.
- https://psychocentral.com/news/2016/06/05/are-some-psychopaths-kind-and-helpful/104262.html
- https://www.psychologytoday.com/us/blog/fulfillment-any-age/201610/are-creative-people-more-likely-be-psychopathic
- https://www.sciencedaily.com/releases/2020/05/200512190000.html

참고 자료

- https://www.sciencemag.org/news/2010/03/psychopaths-keep-their-eyes-on-prize
- https://www.npr.org/sections/theprotojournalist/2014/08/21/341858696/is-there-such-a-thing-as-a-good-psychopath
- https://www.cnbc.com/2016/11/18/why-psychopaths-are-so-good-at-getting-ahead.html
- https://www.forbes.com/sites/jackmccullough/2019/12/09/the-psychopathic-ceo/?sh=16fd7e90791e
- https://www.ethicalsystems.org/are-jerks-more-likely-to-have-workplace-power
- https://www.cnbc.com/2019/04/08/the-science-behind-why-so-many-successful-millionaires-are-psychopaths-and-why-it-doesnt-have-to-be-a-bad
- https://www.fastcompany.com/53247/your-boss-psychopath
- https://www.utas.edu.au/news/2018/8/23/712-the-reality-of-corporate-psychopaths
- https://www.institutionalinvestor.com/article/b1505qtwhyc949/the-psychopath-in-the-corner-office
- www.bhevolution.org/public/almost_psychopath.page
- https://hbr.org/2004/10/exwcutive-psychopaths
- https://www.apa.org/pubs/highlights/spotlight/issue-123
- A. R. Galang, Castelo, V. V., Santos, L. I., Perlas, C. C., and Angeles, M. B., "Investigating the prosocial psychopath model of the creative personality: Evidence from traits and psychophysiology," Personality and Individual Difference, 2016, 10028-36

146

아동 사이코패스

× × ×

아동이나 청소년을 검사하는
사이코패시 체크리스트 청소년 버전

흔히 사이코패스라고 하면 우린 남성을 떠오른다. 그렇다면 여성은 없을까? 또는 아동이나 청소년은? 사이코패스는 남녀나 나이를 가리지 않는다. 아동이나 청소년의 반사회적인격장애를 검사하는 측정 도구가 있는데 로버트 헤어가 개발한 사이코패시 체크리스트의 청소년 버전 Psychopathy Checklist : Youth Version, PCL:YV이다. 13세에서 18세의 청소년을 위한 것으로, 부모나 교사가 6~13세 미만의 아동까지 실시할 수 있다.

성인 측정 도구와 마찬가지로 아동이나 청소년을 위한 검사 도구도 반사회적인격장애 점수로 검사자의 폭력성과 범인성을 예측하는 능력뿐만 아니라 다른 변수들과의 유사한 관련성을 알 수 있다. 특히 청소년의 반사회적인격장애 기질로는 분노, 적대감, 불안, 우울과 같은 성인보다 더 부정적인 감정과 정서와 관련이 있다고 한다. 이는 아동이나 청소년은 신체적으로나 정신적으로 성장이 발달 중이기 때문일 것이다.

청소년 반사회적인격장애의 기질은 크게 3가지 요소로 구분되는데 무정함 혹은 무감동, 자아도취증, 충동성 혹은 무책임성이 그것이다. 특히 0~4세의 생애 초기 부정적 사건과 감정이 발생하면 그것을 토대로 반사회적인격장애의 기질이 나타날 수 있다. 물론 반사회적인격장애의 정도나 빈도는 초기 아동기보다 중기에, 중기 아동기보다는 청소년기에, 청소년기보다 성인기에 더 상관관계가 높아진다고 한다. 이는 아동이나 청소년기에 반사회적인격장애가 있을 수 있지만 성인기에 비해 정도가 약하다는 것을 의미한다.

행동장애와 구별이 잘 안 되는
아이의 반사회적인격장애 기질

아동과 청소년기의 반사회적인격장애는 행동장애conduct disorder와 가장 큰 관련성이 있는 것으로 알려져 있다. 행동장애는 성인 반사회적인격장애로 가는 이중적 발달 경로를 특징짓는 2가지 하위 유형이 있다고 한다.

8살의 남자아이를 예로 들어보자. 그는 또래 아이들과 마찬가지로 매일 학교에 가서 교육을 받고 운동을 하고 친구들과 생일파티도 한다. 하지만 그는 정서적으로 불안정해 부모와 선생님의 말을 잘 듣지 않고 저항하며 남동생에게 공격적인 행동을 서슴지 않았다. 부모와 선생님들은 훈육하는 데 어려움을 겪었지만 그의 심리 상태에 대해선 어떤 우려도 하지 않았다. 생일파티에서 다른 아이의 장난감을 부수고도 잘못을 뉘우치지 않은 점에 대해 부모는 크게 걱정했지만 아이가 행동장애일 수 있다는 사실을 인정하지 않았다.

하지만 선생님은 아이가 운동할 때 자신의 잘못을 다른 아이들에게 전가하고, 선생님 모르게 복수를 하는 등의 행동을 관찰하고 심각성을 느꼈다. 결국 아이는 심리학자의 진료와 검사를 받았고, 결과적으로 그의 행동은 정서 결여의 성향이 있는 것으로 나타났다. 이러한 성향이 있는 아이들은 다른 사람에 대한 공감능력이나 자신의 행동에 대해 후회가 부족해서 폭력에 쉽게 빠지게 된다.

정서 결여가 심한 아이는 성인이 되어 사이코패스가 될 확률이 높은 것으로 간주되고 있다. 현재 어린이 사이코패시에 대한 표준검사는 없지만, 많은 동서양의 심리학자들은 자폐증의 신경학적 조건처럼 사이코패시 기질이 아동기대략 5살에 확인할 수 있다고 믿는 편이다. 이런 진단의 핵심은 정서 결여의 기질이 충동적이고 통제가 어려우며 적대적이고 폭력적인 행동을 보이는 보통의 행동장애를 가진 어린이와 '아이 사이코패스'를 구별하는 지침이라는 것이다.

일반적으로 심각한 행동장애를 보이는 어린이의 약 3분의 1 정도는 '냉담-무감정' 기질이 보통 수준 이상 나온다고 한다. 냉담하고 감정이 결여된 어린이들은 매우 교묘하고 약취적인 경향이 있으며, 단순히 처벌을 피하기 위해서가 아니라 다른 많은 이유가 있어서 또는 아무런 이유도 없이 자주 거짓말을 하고, 수치스러워하거나 부끄러워할 줄 모르며, 자신의 행동으로 누군가가 노여움을 갖는지에 대해 관심이 없으며, 자신이 다른 사람에게 폭력성을 내보인 것에 신경쓰지 않는다. 성인 사이코패스와 마찬가지로 인간성이 결여된 것으로 보인다.

다만 아동이 반사회적인격장애 기질이나 성향을 가질 수 있다는 점에 대해선 아직도 심리학자들 사이에서 논쟁거리로 남아 있다. 현재 어린이를 대상으로 다른 인격장애와 마찬가지로 사이코패시를 정확하게 진단하는 것이 거의 불가능하다. 그 이유는 어린이의 뇌가 성장 발달 중에 있고, 그 나이의 보편적 행위도 반사회적인격장애적인 것으로 오해하기 쉽기 때문이다. 또 일부에선 진단을 정확하게 내릴 수 있다 하더라도 어린이에게 반사회적인격장애를 진단하는 것은 사회적 비용이 너무 크다는 의미에서 신중하게 결정해야 한다고 말한다.

아동 사이코패스는 적절한 치료만 받으면 아무 문제 없다

그나마 다행인 것은 비록 아동이 특정한 신경의학적 뇌 구조를 가졌어도 성인이 되어서까지 그런 구조를 유지하지 않을 수도 있다는 점이다. 위의 예로 든 8살의 남자아이가 아동기 때 정서 결여 성향을 보였다고 하더라도 반드시 성인 사이코패스가 되지 않으며, 적절한 치료를 잘 받으면 아무 문제없는 성인이 될 수 있다.

한 실험에서 부모가 자녀와 함께 게임이나 문화 활동을 하는 것이 정서적 유대를 강화한다는 측면에서 긍정적 효과가 있었다고 한다. 결국 부모가 아이를 사이코패스를 만들 수도, 그렇지 않을 수도 있다는 점이다. 특히 아이는 뇌 구조와 기능이 미성숙하기 때문에 자신의 정서 결여 성향을 올바르게 이해하지 못하고 그로 인한 행동에 대한 처벌을 논리적으로 받아들이지 못한다. 그런데도 아이의 잘못된 행동을 무조건 잘못했다고 처벌만 한다면 아이의 분노는 폭발할 것이다. 이로 인해 부모와의 관계는 더욱 냉각될 것이고, 아이는 이런 부분에 대해 더 극단적인 방식으로 표출할 것이다.

아동의 반사회적인격장애는 어릴수록 치료 효과가 좋다고 하며, 특히 가장 좋은 연령은 2살이라고 하는데 그렇게나 어린 나이에 반사회적 인격장애로 진단하기는 매우 어렵다. 어떤 경우는 15개월부터 그런 성향을 보인다고 하지만 전문가들은 아이가 사회화를 배우기 전 아이에게 진단을 내리거나 치료를 권하지 않는다. 특히 부모가 방기하거나 학대하는 가정에서 자라는 아이에게 정서 결여 성향이 발견되는 경우가 많다. 이런 경우 대부분 집중적인 치료가 늦어지거나 어렵다.

아동 사이코패스에 대한 분분한 논쟁들

사실 아동의 반사회적인격장애에 대한 연구는 성인보다 많다고 할 수 없다. 그리고 기질이나 성향 또한 보통의 청소년 행동과 너무나 비슷해서 아동이나 청소년에게 사이코패스라는 진단을 내리기는 매우 어렵다.

반면 어떤 연구 결과에 따르면 아동 사이코패시의 기질은 성인과 아주 유사하다고 밝혔다. 이 결과는 당연히 논란의 여지가 있는데 그것은 아동의 연령, 경험, 인지발달, 감정발달, 기타 발달 요소가 증상이 나타나기 시작할 때 영향을 미치기 때문이다.

아동 사이코패스와 관련된 한 가지 흥미로운 연구가 있다. 학술지 「커런트 바이올로지Current Biology」에 따르면 주변 사람들이 다 웃는데도 억지로 웃음을 참는 청소년들이 성인으로 성장하면 사이코패시로 발전할 위험이 높다고 보고했다. 또한 감정의 결여와 함께 파괴적인 기질을 보인 청소년들도 웃음소리에 제대로 반응하지 않았다고 한다.

이전까지 대부분의 연구가 반사회적인격장애 기질을 가진 사람들이 부정적인 감정을 어떻게 처리하는지, 부정적인 감정에 대한 반응의 결여가 다른 사람에 대한 공격력과 어떤 상관관계가 있는지에 대해 초점이 맞춰져 있었다. 그러면서도 반사회적인격장애자가 다른 사람들과의 유대에 실패하는 이유를 완전하게 설명해주지 않았다.

그런 측면에서 반사회적인격장애로 발전한 위험이 있는 청소년들의 웃음에 대한 연구는 사회적 유대를 증진, 함양, 향상시키는 감정웃음을 어떻게 처리하는지를 살펴보고자 한 의미 깊은 연구라고 할 수 있다.

미국의 한 실험에서 11세에서 16세 사이의 청소년 93명의 행동을 분석한 결과, 그중 30명은 정상적인 행동을 보였으나 나머지 63명은 반사회적인격장애 기질로 발전될 위험이 높은 것으로 확인됐다. 그러나 연구자들은 이들을 사이코패스로 분류하는 것이 적절치 못하다고 밝혔다. 사이코패시 체크리스트 청소년 버전이 있다고 하더라도 그것의 토대는 성인의 사이코패시 체크리스트(PCL-R)이기 때문이다.

그럼에도 일련의 종단연구를 통해 반사회적인격장애로 발전할 위험이 높은 특정한 아이들은 존재하고 위험성을 나타내는 특성들이 발견된다. 특히 실험에 참가한 모든 청소년들에게 기능적 자기공명영상 FMRI을 이용해 인지적 반응을 살펴보니 반사회적인격장애 기질로 발전될 위험이 높은 청소년들이 웃지 않은 확률이 더 높았다고 한다. 이와 같은 결과가 나왔지만 연구자들은 그들의 웃음에 대한 미지근한 반응이 반사회적인격장애 기질의 직접적인 결과라고 판단하기에는 이르다고 부연 설명했다.

참고 자료

- https://www.scientificamerican.com/article/what-psychopath-mean
- https://www.newsweek.com/can-child-be-psychopath-332917
- https://www.nytimes.com/2012/05/13/magazine/can-you-call-a-9-year-old-a-psychopath.html
- https://www.independent.cp.uk/life-style/psychopath-boys-children-study-laughter-contagious-a7975201.html

여성 사이코패스

×
×
×

반사회적인격장애 기질이
다르게 나타나는 남성과 여성

사이코패시에 대한 지금까지의 연구는 거의 전적으로 남성들을 대상으로 이뤄졌다. 사이코패시 체크리스트(PCL-R)도 주로 남성 범죄자를 표본으로 활용하여 개발됐다. 그렇다면 남성 위주로 개발된 측정 도구를 여성에게 적용할 수 있을까?

현재까지 알려진 바로는 남성이 여성보다 사이코패시 체크리스트 (PCL-R)와 사이코패스 성격 목록(PPI)에서 더 점수가 높았다는 사실이다. 그런데 성별에 따른 점수 차이는 대인관계-감정 측정 정도에서 약간 더 크다고 한다. 그리고 전부는 아니지만 거의 대부분의 연구가 이런 성별 차이를 보여주고 있으며, 다른 기질과의 관계도 다수가 이와 유사한 것으로 나타났다.

반사회적 요인 중 남성은 충동성과 더 강한 연관이 있고, 여성은 경험에 대한 공개성openness to experience과 더 강한 연관이 있는 것이다. 남성의 반사회적인격장애가 반사회적 형태로 더 많이 표출되는 반면에 여성의 반사회적인격장애는 연극성histrionic 형태로 더 많이 표출된다.

한편 반사회적인격장애가 여성의 자살에 더 강한 영향력을 미치고, 증상을 내재화internalizing하는 경향이 강할 수 있다는 주장도 제기됐다. 이 같은 주장은 반사회적인격장애가 남성에는 보다 외재화하는 행동으로, 여성에게는 보다 내재화하는 행동으로 표출될 수 있음을 암시한다.

또한 수형자를 대상으로 한 실험에서는 여성 수형자가 남성 수형자에 비해 반사회적인격장애 점수가 월등하게 낮았다고 한다.

여성 사이코패스는 존재하지만 범죄율은 낮다

당연하게도 사이코패시는 남성에게만 나타나는 것이 아니다. 여성에게도 나타난다. 그렇다면 남성과 여성의 반사회적인격장애는 어떤 차이를 보이고 있을까? 허비 클레클리의 반사회적인격장애자에 대한 기술에는 복수의 남성과 여성 환자가 등장한다.

그의 견해는 여성에게도 반사회적인격장애가 분명 존재하며, 남성의 경우처럼 여성에게도 동일한 핵심 기질이 발견됐다고 한다. 하지만 범죄자의 경우 남성이 여성에 비해 범죄행위를 할 비율이 높았고, 보통 사람들의 경우 남성이 여성에 비해 반사회적인격장애 점수가 높았다고 한다.

이런 발견에 대해 일부에선 반사회적인격장애 핵심 기질인 무모함, 비열함, 냉담함, 탈억제 등 평균 수준의 차이 때문이라고 주장한다. 다른 한편에선 남성과 여성에게 반사회적인격장애의 사전적 성향이나 기질이 서로 다르게 명시적 행동으로 표출되기 때문이라고도 했다.

보통 사람들은 사이코패스라고 하면 엽기적 연쇄살인범을 연상하는데 그 속에 아동이나 여성들을 배제해오곤 했다. 실제로 여성이 사이코패스라고 해도 남성 사이코패스처럼 표출되지 않는다. 반사회적인격장애에서 높은 점수를 보인 여성들에게 사이코패스 범죄에 대한 충격적인 영상을 보여주고 그에 대한 반응을 관찰한 결과 피해자에 대한 별다른 반응을 보이지 않았다고 한다. 이는 기질이 비슷하지만 범죄행위를 하는 데에 남녀의 생물학적 차이가 존재하는 것인지도 모른다. 이는 여성이 남성에 비해 범죄율이 아주 낮은 사실에 비춰 생각하면 얼추 이해가 된다. 그래서 여성 사이코패스의 범죄는 남성에 비해 아주 희귀할 것으로 간주되곤 한다.

남성과 여성 사이코패시 기질은 같으나 표출 방식이 다르다

여성 사이코패스 또한 남성 사이코패스에게서 나타나는 기질을 갖고 있다. 일반적으로 여성 사이코패스는 무자비하고 기회주의적이다. 하지만 이를 표현하는 여성은 희박하다. 특히 범죄로 이어지는 경우는 매우 드물다고 할 수 있다.

한 젊은 여성이 가짜 신분으로 수많은 사람들에게 거금을 사취해 상류사회에 잠입한다. 이 일로 검거되어 장기형을 선고받지만 그녀는 전혀 미안해하지 않는다. 이 같은 사실만으로도 보통 사람들은 그녀가 사이코패스가 아닐까 하는 의심을 하게 된다. 사이코패시의 기질인 거짓말, 교묘한 조작과 조정, 죄책감과 후회의 결여 그리고 매혹성 등은 사이코패스의 표식들이기 때문이다. 이는 여성도 사이코패스가 될 수 있다는 점을 시사한다.

다만 남성 사이코패스의 범죄행위의 표출 방식과는 달라서 그녀들은 사회적 규율을 인지하면서 자신의 이익을 우선시하기 때문에 폭력성보다는 매력과 언변으로 상대방을 교묘하게 속이는 범죄를 저지른다.

최근까지 사이코패스에 대한 거의 모든 연구 결과가 여성에게도 그대로 적용할 수 있을 것이라고 가정해 남성 참가자들만 연구 대상으로 삼았지만 그런 가정은 부분적으로만 맞았다고 할 수 있다. 그 이유는 남성과 여성 사이코패스의 경우 기질이나 성향이 유사할 수 있으나 표출 방식이 다르기 때문이다.

남성과 여성 사이코패스는 공감능력과 죄책감의 결여와 같은 핵심 특성에는 유사점을 보였으나 의사 결정을 위해 정보를 처리하는 데 차이를 보인다. 우선 여성 사이코패스는 남성 못지않게 남을 조종하면서 죄책감이 없지만 남성에 비해 덜 폭력적이다.

여성은 반사회적인격장애 기질이
여기저기 흩어져 있다

미국의 유명한 여성 연쇄살인범 에일린 워노스Aileen Wournos, 1956~2002는 1989년부터 1990년 사이에 플로리다 주에서 7명의 남성을 살해했다. 그녀를 진단하고 분석한 정신의학자들은 그녀가 사이코패시 체크리스트(PCL-R) 검사에서 32점을 받았으며, 그녀가 공격성과 감정적 불안정을 갖게 된 데에는 생물학적 소인과 함께 아동기 학대로 인한 스트레스와 정신적 외상trauma 때문인 것으로 결론을 내렸다. 여성은 반사회적인격장애 기질이 여기저기 흩어져 있어 사이코패시 체크리스트(PCL-R)에서 30점 이상 나오기가 흔치 않다고 한다.

그런데 여성 범법자들에게 이 검사 도구를 사용하면, 남성 범법자들에 비해 상대적으로 점수가 몇 점 낮은 경향이 있는데, 도구의 예측력은 여성과 남성 범법자에게 상당히 동일하다고 한다. 반사회적인격장애 점수가 높은 여성은 개념적 사고, 정신적 유연성 그리고 문제를 해결하는 데 결함을 보이며, 범죄를 행할 비율이 더 높다는 것이다.

여성은 속임, 사기, 조종, 조작 등에 뛰어나며, 자기보고식 설문에서도 죄책의 결여와 비행과 같은 감정적이고 반사회적인 면보다 조종, 과찬, 충동과 같은 반사회적인격장애의 대인관계와 생활 유형 측면에서 더 높은 점수를 받았다고 한다. 전반적으로 여성 사이코패스는 남성에 비해 물리적으로 덜 폭력적이나 언어적이고 관계적인 공격성뒷담화나 왕따 혹은 따돌림을 통해 누군가를 사회적으로 해치는 경향이 있다는 것이다.

여성 사이코패스는 남성에 비해 인정을 받고자 하는 욕구가 더 강력하고, 나쁜 자아상을 만들어 그것을 좇으면서 더 많은 불안을 보인다. 자신의 이익을 위해 성적 행동을 활용하고, 폭력의 피해자인 척 가장하고, 자살 시도를 할 수 있다.

여성은 가혹한 폭력을 위한 가혹한 폭력을 휘두르지 않는다

한편 반사회적인격장애 기질을 가진 여성들이 폭력적이 될 때에도 남성의 폭력과 다른 경향을 내보인다고 한다. 강력범죄를 저지른 남녀 사이코패스를 비교해보았더니 범행 동기에서 차이를 보였다. 남성이 강력범죄를 일으키는 동기는 피해자에 대한 권력욕과 지배욕, 성적 행위를 충족시키기 위해서였다. 반면 여성은 이득, 악명, 기타 실질적 목적을 충족시키기 위해서였다. 남성 사이코패스는 종종 낯선 사람들을 표적으로 삼아 해치지만 여성은 전형적으로 가족구성원을 표적으로 삼는다. 더불어 여성이 피해자를 가학적으로 고문하는 경우는 거의 없다. 대신 뜸들이지 않고 바로 살해한다.

여성들에게는 '가혹한 폭력을 위한 가혹한 폭력severe violence for the sake of severe violence'의 동기는 없다는 것이다. 그렇다면 여성 사이코패스는 양의 옷을 입은 늑대인가?

참고 자료

- https://en.wikipedia.org/wiki/Psychopathy
- https://nobaproject.com/modules/psychopathy
- https://inside.ewu.edu/engl201-13/what-makes-a-psychopath
- https://theconversation.com/five-things-you-didnt-know-about-psychopaths-103865
- https://www.psychologytoday.com/us/articles/201906/why-female-psychopaths-are-different-breed

사이코패스는
치료가 가능할까?

× × ×

사이코패시는
치료가 불가능하다?

사이코패시는 정말 치료될 수 없을까? 사이코패시에 대한 치료제는 아직까지 없다. 어떤 약물도 공감능력을 키워주지 못하고, 어떤 백신도 냉혈적인 살인을 예방할 수 없다. 사이코패스를 위한 언어나 감정 치료는 무신경한 그들의 마음을 바꿀 수 없다. 그렇다면 이대로 포기해야 할까? 그것은 전문가의 능력을 과소평가하는 것일 수도 있다.

사람의 행동을 수정하는 학습이론 등을 토대로 행동수정요법을 진행해보면 어떨까? 인간의 합리성을 전제로 보상과 처벌이라는 자극을 통해 일종의 행동수정Behavior Modification을 통해 상황을 개선시킬 수 있다고 한다. 행동수정요법의 가장 기본적인 전제가 사람은 합리적인 존재라는 것이다. 합리적으로 사고하는 사람은 자신의 이익과 손해, 즐거움과 고통을 잘 헤아릴 수 있기 때문에 손해보다 이익을, 고통보다 즐거움을 선택한다는 가정이다.

다만 사이코패스는 정상인과 다르게 합리적 수준이 조금 떨어질 수 있기 때문에 보상과 처벌에 대해 보통 사람들과 다르게 반응하기도 한다. 모든 사람은 유아기 때 자신의 본능에 충실하지만 부모의 가르침에 의해 성장하면서 잘못된 행동을 하면 벌을 받는다는 사실을 인지하고 그런 행동을 하지 않는다.

하지만 반사회적인격장애자는 처벌에 크게 관심을 두지 않기 때문에 잘못된 행동을 고치려 하지 않는다. 실제로 그들을 재활하는 데 많은 연구를 했지만 처벌이라는 도구를 활용할 수 없었다고 한다. 다만 그들은 처벌에 대한 반응을 다른 방식으로 표출한다고 한다. 반사회적인격장애자 뇌의 특이한 보상 체계를 고려할 때 증상을 악화시키는 처벌이 아니라 보상을 권장하는 것도 한 방법이 될 수 있다고 한다.

최근 연구자들은 이 점에 착안해 나쁜 행동을 처벌하기보다 긍정적인 행동을 재강화Reinforcement하는 데 초점을 맞춘다면 반사회적인격장애자들이 더 수용하기 쉽다는 주장을 한다.

그래서 반사회적인격장애자들의 가장 큰 특징이자 결함인 공감능력 결여라는 점에 착안해서 '공감능력을 배양하는 접근법empathy-cultivating approach'을 제안한다. 다만 이 방법이 반사회적인격장애자에게 얼마나 효과를 보일지는 아직 분명하지 않다.

이보다 더 효과적인 방법은 반사회적인격장애 증상을 보이는 초기에 그들의 발달 궤적developmental trajectory을 바꾸는 것이다. 여러 연구에 따르면 아동기 때 주변 환경 반응에 무감정적이고 무신경적 기질이 높은 어린이일수록 반사회적인격장애자가 될 확률이 높다고 한다. 이는 반사회적인격장애는 유전적 요소가 있음을 일부 인정하는 것이기도 하다. 하지만 반사회적인격장애를 어릴 때 진단하는 것 자체가 논란의 여지가 많다. 특히 유전적 요소 외에도 아동 학대나 방임 같은 요소로도 발생할 확률이 있다. 다만 반사회적인격장애 발생 초기 개입이 중요한 이유는 사람의 뇌는 어릴 때 더 영향을 잘 받는다는 사실 때문이다. 영향을 받는다면 변화도 조금은 유연하게 이뤄질지도 모른다.

그렇다면 겉으로 표출되지 않는 사이코패스는 치료가 가능할까? 다수의 연구자들은 이 경우 또한 심리치료를 통해 개선될 수 있다고 주장한다. 이들의 핵심 기질을 바꾸는 게 쉽지 않겠지만 그들의 범죄행위는 치료 가능성이 더 높다고 한다.

현재 신경과학의 발전으로 사이코패스의 많은 기질에 대한 신경과학적 설명이 가능해졌다. 예를 들어 충동, 부주의, 무책임, 적대감, 공격성 등은 모노아민 산화효소, 세로토닌, 코르티솔, 호르몬 등을 포함하는 뇌 화학 성분의 비정상적 수준으로 결정되기도 한다. 그렇다면 반사회적인격장애도 화학요법으로 치료될 수도 있지 않을까 하는 긍정적 기대를 할 수 있을 것이다.

2012년 사이코패스 분야의 최고 전문가로 알려진 뉴멕시코대학교의 심리학 교수 켄트 키엘Kent Kiehl 박사는 자신의 실험에서 사이코패스의 뇌 변연계에서 회백질이 줄어들었다는 사실을 보고했다. 이는 반사회적인 사이코패스가 근본적으로 정상인들과는 다른 뇌를 가지고 있다는 자신의 오랜 의문이 확인되는 순간이었다고 한다.

특히 이 발견은 뇌 구조와 반사회적인격장애 사이의 연계가 있다는 점을 암시하는 것이다. 특히 청소년을 대상으로 한 연구 결과에서 태어날 때부터 뇌 변연계가 손상됐다면 반사회적 기질이 있는 것이라는 점을 시사하고 있다. 다만 그는 그것을 치료하거나 치유할 방법이 없다는 아쉬움을 토로했다.

이에 위스콘신의 정신건강의학과 전문가들이 반사회적인격장애를 가진 청소년 범죄자들에게 억제와 형벌 대신에 긍정적 재강화, 즉 작은 긍정적 행위에도 보상을 하는 처우를 시행한 결과 일반 청소년 범죄자들보다 재범률이 34％나 낮아졌다고 보고했다. 이것이 정말 치료 가능성이 높은지는 아직 확실하지 않으며 이에 대한 연구와 실험은 현재 계속되고 있다. 다만 우리는 긍정적인 결과가 나오길 기대하는 수밖에 없을 것이다.

어렵고도 험난한
사이코패시 치료

앞에서 반사회적인격장애 기질이 테스토스테론의 불균형 등 생리학적인 기제가 원인일 수 있다고 설명했다. 만약 그것이 직접적 원인이라면 치료도 가능하다는 희망을 가질 수도 있지 않을까? 이런 측면에서 보면 사이코패시는 불치라고 하지만 치료가 가능한 조건을 만드는 데 생리학적 기여가 높다고 할 수 있다.

만약에 반사회적인격장애 기질이 신경체계의 문제라고 한다면 치료 방법도 분명 존재할 것이다. 어떤 연구자들은 우리 뇌의 신경가소성 neuroplasticity으로 인해 인지치료와 약물이 뇌의 비정상적 연계를 치료하는 데 도움이 될 것이라고 주장한다. 특히 사이코패스는 주의력 결핍 증상을 가지고 있는데 주의력 결핍 장애가 치료될 수 있다면 사이코패스 또한 치료될 수 있다고 추정했다.

그러나 일부에선 사이코패시의 치료는 처벌에 대한 반응도를 높이는 것인데 이것이 불가능하다면 사이코패시에 대한 치료가 어렵다고 우려한다. 범죄학적인 측면에서 바라보자면 형벌의 고통이 범죄자의 범죄 동기를 억제할 수 있다고 주장하지만 사이코패스가 형벌을 두려워하지 않는다면 억제 효과를 기대하기가 어렵다. 왜냐하면 사이코패스는 죄의식이 없고 후회나 회한 같은 형벌의 응보 작용이 일어나지 않기 때문이다. 이와는 반대로 행동주의자들은 이들에게 처벌이 아니라 보상으로 긍정적 재강화를 중심으로 하는 인지행동 개입이 효과가 있다고 주장한다.

한편 치료 결과가 꼭 사이코패시 체크리스트(PCL-R)의 점수로 나타나지 않더라도 실패했다고 생각하지 말고 치료 결과에 따른 재범률을 중요하게 볼 필요가 있다는 주장도 제기됐다. 실제로 한 실험에서 참가자들의 재범률이 통제집단보다 거의 절반 수준으로 낮아졌다는 연구 결과가 있었다. 다시 말해 사이코패시의 완벽한 치료에 중점을 두기보단 나쁜 행위를 하지 않도록 관리하는 것이 더 중요하다는 것이다.

사이코패스는 꼭
범죄자로 전락해야 하는가?

원인이 무엇이든 우리 사회에 존재하는 다수의 사이코패스도 살아가야 한다. 그러기 위해선 개인적으로든 사회적으로든 해결 방법을 찾아야 한다. 반사회적인격장애 생활 유형을 살펴보면 범죄에 가담할 확률이 높다.

그렇다면 지금까지의 형사사법제도와 정책을 봤을 때 그들을 교화하거나 개선하는 데는 그다지 적합하다고 할 수 없다. 그들은 뇌 장애로 인해 옳고 그름에 대한 판별력이 떨어지거나 처벌에 그다지 관심을 두지 않기 때문에 지금까지의 형사사법제도와 정책으로는 그들을 감화시키기 어려웠다.

보통 사람들은 교도소에 수감되는 것이 굉장히 충격적인 일로 받아들이는데 사이코패스는 이 상황을 특별하게 느끼거나 여기지 않는다고 한다. 더 큰 문제는 그들이 교도소에서 수형 생활을 하더라도 치료적 효과를 보이지 않아 통계적으로 거의 확실성에 가까울 정도로 재범의 확률이 높다는 것이다.

물론 이런 통계는 그들의 정신적 구성을 감안한다면 전혀 놀라운 일이 아니다. 요약하자면 사이코패스에게 있어 수형 생활은 자신의 행위에 대한 억제나 치료 효과를 기대하기 어렵다는 것이다. 특히 그들에게 형벌은 전혀 도움이 되지 않는 처우다. 이런 현실, 즉 교도소로 갈 확률이 가장 높은 사이코패스일수록 교도소 수용으로 영향을 받을 확률이 가장 적다는 것은 아이러니가 아닐 수 없다. 반사회적인격장애로 고통을 받는 사람들은 자신의 상황을 치료하고자 하는 동기가 없고, 치료나 치유에 대해서도 비협조적이다.

현재 정신의학계에서 실행한 기존의 치료 방법은 그다지 큰 효과를 거두지 못했다. 그리고 어떤 치료나 처우가 효과적인지에 대해서도 확실하지 않다. 특히 반사회적인격장애의 감정적이나 도덕적 결함을 완화하는 약물치료는 거의 시도된 적이 없었다. 특히 심리치료는 반사회적인격장애자들에게 다른 사람이 속이는 기술을 습득하는 데 도움이 될 뿐이다. 그 기술로 범죄에 가담할 가능성이 더 높아질 수 있다고 한다.

일반 수형자들에게 어느 정도 효과를 보인 행동수정요법도 반사회적인격장애의 행동을 수정하는 데 비효과적이라는 보고도 나오고 있다. 이런 연구와 주장들로 인해 반사회적인격장애자의 치료나 처우에 대해 비관적이 될 수밖에 없다.

하지만 다른 장애에 비해 연구가 훨씬 적게 이뤄졌기 때문에 효과적인 처우나 치료를 개발하고 발전시키는 데 어려웠다는 주장도 나온다. 연구가 다양하고 활발하게 이뤄진다면 더 효과적인 치료나 치유 기법도 나올 수 있다는 희망적 기대도 있다.

그리고 일부는 그들을 반사회적 방법보다 친사회적 방법으로 받아들이고, 자신의 삶에서 자신이 원하는 것을 확보할 수 있는 기술을 개발하고 발전시켜주는 개입을 통해 그들을 치료할 수 있다고 주장한다. 그들에게 친사회적 행위 유형의 물질적, 현실적 가치를 강조하고, 자신의 이익에 초점을 맞추는 방식을 도입해주는 것이다.

사실 반사회적인격장애자들이 처벌과 위협에 그리 민감하지 못하고 둔한 편이라서 선행을 조건으로 작은 특권이 주어지는 보상에 기초한 관리를 해주는 것이다. 예를 들어 선시제도good time system●와 같은 방안들이 제시되곤 한다. 한편, 정신의학적 약물치료도 충동성이나 공격성과 같은 증상이나 장애와 관련된 상황들이 동시에 발현되거나 발생하는 것을 종종 완화할 수 있다.

안타까운 것은 특히 임상이나 형사사법제도나 정책 속에서의 반사회적인격장애의 예후가 매우 좋지 않다는 점이다. 실제로 재범률이라는 측도로 측정된 결과에 따르면 이들에 대한 처우가 재범률을 상승시키는 등 오히려 반사회적인격장애의 반사회적 관점을 더 악화시켰다고 한다.

이와는 반대로 보다 엄격한 실험 연구 방법을 채택해 좀더 현대적인 치료와 처우를 평가한 결과에서는 사이코패시 체크리스트(PCL-R) 점수와는 상관없이 미래 폭력적이고 범죄적 행위를 줄이는 데 진전이 있었다고 보고됐다. 이를 요약해보면 성인 사이코패스는 처우나 관리가 될 수

●　　수형자가 모범적인 수형 생활을 한 만큼 그의 형기를 단축시켜주는 일종의 누진처우(Progressive treatment)의 일종이다. 다른 한편에서는 이 선행보상제도를 형기 자기단축제도라고도 한다.

있지만 치료되기는 매우 어렵다고 할 수 있다.

악마도 감화시키는 핵심 요인은
바로 '사랑'

조기에 사이코패시를 발견하면 치료가 불가능한 것은 아니다. 반사회적 인격장애는 조기 또는 사춘기 생애 경험이나 사건, 부모의 영향이 중요한 역할을 하는데 여기서 가장 핵심적인 요소는 '사랑'이다.

저명한 신경과학자인 제임스 팰런James Fallon은 반사회적인격장애 뇌 사진을 연구하면서 자신이 사이코패스라는 사실을 발견했다고 한다. 그는 폭력범죄와 반사회적인격장애와 연계되는 신경화학물질 모노아민 산화효소 유전자를 가졌음을 알게 된 것이다. 전사 유전자warrior gene로도 알려진 이 모노아민 산화효소는 신경전달물질들인 도파민, 부신수질호르몬 노르에피네프린 그리고 세로토닌에 영향을 미치는 효소를 변화시킨다는 것이다. 뿐만 아니라 제임스 팰런의 뇌 영상은 사이코패스의 영상과 유사했다. 그래서 공감능력, 도덕성과 자기통제와 연계되는 뇌 일부분의 활동성이 낮았으며, 그의 가계도에서도 7명의 살인범이 있었다고 한다.

그의 말에 따르면 자신은 지나칠 정도로 경쟁심이 강하지만 위험한 사이코패스는 아니라고 한다. 그가 가진 기질을 살펴보면 분명 위험한 사이코패스여야 하는데 왜 저명한 신경과학자가 됐을까? 그의 대답은

'사랑'이었다. 자신이 어머니로부터 받은 사랑이 그를 친사회적 사이코패스가 되도록 이끌었다는 것이다.

물론 사랑 그 자체만으로는 반사회적인격장애를 치료하는 데 충분하지 않다. 사랑을 기반으로 부모가 친사회적 행동의 좋은 본보기를 표현하는 것이 핵심이다. 실제 입양아 연구에서, 심각한 반사회적 행동을 하는 생물학적 어머니로부터 유전성을 물려받은 아이가 친사회적 성향을 가진 양부모에게 입양되어 자랐을 때 아주 높은 수준의 긍정적 재강화로 반사회적 기질이 억제됐다고 한다.

'사이코패스의 생리학적 기제'에서 설명했지만 반사회적인격장애 기질인 충동성, 부주의나 무책임, 적대감, 공격성 등이 모노아민 산화효소와 세로토닌 등을 포함한 신경화학물질의 비정상적인 수준으로 인해 일어나는 반응일 수 있다. 그리고 쾌감 추구와 경험으로부터 아무것도 학습하지 못하는 것 등의 특징들도 피질의 각성 저하cortical underarousal와 연계되어 있다.

이런 측면에서 반사회적인격장애자의 감정적 고통은 사이코테라피psychotherapy, 심리약물요법 등으로 도움을 받을 수 있다. 고통의 깊이를 줄이는 것만으로도 치유의 효과를 얻을 수 있는 것이다. 물론 사이코테라피로 증상을 완화시키기엔 충분치 않지만 말이다.

사이코패스가 가장 많은 10대 직업군과
가장 적은 10대 직업군

사이코패스는 영상 매체에서 정형화시킨 이미지 외에도 다양한 모습들이 존재한다. 그들은 테드 번디나 찰스 맨슨 같은 이미지만 있는 것이 아니다. 그래도 그들의 공통점을 찾자면 그들의 직업이나 하고자 하는 일들에서 파악할 수 있을 것이다.

사실 그들은 무자비하고 냉혹하고 카리스마가 강하고 두려움이 없는 등의 특징을 갖고 있는데 대개 사회의 지도자 위치에서 많이 만날 수 있다. 그들은 즉각적이고 신속한 결정을 잘 내리지만 인정을 베풀어야 하는 치료나 간호 같은 직업에선 서투를 수 있다.

그들의 특성을 고려하여 학자들이 사이코패스가 많이 몰려드는 직업 유형을 찾아보았다. 옥스퍼드대학교 심리학자인 케빈 더튼에 따르면 '기능적 사이코패스functional psychopath'들은 주류 사회에서 성공하기 위해 두려움이 없고 카리스마가 강한 인격을 활용해 자신에게 맞는 직업 분야를 찾는다고 한다. 다시 말해 그들은 자신들의 인격 특성을 활용해 몇몇 분야에서 자신의 자리를 찾고 평범하게 살아간다는 것이다.

케빈 더튼은 그의 저서 『사이코패스의 지혜』에서 일반적으로 사이코패스를 끌어들일 수 있는 직업이 있지만 그렇지 못한 직업도 있다고 설파한다. 사이코패스는 그저 공감능력과 감정이 부족하거나 결여됐을 뿐이지 누군가에게 해를 끼치기 위해 태어난 사람들이 아니다. 특히 케빈 더튼은 피상적 매력, 자기중심성, 설득력, 공감능력의 결여, 독립성, 집중과 같은 다수의 반사회적인격장애 기질들이 소위 범죄자들보다 기업의 지도자들에게서 더 보편적이라고 주장했다.

실제로 케빈 더튼은 2011년 영국인들을 대상으로 한 온라인 설문조사 '영국의 사이코패스 조사'의 분석 결과를 통해 다양한 범위의 직업군이 나타났으나, 그들 중에는 연쇄살인범은 한 명도 없었다고 주장했다. 먼저 사이코패스가 가장 많이 분포하고 있는 10대 직업군은 기업가를 포함해 법조인, 방송인, 영업사원, 외과의사, 언론인, 경찰관, 성직자, 요리사, 공직자다. 반면 사이코패스가 가장 적게 분포하고 있는 10대 직업군은 돌봄인, 간호사, 치료사, 기능공, 미용 관련자, 스타일리스트, 자선 사업가, 교사, 창작예술가 등이다.

그럼 사이코패스가 가장 많이 분포되어 있는 직업군을 살펴보자. 사이코패스가 가장 많이 분포되어 있는 직업군 중 10위는 공직자다. 공직이라는 것이 위기관리와 질서유지가 필수적이고, 정해진 규칙에 맞춰 일하면 어느 누구도 동정할 필요가 없다. 반면 매우 지식수준이 높고 논리적인 면을 요구하기 때문에 사이코패스의 인격 특성이 잘 활용될 수 있다.

9위는 요리사다. 사이코패스는 압박감이 높고 혼란스러운 환경에서 자신의 능력을 잘 발휘할 수 있다고 한다. 다른 사람들이 실패하기 쉬운 혼돈과 혼란 속에서도 혼자서 묵묵히 자신의 일을 할 수 있기 때문에 정신없이 바쁜 주방에서 일하는 것이 잘 맞을 수 있다. 더불어 요리사는 요리로 평가를 받는 사람들이다. 사람에 대한 관심이 필요 없고 식재료, 칼,

172

불에만 관심을 쏟으면 높은 평가를 받을 수 있다.

8위는 성직자다. 가장 흥미로운 점인데 내면의 평화와 사람들을 치유하는 성직자가 사이코패스의 인격 특성과 잘 어울릴 수 있다고 한다. 사이코패스는 종종 다른 사람들을 이용하고 통제하는 수단을 찾고 싶어하는데 매주 사람들이 가득한 교회나 성당에서 설교하는 것보다 더 좋은 수단은 없을 것이라고 설명한다. 더구나 종교 행위와 행사들이 성직자들에게 그들의 행동에 대한 정당성을 제공하며, 또한 사람들과 강력한 동맹이나 연합체를 형성할 수 있게 해주며, 개인정보에 대한 접근도 허용이 가능하다.

7위는 경찰이다. 그들은 매우 위험하고 격렬한 직무를 수행하고 위기에 처했을 때 침착한 능력이 요구되는데 이 부분에서 사이코패스의 인격 특성이 잘 맞는다고 한다. 영국 내무부의 한 인사는 질서 회복에 도움이 될 수 있도록 경찰계에서 사이코패스의 고용을 고려해야 한다고까지 주장했다.

6위는 언론인이다. 연구자들에 따르면 언론인들은 특종을 얻기 위해 자신의 매력성을 발휘하며, 기사를 쓰기 위해선 집중력이 요구된다. 그리고 기사가 되지 않는 부분에 대해선 냉담해지는데 이 능력이 바로 반사회적인격장애의 핵심 기질 중 하나라는 것이다.

5위는 외과의사다. 의사는 압박감을 많이 받는 직업이고 사람들의 생명이 그들의 손에 달렸다. 실제로 그들의 직업 스트레스와 사이코패스의 연관성을 알아보기 위한 설문에서 의사들이 매일 중요하고 신속한 결정을 내려야 하기 때문에 반사회적인격장애 척도에서 더 높은 점수를 받은 것으로 분석하고 있다.

4위는 영업사원이다. 그들은 성공하기 위해 일정 수준의 뻔뻔스러움, 끈질기고 가차 없는 욕망, 다른 사람보다 앞서기 위해서 그들을 밟고 올라서는 것, 팀 플레이어보다 개인의 이익이 우선이라는 의식 수준 등을 보여줄 필요가 있다. 바로 이런 것들이 사이코패스의 여부에 관한 커다란 지표다. 그리고 사이코패스의 인격 특성이 영업이라는 분야에 큰 두각을 나타낼 수 있는 훌륭한 기반이 될 수 있다고 한다.

특히 소시오패스가 영업 분야에선 더 안성맞춤일 수 있다. 그들은 피상적인 매력이 있고, 고객을 설득하는 언변이 좋고 다른 사람의 마음을 읽고 그들을 어떻게 움직이는지 잘 알고 있다. 심지어 영업이 실패하더라도 개의치 않으며 바로 다른 목표물을 삼는 데 불편함을 느끼지 않는다.

3위는 방송인이다. 대중매체에서 일을 하려면 사람들의 관심에 대처해야 하기 때문에 일정 수준의 자기도취증 또는 자기애를 가질 필요가 있다. 만약 앵커라면 차분하고 초점을 잃지 않고 집중할 필요가 있기 때문에 사이코패스의 기질 중 사전 계획성과 냉담함이 잘 어울릴 수 있다.

2위는 법조인이다. 가장 논리력을 필요로 하는 직업으로, 재판에서 이기기 위해선 믿을 수 없을 정도의 자신감, 이기심, 매력을 지녀야 한다. 특히 변호사는 돈과 명예를 위해 의뢰인이 이길 수 있도록 노력해야 하기 때문에 종종 수단과 방법을 가리지 않는 편이다.

1위는 기업가다. 사이코패스가 가장 많이 발견되는 직업군이다. 그

174

들은 다른 사람에게 부정적 영향을 미칠 수 있겠지만 회사를 위해 종종 과감한 선택을 해야 한다. 특히 소시오패스가 훌륭한 기업가가 될 수 있는 것은 무자비한 본성, 마키아벨리주의적 리더십 스타일, 권력에 대한 갈증, 지위나 신분에 대한 욕망 때문이라고 한다. 그 과정에 누군가가 개입해도 전혀 개의치 않으며, 오로지 정상에 오르기 위하여 수단과 방법을 가리지 않는다.

사이코패스는 종종 주변 사람들의 사기를 꺾거나 약화시키기 위하여 혼란스러운 환경을 만들 수도 있다. 이런 것들을 통해 성공의 사다리를 구축하고, 조작과 약취로 정상에 도달하는 경로를 선택한다.

여기에 더해 정치인도 사이코패스가 많이 나타나는 것으로 알려진 직업군이다. 우리는 다른 사람의 감정이나 고충을 챙기고 그것에 신경을 쓰는 정치인을 본 적이 있는지 생각해보면 쉽게 알 수 있다. 그들의 관심은 권력을 잡는 것뿐이다. 그래서 모든 선거에 이겨야 한다. 특히 반사회적인격장애 기질을 가지고 있는 정치인은 사람들이 원하는 것을 해주는 것에 관심이 없다. 오로지 권력과 유명세만 추구한다.

참고로 소시오패스가 자주 거론되는 직업군은 교수라고 한다. 교수들은 학생과 시민들로부터 존경을 받으며, 젊은이들에게 큰 영향을 미치는, 소위 시쳇말로 '갑질'의 지위를 누린다고도 하는데 바로 이런 점이 소시오패스의 '꿈의 직업'일 수 있다.

그리고 금융인, 은행원도 종종 거론되고 있는데, 금융의 세계는 소시오패스에게 환영받는 곳이다. 그래서일까? 다수의 금융 사기꾼들이 유명 소시오패스로 거명되는데 아마도 그 이유는 그들이 땀 한 방울 흘리지 않고도 돈을 벌고 위험한 결정을 내릴 수 있기 때문이지 않을까 싶다.

사람들에 대한 통제와 조종 능력이 가능한 계층제bureaucracy라는 권력 구조가 존재하는 곳이라면 어디에서나 사이코패스와 소시오패스가 있을 수 있는데 그들이 그런 업무를 잘 수행하기 때문이다.

물론 사이코패스가 가장 적게 분포된 직업군은 주로 누군가를 도와주는 일들이었다. 돌봄인, 간호사, 회계사 등이 대표적이다. 만약 우리가 사이코패스와 소시오패스를 상대하지 않는 방법이 있다면 바로 그것은 사이코패스가 많이 분포되어 있는 직업군을 피하는 것이다.

참고 자료

- https://www.bbc.com/future/article/20180518-can-you-ever-change-a-violent-psychopaths-mind
- https://www.psychologytoday.com/us/blog/making-evil/201902/what-we-get-wrong-about-psychopaths
- https://modlab.yale.edu/news/can-psychopaths-be-cured
- https://www.medicalnewstoday.com/articles/321839
- https://www.elsevier.com/connect/psychopaths-what-are-they-and-how-should-we-deal-with-them
- https://en.wikipedia.org/wiki/Psychopathy
- https://brainblogger.com/2016/12/06/the-science-of-raising-a-friendly-psychopath
- https://www.psychiatrictimes.com/view/understanding-crisis-services-what-they-are-when-they-access-them
- https://www.businessinsider.com/professions-with-the-most-psychopaths-2018-5
- https://www.forbes.com/sites/kellyclay/2013/01/05/the-top-10-jobs-that-attract-psychopaths/#56979beb4d80
- https://www.cbc.ca/doczone/m_features/psychopaths-top-10-and-bottom-10-professions
- https://www.indy100.com/article/10-jobs-psychopaths-ceo-police-lawyer-media-chef-clergy-police-journalist-8361256
- https://medium.com/the-true-crime-times/inside-the-mind-of-a-sociopath-8a61166c941e
- https://www.smithsonianmag.com/science-nature/the-pros-to-being-a-psychopath-96723962
- https://www.inc.com/jessica-stillman/the-10-professions-with-the-most-psychopaths.html

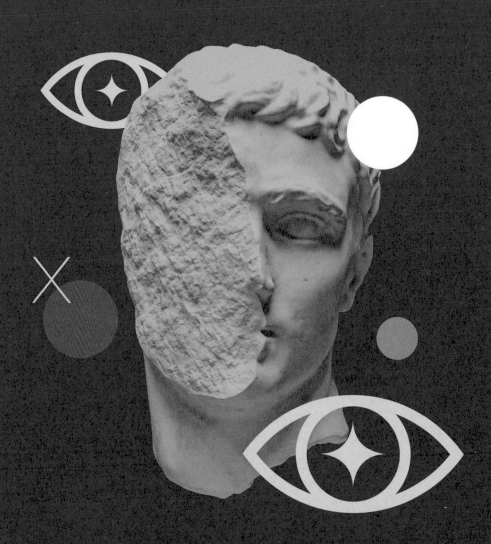

PART 2

X

Sociopath

소시오패스,
그들은 누구인가?

소시오패스란?

×
×
×

사이코패스와 소시오패스는
임상적 진단명이 아니다

비교적 최근까지 많은 전문가들은 엽기적인 살인 행각을 벌인 잔혹한 살인범들에게 사이코패스라는 진단을 내렸다. 그래서 그런지 '사이코패스'는 학술 용어임에도 일반인들 사이에 널리 알려진 익숙한 단어다. 그런데 언제부터인가 '소시오패스'라는 학술 용어가 퍼지기 시작했다.

하지만 안타깝게도 많은 사람들이 소시오패스의 정의가 무엇인지 정확하게 알지 못한다. 그들을 그렇게 만든 원인이 무엇인지 어떤 사람들이 해당되는지에 대해서도 마찬가지다.

소시오패스는 사이코패스와 함께 쌍두마차처럼 언론매체에서 사용하지만 이 둘을 구분하진 않는다. 사실 사이코패스와 소시오패스는 실제 임상적 진단이 아니며 반사회적인격장애의 진단 범주에 속한다. 포괄적으로 살펴보자면 소시오패시는 사이코패시와 유사한 특성을 가지고 있다.

어느 소시오패스 작가의 고백에 따르면 소시오패스는 죄책이나 후회를 느끼지 않고, 동정심이나 공감능력이 결여되어 있고, 도덕적 기준이 약하고, 거짓말을 잘하고, 부정행위를 저지르는 데 거리낌이 없고, 결과와 영향에 대해 신경쓰지 않고, 권력에 굶주려 자식의 이익을 위해 다른 사람을 세뇌시키고 조종할 수 있다고 한다.

당연히 소시오패시는 심각한 정신장애라서, 그런 점에서 반사회적인격장애라는 용어로 대체되어왔다.

미국 전체 인구의 약 3~5% 정도가 소시오패스

문제는 소시오패스가 우리가 생각하는 것보다 더 많으며, 남성이 여성보다 비중이 높다는 점이다. 미국의 경우 전체 인구의 약 3~5% 정도가 소시오패스로 진단될 수 있다고 한다. 당연히 교도소 수형자들에게서는 훨씬 더 높은 비율로 진단된다고 한다.

많은 사람들이 소시오패스 또한 사이코패스처럼 살인마, 범죄자, 잔인하고 비정한 사람으로 생각하겠지만 사실 대다수의 소시오패스는 조용하게 자기만의 삶을 살고 있다. 우리의 이웃이나 동료가 될 수 있고, 가족이나 연인이 될 수 있다.

실제 정신질환의 정의 및 증상을 판단할 수 있는 기준을 제시하는 정신질환 진단 및 통계편람 제4판(DSM-4)*에서는 일련의 성향들을 열거하고 반사회적인격장애로 진단하려면 이들 성향이나 증상 중 3개 이상이 포함되어야 한다고 제안했다.

그들은 먼저 법률을 위반하는 등 사회적 규범을 따르거나 동조하지 않으며, 이익이나 쾌락을 위하여 반복적으로 거짓말을 하거나 다른 사람을 속이며, 미리 계획하지 못하거나 충동적 행위를 하며, 늘 싸움을 하는 등 반복적으로 성가시게 하고 공격적이며, 자신이나 다른 사람의 안전을 무시하며, 직장 생활을 오래 지속하지 못하거나 경제적으로 무능하는 등 일관되게 무책임하며, 자신의 행동을 합리화하거나 다른 사람의 느낌과 감정에 관심이 없는 등 후회나 죄책감을 느끼지 않는다.

그들은 어떻게
소시오패스가 됐을까?

그들은 어떻게 소시오패스가 됐을까? 그 원인은 어디에서 찾아야 할까? 아쉽게도 사이코패시를 비롯한 모든 인격장애가 그렇듯이 소시오패시

●   미국 정신의학과에서 출판하는 서적으로 정신질환의 기준으로 사용된다. 정신질환과 관련된 모든 정보를 지속적으로 수집하고 정리해 각종 정신질환의 정의 및 증상을 판단할 수 있는 기준들을 제시한다. WHO에서 발행하는 '국제적 통계 분류(International Statistical Classification of Diseases and Related Health Problems, ICD)'도 이와 유사한데 DSM은 정신질환에 집중하는 반면 ICD는 모든 종류의 질병을 다룬다. 1952년 DSM-1부터 시작해 2, 3, 4, 4-TR을 거쳐 2013년 5월에 최신인 DSM-5까지 나왔다.

도 정확한 원인을 알지 못한다.

그러나 다수의 임상의학자들은 유전과 환경의 상호작용이라고 할 수 있는 행동유전학behavioral genetics에 그 원인이 있다고 생각한다. 『옆집의 소시오패스The Sociopath Next Door』의 저자이자 하버드대학교의 심리학 교수 마사 스타우트Martha Stout에 따르면, 실제로 소시오패시는 유전적 요인이 많게는 50%까지도 있을 수 있으며, 이런 유전적 요인이 그 사람의 아동기와 생애 경험을 통하여 양육 혹은 양성될 수 있다고 한다. 『옆집의 사이코패스』는 『이토록 친밀한 사이코패스』라고 제목으로 한국어판이 출간됐다.

최근 텍사스 A&M대학교의 크리스토퍼 퍼거슨Christopher Ferguson 교수는 소시오패시의 요인 중 56%는 유전적이라고 주장했다. 반면 미국 정신의학협회의 한 연구에 따르면, 소시오패스의 약 70% 정도가 아버지가 없는 가정, 즉 모자가정 출신이었다고 한다. 협회는 만약 아동이 아버지의 존재를 보거나 느끼지 못하고, 애정이나 애착을 받지 못하고, 아버지에 대한 감정적 친근함을 표현하지 못하면 생애 후반에 소시오패시적 성향이나 기질이 표출될 수 있다고 한다. 이는 소시오패스를 형성하는데 환경적 요인도 중요하다는 사실을 의미한다.

한편 신경과학자들도 반사회적인격장애로 진단된 다수의 사람들의 뇌 전두엽 부분에 신경과학적 이상이 있었다고 밝혔는데, 뇌의 이 부분이 바로 판단력과 자기통제를 담당하는 중심이라고 한다. 모든 인격장애처럼 뇌의 손상으로 소시오패스가 될 수 있다는 점을 시사하는 것이다.

즉, 다양한 원인에 의해 소시오패스가 될 수 있는데 유전적 요인도 상당한 비율을 차지하는 것만은 사실이다. 부모 중 한 사람만이라도 반사회적인격장애를 앓고 있다면 그 자녀는 같은 장애를 가질 확률이 그만큼 높아질 수 있다. 결론적으로 전문가들의 주장에 따르면 소시오패시는 유전 비율이 상당히 높고, 개인의 생애 경험을 통해 성장하고 꽃을 피운다는 것이다.

참고 자료
- https://www.betterhelp.com/advice/sociopathy/what-is-a-sociopath-symptoms-traits-treatments
- https://namu.wiki/w/DSM
- https://greatist.com/health/high-functioning-sociopath
- https://theawarenesscentre.com/are-you-a-sociopath
- https://www.anniewright.com/spot-sociopath-protect-heal

소시오패스의
기질과 증상

×
×
×

소시오패스의
공통된 기질

소시오패스의 기질은 사람에 따라 매우 다양하다. 어떤 사람은 기질 일부만 가지고 있고, 어떤 사람은 진단 범주에 속하는 모든 기질을 다 가질 수 있다. 그럼에도 전문가들의 연구와 실무자들의 경험에 따르면 다음과 같은 공통적인 신호, 기질, 증상들을 보인다고 한다. 대부분 반사회적 인격장애에 해당하는 공통적 기질로 사이코패스에서 열거했던 항목들이다.

첫 번째 공감능력이 없다. 그들은 다른 사람의 감정과 느낌을 이해하는 것이 어렵기 때문에 공감능력이 결여되어 있다. 사실 소시오패스의 경우 공감능력이 결여됐기 때문에 다른 사람의 감정에 대해 공감하지 못한다는 것인지, 아니면 공감하지 못하기 때문에 공감능력이 부족한 것인지는 정확하게 밝혀지지 않았다. 어쨌든 그로 인해 다른 사람들과 감정적으로 유대 관계를 맺지 못한다.

두 번째 그들은 매우 지능이 높다. 그런 연유로 최고경영자나 정치인, 언론인, 법조인, 외과의사, 교수 집단에서 다른 집단에 비해 더 많이 진단되기도 한다. 아마도 높은 지능이 다른 사람을 교묘하고 교활하게 조종하는 데 한 역할을 하는지도 모르겠다.

세 번째 강박적으로 거짓말을 한다. 소시오패스는 일관적이고 지속적으로 거짓말을 한다. 그들은 과거에서 시작해 현재, 미래의 쟁점까지 진실을 말하지 않는다. 거의 모든 일상에 대해 거짓말을 할 수 있을 정도라고 한다.

네 번째 믿을 수 없을 정도로 매력적이다. 그들은 자신의 매력을 활용해 다른 사람의 환심을 사는데 다른 사람의 감정에 공감하지 못하는 핸디캡을 가졌음에도 그 점을 쉽게 속이며 광범위한 감정을 보일 수 있다. 그래선지 몰라도 그들은 매우 남의 비위를 잘 맞추고 조작하고 조종하는 능력이 능숙하다.

다섯 번째 극단적일 정도로 매우 비밀스럽다. 그들은 보편적으로 자신의 생활에 대해 밝히지 않으며 극단적으로 비밀스럽게 행동한다. 모든 일상이 거짓말이라고 한다면 당연스럽게 나오는 행동 패턴일 수도 있다.

여섯 번째 충동적인 성적 행동을 한다. 다른 사람에 대한 관심이 없는데도 종종 그들은 '아무런 조건이 없는 관계'에 가담하고, 죄책이나 후회를 느끼지 않으면서 자신의 성적 욕구를 충족시킨다.

일곱 번째 비정상적으로 매우 독선적이고 이기적이고 자기중심적이다. 그들은 자신이 다른 사람보다 우월하다고 느끼고, 자신이 비현실적인 초능력이나 힘을 가지고 있다고 믿는다.

여덟 번째 과정이나 결과에 연연하지 않는다. 그들은 자신의 행동에 대한 결과를 경시하거나 무시하기 때문에 종종 위험이나 모험에 취한다. 신중하지 못한 결정을 내릴 수도 있어 부주의한 행동을 초래한다. 자신이 원하는 것을 얻는 것에만 관심이 있기 때문에 그 과정이나 결과에서 누군가가 정신적으로 혹은 신체적으로 상처를 받을 수 있다는 사실에 대해 크게 연연해하지 않는다.

아홉 번째 지루함을 견디지 못한다. 그들은 쉽게 지루해하기 때문에 지속적인 자극과 흥분을 추구하여 지역과 위치를 자주 이동하고, 직업과 직장을 자주 바꾸고, 지속적으로 새로운 사람을 만나려고 한다.

소시오패스는
극단적인 이기주의자

소시오패스의 행동 특성을 통해 알아본 바에 의하면 그들은 극단적인 이기주의자라고 할 수 있다. 그들은 모든 것이 자신의 통제하에 있어야 하고, 모든 상황이 자신의 이익이 돼야 한다고 생각한다. 그래서 자신의 행위에 대해 아무런 죄책이나 후회 없이 폭력이나 속임수, 부정행위 등 부도덕한 행동에 가담할 확률이 매우 높다.

그들은 자신에게 이익이 되는 것만 취하기 때문에 누군가가 부탁해도 자신이 얻을 것이 없다면 그 부탁을 들어주지 않거나 무시한다. 대체적으로 소시오패스는 다른 사람들에 대해 적대적이다. 그것은 아동기 초기에 형성됐을 가능성이 높으며, 물리적 폭력과 절도 등 불법행위를 하는 것이 일상적인데 그것은 그들이 자신의 행위에 대한 결과와 법률을 무시하기 때문이다.

자신의 감정을 잘 숨기고 남들을 잘 속이기 때문에 피상적으로 성공을 거머쥘 확률도 높다. 그들은 순수한 감정이나 느낌이 결여되어 있는데도 거짓 웃음과 울음으로 많은 사람들을 잘 속인다. 이는 다양한 감정을 흉내 내거나 모방하는 능력에 기인한다. 바로 이런 행동 때문에 그들을 파악하기가 더욱 어렵게 만든다. 그들은 비통함, 불안, 사랑, 우울 그리고 슬픔 등과 같은 모든 감정의 개념들을 이해하고는 있지만 일반 사람들이 느끼는 감정과는 다르다. 한 마디로 거짓으로 이해하면서 감정을 표출하는 것이다.

다만 자신이 상황을 통제하지 못하거나 자신의 방식대로 되지 않을 때는 다른 사람들을 위협해 통제권을 가지기도 한다. 심지어 그들은 위험한 상황에도 침착함이나 차분함을 유지한다. 정상적인 사람은 위험한 상황에 처하면 고통을 겪으며 두려움을 갖는 경향이 강하나 소시오패스는 그런 상황에 두려움을 갖지 않으며 표출하지도 않는다.

반면 그들은 자신에 대한 비판에는 매우 민감하다. 그래서 자신의 행동을 계산적으로 따지며 매우 조심스럽게 계획한다. 그리고 종종 성공하기도 한다.

하지만 그들은 자신의 행동을 통제하지 못하고 충동적인 본능을 따르기도 한다. 소시오패스의 문제는 아동기 초기 문제행동과 청소년 비행과도 관련이 있다고 한다.

무엇보다도 그들은 책임감과 신뢰성이 없는데 다른 사람의 삶과 꿈에는 아무런 관심도 없으며, 자신이 초래한 엄청난 손상에는 무관심하거나 의식하지 못하며, 심지어 분명히 자신이 잘못했는데도 자신에 대한 비난을 받아들이지 않고 다른 사람을 비난한다. 뿐만 아니라 그들은 난잡한 성생활을 하기 때문에 결혼한 후에도 부정을 일삼는다. 성폭력이나 아동 성학대 등의 범죄에도 가담할 수 있다.

이런 기질로 인해 소시오패스는 당연히 현실적인 삶의 계획을 충실하게 임하지 못하며 기생충과 같은 삶을 살 가능성이 더 높다고 한다. 그들은 한 곳에, 한 가지에, 한 사람에 정착하지 못하고 옮겨 다니며, 미래에 대하여 온갖 허황된 약속을 남발한다. 직업윤리가 좋지 못할 뿐만 아니라 남들을 매우 효과적으로 착취한다. 이런 삶을 살면 당연히 법적인 처벌을 받는데 그들은 그것을 피하고자 이미지 변신을 하고 자신의 이력이나 경력 등을 쉽게 바꾸기도 한다.

종합적으로 그들을 프로파일하자면 다음과 같은 보편적이고 공통적 특징들로 기술할 수 있다. 먼저 그들은 하나같이 말발이 좋고, 피상적 혹은 가공적 매력을 가지고 있으며, 동시에 다른 사람과 상황을 교묘하게 조종하고 조작하며 속임수에 능하다고 할 수 있다. 그들은 결코 다른 사람의 권리를 인정하지 않으면서 자신의 권리는 무조건 찾고 봐야 한다는 마음가짐이 있다.

매력적으로 보이지만
속으론 적대가 가득한 소시오패스

그들은 매력적으로 보이지만 은근히 속으로 다른 사람에게 적대적이다. 다른 사람 위에 군림하려고 들면서, 주변 사람들을 자신을 위해 헌신해야 할 도구쯤으로 여긴다.

자아가 지나치게 과장되어 있어 어떤 일이나 사물 또는 상황에 대해 자신이 위에 서야 하며, 심지어 그것이 자신의 권리라고 생각한다. 자신의 능력과 권한에 대한 복잡한 믿음을 스스로 만들고 그것에 사로잡혀 극단적으로 자기 확신을 갖는다. 그래서 자신의 거짓말을 진실인 양 믿기 때문에 거짓말탐지기까지 통과하기도 한다.

그들은 자신의 잘못된 행동에 대해서 아무런 후회나 죄책을 하지 않고 부끄러워하거나 수치스러워하지 않는데 내면을 들여다보면 한가운데 분노가 자리하고 있다. 그들의 감정이 천박하고 피상적이라서 그리 중요하지 않은 일로 분노하고 화를 내지만 정상적인 사람들이 매우 화날 일에는 냉정해진다.

주변 사람들을 오로지 자신을 위한 기회로만 보기 때문에 친구가 거의 없으며 나중에는 가해자와 피해자로 남는다. 그들이 보이는 따스함,

즐거움, 사랑, 동정심은 경험한 것이라기보다 꾸며진 것이며, 이면의 숨은 동기가 작용할 수 있다.

그들은 누군가를 사랑할 줄 모르기 때문에 다른 사람에게 무자비하고 적대적으로 행동한다. 그레서 누군가가 고통을 당하면 그것에 공감하지 못하고 오히려 그것을 이용하려 한다. 그러고도 자신의 행위를 정당화하고, 모든 잘못을 다른 사람에게 전가한다. 소시오패스가 가는 길을 방해하거나 막는 자가 있다면 그는 아마 크게 피해를 당할 것이다.

세상을 지배하고 싶은 자,
바로 소시오패스

소시오패스는 자신을 이해하려는 사람들을 경멸한다. 그리고 자신이 어떤 문제를 일으켰는지 무엇이 잘못됐는지를 잘 인식하지 못한다. 아니 어쩌면 인식하지 않는 것일 수도 있다. 매우 권위적이라서 자신의 포악한 행동이 용인되고 존중받는 상황을 만들려고 노력한다. 또한 자신의 행동이 사법제도에 얽히지 않도록 교묘하게 조작하기도 한다.

다소 피해망상적인 부분도 있기 때문에 비밀스럽게 행동한다. 그들은 누군가를 피해자로 만들기 위해 고도의 계획을 세우는데 피해자를 자신의 노예로 삼으며 그의 모든 삶에 대한 전제적 통제력을 행사하기를 원한다. 만약 자신의 행위로 법적인 처벌을 받게 되더라도 자신의 잘못된 행위를 정당화하기 위해 피해자가 자신의 행동에 대해 이해해주기를 바라며 심지어는 자신에게 존경과 사랑을 보내주기를 원한다.

다른 사람에 대한 실질적, 현실적인 인간적 유대가 불가능하고, 지나칠 정도로 과도한 자기애와 과장된 자신만을 보며 종종 세상을 지배하는 것이 자신의 목표라고 쉽게 말하곤 한다.

제2의 자아를 가진
소시오패스

소시오패스는 보통 사람들이 수용할 수 있는 사회적 기대와 규율을 불편해한다. 자신의 성향과 의도에 장애물로 간주하기 때문에 비합리적이라고 생각한다.

소시오패스는 아동기나 청소년기에 식별될 수 있다고 하는데 일관된 거짓말을 하고 절도나 폭력, 방화, 기물 파손, 동물에 대한 고문 등에 가담하는 아동에게서 소시오패시의 초기 증상이 보인다. 부모의 꾸중이나 처벌에도 무관심하다.

소시오패스는 '제2의 자아'를 가지고 있다. 쉽게 말하면 이중인격자라는 의미로, 마치 지킬박사와 하이드와 같은 특성 기질이 있는 것이다. 그래서 자신에게 중요하다고 생각하는 사람, 즉 '중요한 타인significant others'을 대할 때는 지극히 매력적이고 친절하고 유쾌해진다. 소시오패스는 가깝게 지내는 친구나 지인이 없을 것이라고 생각하지만 그들 또한 중요하다고 생각하는 사람들에겐 매우 잘한다.

다만 중요하다고 생각하는 기준이 보통 사람들과 좀 다를 수 있다. 일반적으로 보통 사람들이 가장 중요하게 생각하는 것이 가족이다. 하지만 그들은 가족보다 친구나 이웃주민을 더 중요하게 생각하기도 한다.

그래서 소시오패스는 지킬박사와 하이드처럼 한쪽에선 폭력을 행사하고, 한쪽에선 친절을 베푸는 행위가 가능하다. 흔히 가정 내에서 폭력이나 학대를 일삼은 사람들이 밖에만 나가면 성인군자처럼 구는 경우를 볼 수 있다. 가정 내 학대나 폭력이 밝혀져 검찰에 송치되더라도 자신이 무고하다며 억울해하는데 그들의 연기에 많은 사람들이 잘 속아 넘어간다고 한다. 더불어 소시오패스에게 호감을 느낀 사람들은 그의 이면에 숨은 본성이 밝혀졌을 때 매우 놀라워한다. 심지어 믿으려고 하지도 않는다.

참고 자료

- https://www.thetcj.org/adoption/sociopath-fathers-the-charming-killers
- https://www.mcafee.cc/Bin/sb.html
- https://www.anniewright.com/spot-sociopath-protect-heal

소시오패스의 유형

× × ×

일반 소시오패스, 자기도취증 소시오패스, 고기능 소시오패스

반사회적인격장애를 가진 사람을 기술할 때면 종종 사이코패스와 소시오패스가 상호교환적으로 쓰였다. 그 둘은 유사한 기질들을 가졌지만 둘 사이에는 차이점도 있다. 일반적으로 소시오패스는 사회적이거나 환경적 요인의 결과로 간주되는 반사회적 기질을 보이는 사람이라고 할 수 있다.

소시오패스도 기질에 따라 유형이 나뉜다. 일반 소시오패스와 자기도취증 소시오패스Narcissistic Sociopath, 고기능 소시오패스High-functioning sociopath다. 일반 소시오패스는 앞에서 열거한 모든 특성을 다 보유한 사람들이다. 이들은 공감능력이 결여된 것뿐만 아니라 정상적인 사람의 감정을 경험하지 못한다. 다만 그들의 인격 기질은 종종 아주 섬세하거나 미묘하고 교활하다. 그래서 어떤 목표를 설정하면 그것을 성취하기 위해 매우 끈질기고 집요하게 행동한다. 목표를 '성취'하는 데 초점이 맞춰져 있기 때문에 힘든 상황에서도 그것을 이루기 위해 노력한다. 그들을 움직이게 하는 원동력은 여기에 있다.

앞에서 소시오패스는 후회나 자책을 하지 않는다고 했는데 그들도 후회나 자책을 할 때가 있다. 다만 자신의 행위에 대해 진정으로 잘못을 느껴서가 아니라 자신에게 유리한 상황을 만들기 위해 후회나 자책을 하는 것이다. 더구나 일반 소시오패스는 자기도취증 소시오패스보다더 계산적이고, 자신의 목표를 성취하는 데 필요하다면 무엇이든 활용할 확률이 더 높다고 한다.

자기애가 너무도 강한 자기도취증 소시오패스

그렇다면 자기도취증 소시오패스는 어떤 사람들일까? 자기도취증 즉, 나르시시스트는 자기애로 똘똘 뭉친 사람들을 의미한다. 사실 나르시시스트는 소시오패스라고 할 수는 없다. 여기서 말하는 자기도취증 소시오패스는 자기애적 반사회적인격장애와 소시오패스적 반사회적인격장애를 결합한 사람들이다. 일반적으로 과장된 자기 인식self-perception을 가지고 있으며, 자신은 사회의 규율을 지켜야 할 의무가 없다고 생각한다.

일반 소시오패스와 마찬가지로 여성보단 남성에게 더 보편적이고,

나이가 많은 사람보단 젊은 사람들에게서 더 자주 나타난다. 재미있는 사실은 이들이 기혼자나 한 번도 결혼하지 않은 사람보단 별거하거나 이혼한 사람들에게서 더 널리 퍼져 있다는 점이다. 그럼에도 불구하고 중요한 것은 이런 장애는 성별, 인종, 계층, 성적 지향성, 종교 등에 상관없이 누구에게나 나타날 수 있다는 것이다.

자기도취증 소시오패스는 자기애적 반사회적인격장애와 소시오패스적 반사회적인격장애가 결합됐기 때문에 이들의 기질은 매우 다양하고 심각하다. 두 장애와 관련된 증상들이 섞여 더 극대화가 될 수도 있다.

보통 일반 소시오패스는 자신에 대한 다른 사람들의 의견에 관심이 없으나 나르시시스트는 다른 사람들이 자신을 어떻게 인식하는가에 지나치게 관심을 가지고 신경을 쓴다. 그래서 자기도취증 소시오패스는 두 인격장애의 행동 특성이 결합되어 부정적인 비판에 매우 공격적으로 대응할 수 있으며, 역경을 겪으면 소시오패시적 행동보단 자기도취적 행동을 더 보일 수 있다고 한다.

자기도취증 소시오패스는 통상적으로 자신이 원하는 것을 얻기 위해 누군가를 도구로 활용하는데 문제는 그들이 자신의 문제가 무엇인지 생각하지 못하기 때문에 이들을 막을 사람은 없다. 그래서 더욱 다른 사람에게 엄청난 해악을 끼칠 수 있다.

자기도취증 소시오패스는 대화의 주제를 선택할 때 자신에 관한 것으로 만드는 방식이 있는데 심지어 자신과 아무런 상관도 없는 대화에서도 사람들이 자신에게 초점을 맞추게 할 수 있다. 자신의 숨은 의도에 맞추지 않은 사람들에게는 쉽게 지루해하고, 재빨리 다른 사람에게로 옮기며 모든 일상이 자신에게 초점이 맞춰지기를 원하는 것이다.

그들은 자신이 상대방이 만날 수 있는 가장 매력적인 사람이어야 한다고 생각하기 때문에 그렇게 행동하기를 원하고 그러한 목적을 이루기 위해 상대방의 감정과 행동을 조작하고 조종한다. 그래서 과장되고 가장된 감정적 반응을 보이는데 사실 이럴 때만 자신의 피상적인 매력과 카리스마를 표출한다. 때론 자신의 개인적 이득을 위해 거리낌 없이 동료의 명성을 파괴하거나 조작한다.

지능지수가 높은, 고기능 소시오패스

일반적으로 소시오패스는 인간적 혹은 정서적 감정이 결여되어 있다고 알려져 있는데 고기능 소시오패스는 높은 수준의 인간적 감정을 가진 사람이다.

고기능 소시오패스는 종종 인간 감정의 지표들을 인식할 수 있다. 또는 그러한 반응을 조장하는 감정적 능력을 겸하고 있어 설사 그런 감정을 느끼지 못하더라도 흉내를 낼 수 있거나 모방할 수 있다. 그렇기 때문에 고기능 소시오패스는 더 쉽게 주변 사람들을 조종하고 약취할 수 있다.

반사회적인격장애를 가진 일부 소시오패스일반 소시오패스, 자아도취증 소시오패스는 자신의 기질을 감추는 데 능숙하지 못한 경향이 있다. 세련되거나 점잖은 방법으로 숨기지 못하는 것이다. 정신질환 진단 및 통계편람 제5판(DSM-5)에선 고기능high-functioning이나 저기능lowh-functioning이라는 용어 자체를 사용하지 않지만 일반 소시오패스와 자기도취증 소시오패스를 고기능 소시오패스의 정반대의 개념으로 저기능 소시오패스low-functioning sociopath라고 구분한다.

사실 고기능 소시오패스는 보통 사람처럼 보인다. 그래서 보통 사람들처럼 평범한 인격 기질을 보유하고 평범한 가족 구성원, 평범한 친구 관계, 평범한 회사원, 평범한 부모가 될 수 있다. 그리고 사회적으로 무난하게 성공할 수 있다. 하지만 그들의 진정한 본성은 스트레스나 압박감으로 가득한 상황이 되면 표출되기도 한다.

고기능 소시오패스의 이러한 특징은 인격장애가 없는 사람이나 저기능 소시오패스에 비해 높은 지능지수를 가지고 있기 때문인 것으로 추정한다. 평균 이상의 지능과 동기로 그들은 평범한 사람처럼 보이면서도 기회가 되면 다른 사람들을 악용하고 통제하고 책략을 꾸밀 수 있는 것이다. 사실 그들 또한 자기도취적 성질과 자신에 대한 가식적인 견해도 가지고 있는데 이런 자기애나 자기도취증은 그들의 망상적 신념에서 초래되는 경향이 있다고 한다.

고기능 소시오패스는 일차적으로 카리스마가 있고 유쾌한 사람으로 보이는데 사람들이 호감을 가질 만한 특징을 가지며, 다른 사람들이 기대하고 바라는 대로 자신을 변화시키는 데 능숙하다. 조직 사회에 필요한 능력도 겸비하고 있기 때문에 그들은 능력이 있는 사람으로 보인다. 그러나 고기능 소시오패스는 사람들이 자신을 잘 알게 될수록 불편함을 느끼며 스스로 거리를 두는 경향이 있으며, 자신의 진정한 모습을 노출하려 하지 않는다.

그들도 인격장애를 앓고 있는 것이기 때문에 일반 소시오패스의 기질을 보유하고 있다. 신뢰성이 낮고 의존적이며 친구가 거의 없으며 관계가 아주 얄팍하고, 믿을 수 없을 정도로 기만적이고 친구나 동료에게 충실하지 못하는 측면이 있다. 자신이 우월하다고 생각하며 사람을 존중하지 않는 경향이 있으며, 자신이 법 위에 있으며 국가나 사법제도를 무시하기도 한다. 이런 건방지고 경솔한 태도가 그들을 범죄행위나 법률 위반으로 이끌 수 있다.

또한 이들은 종종 높은 수준의 충동성을 보이고, 생각 없이 행동하고, 자신의 즉각적인 목표에 초점을 맞추기 때문에 잠재적 결과와 역반응을 고려하지 않는다.

자아도취증 소시오패스와 일반 소시오패스는 어떻게 다른가?

일반 소시오패스와 자아도취증 소시오패스는 다수의 동일한 특성을 보이기도 하지만 몇 가지 독립적인 특성이 있다. 먼저 그들의 범죄행위의 차이점을 보자.

일반 소시오패스는 기본적으로 사회적 규범이나 사법제도에 대해 아무런 관심이 없다. 그래서 그런지 종종 엉뚱하고 충동적(조직화되지 않은)으로 범법 행위를 저지를 수 있다. 결국 법적인 처벌을 받기도 한다.

반면 자아도취증 소시오패스는 의도적으로 남들을 해치거나 심각한 범죄를 저지르지 않는다. 그들도 일반 소시오패스의 일부 특성을 가지고 있지만 그들은 자기애적 측면이 강해 다른 사람이 자신을 어떻게 바라보는지에 관심이 높다. 기본적으로 그들은 주변 사람들의 의견에 관심을 기울이면서 자신이 그들에게 존중받기를 원한다. 이런 특성들은 범죄행위와는 잘 맞지 않는다. 통상적으로 자아도취증 소시오패스가 공격적으로 변하는 유일한 경우는 자신이 심리적으로 공격을 받았다고 느낄 때다.

한편 일반 소시오패스와 자아도취증 소시오패스가 하는 말에도 상당한 차이가 있다. 일반 소시오패스는 교묘하고 교활하게 남을 조정하거나 무언가를 조작하기 위해 초점이 피해자에게 맞춰져 있어서 그들의 대화는 자기중심적일 가능성이 좀 낮다.

반면 자아도취증 소시오패스는 모든 초점이 자신에게 맞춰져 있기 때문에 자기중심적인 행동과 말을 한다. 사실 그들은 다른 사람에게 초점이 맞춰져 이야기하는 것처럼 보이지만 그것은 자신을 어필하기 위한 수단에 지나지 않는다.

그렇다면 두 부류는 자신의 행동을 알고 있을까. 일반 소시오패스는 대체적으로 자신의 행위에 대해 잘 인식하고 있으며 자신이 계획한 방식으로 행동할 가능성이 높다. 그래야만 다른 사람을 잘 조정할 수 있기 때문이다. 이와는 반대로 자아도취증 소시오패스는 자신의 행동이 부적절하거나 범죄적이라는 것을 잘 인식하지 못하는 것으로 알려져 있다. 이는 자신의 행동이 문제라고 보기보단 다른 사람들이 자신을 이해하지 못하는 것이 문제라고 간주하기 때문이다.

두 집단은 이기고 지는 것 즉, 승부에 대해서도 다른 입장을 고수한다. 사실 자아도취증 사이코패스는 이기고 지는 데 크게 신경을 쓰거나 방해를 받지 않는다. 그것보다 다른 사람들에게 자신이 존중받는 데에 관심을 가지기 때문에 때론 지거나 실패하더라도 자신이 각광을 받을 수 있다면 그것도 감수한다. 오히려 지는 것을 더 선호하기도 한다.

그러나 일반 소시오패스는 모든 사람 위에 자신이 군림해야 하기 때문에 이기는 것에 신경을 많이 쓴다. 무조건 이기기 위해 어떤 수단과 방법을 가리지 않는다.

그렇다면 두 부류는 자신의 행동으로 인해 다른 사람에게 미치는 영향을 알고 있을까? 자아도취증 소시오패스는 자신이 다른 사람에게 미치는 영향에 대해 잘 알지 못지만 과소평가해선 안 된다. 누군가가 자신에게 위협이 된다는 것을 알게 되면 바로 행동으로 옮길 수 있기 때문이다. 반면 일반 소시오패스는 자신이 다른 사람에게 미치는 영향에 대해 잘 알고 있으나 다른 사람이 어떻게 느끼는지에 대해선 관심이 없다.

참고로, 우리가 간과해선 안 되는 것이 고기능 소시오패스는 보통 사람처럼 일생을 평안하게 살 수 있다는 점이다. 자신의 본능을 잘 누르고 친사회적 성향을 연마하면 그들 또한 우리처럼 평범한 사람인 것이다.

특히 위에 열거한 특성은 보통 사람에게도 나타날 수 있는 특성으로,

그것만으로 그들을 소시오패스라고 판단해선 안 된다.

- https://www.betterhelp.com/advice/sociopathy/what-is-a-sociopath-symptoms-traits-treatments
- https://health.com/condition/antisocial-personality-disorder/sociopath-traits
- https://www.anniewright.com/spot-sociopath-protect-heal
- https://www.regain.us/advice/general/can-a-sociopath-change-and-what-would-it-take
- https://www.mcafee.cc/Bin/sb.html
- https://www.thetcj.org/adoption/sociopath-fathers-the-charming-killers
- https://www.betterhelp.com/advice/sociopathy/the-difference-between-a-sociopath-and-narcisstistic-sociopath
- https://www.e-counseling.com/relationships/traits-of-a-high-functioning-sociopath
- https://www.healthline.com/health/mental-health/high-functioning-sociopath

소시오패스를
식별하는 방법

×
×
×

우리가 생각하고 있는 이미지와
사뭇 다른 소시오패스의 모습

소시오패스는 정신질환의 일종이지만 모든 소시오패스가 꼭 갈등을 일으키는 것은 아니다. 그들 모두 범죄자나 연쇄살인범이 되지 않는다. 다만 서구 학계에선 전체 인구 중 약 3~5% 정도가 소시오패스로 진단될 수 있다고 추정한다. 어쩌면 우리가 아는 사람 중에 소시오패스가 있을 수 있고, 그들과 관계를 맺고 있는지도 모른다. 우리가 그들을 바로 알아채기가 어려운 이유는 우리가 소시오패스라고 생각하는 이미지와 실제 그들의 모습이 사뭇 다르기 때문일 것이다.

미국 드라마 「덱스터Dexter」의 주인공 덱스터 모건은 마이애미 시경에서 일하는 혈흔 분석 전문 법의학자로, 그는 번듯한 직업을 가진 친절하고 예의바른 훈남이다. 하지만 그 이면에는 피에 목말라하는 연쇄살인마라는 정체가 숨어 있다. 「왕자의 게임 Game of Thrones」의 조프리 바라테온의 대사를 보면 소시오패스의 특성이 보인다.

"모든 인간은 내가 학대할 수 있는 장난감이다!"

그렇다면 실제는 어떨까? 진단 기질의 다양성과 개인의 일반적인 야망 등에 따라 소시오패스의 양상은 달라진다. 또한 다양한 환경이나 여건, 장소에 따라서도 달라진다.

그들은 다양한 모습과 특성, 행동 유형을 보일 수 있기에 단순한 개념으로 그들을 설명할 순 없다. 때론 그들은 결혼한 후에 부정행위를 저지른 남편 같기도 하고, 거짓말을 입에 달고 살았던 전 배우자 같기도 하고, 자식과 따듯하고 안정적인 유대 관계를 맺는 것에 관심을 두지 않는 부모 같기도 하고, 강의하면서 의도적으로 누군가를 망신을 주는 교수나 선생 같기도 하고, 자신의 말에 절대적 복종을 원했던 독재정권의 지도자 같기도 하다.

소시오패스는 기업가, 특정 분야의 전문가, 교사, 정치인, 외교관, 전업주부 등 다양한 직업군을 가지고 있기에 대체로 어느 영역이나 분야에서 많다고 예측하기도 어렵다.

우리가 소시오패스를
식별해야 하는 가장 큰 이유

그들은 능수능란하게 사람들을 조종하거나 조작하고, 강박적이고 충동적으로 거짓말을 일삼으며, 개인적 이득을 위해 변화무쌍한 카멜레온처럼 변장이 가능하기 때문에 표면상으론 소시오패스처럼 보이지 않는다.

소시오패스는 수치심, 죄책감, 공감능력 등 보편적인 인간의 감정을 느끼는 데 장애가 있지만 자신에게 이익이 되면 인간의 감정을 관찰하고 그것을 흉내 낼 수 있다. 이런 이유로 전문가를 포함한 대부분의 사람들은 소시오패스를 식별하기가 어렵다.

그럼에도 우리는 소시오패스를 식별하는 능력을 길러야 한다. 그들은 어느 날 갑자기 파괴적인 행동을 할 수 있기 때문이다. 과연 소시오패스는 어떤 갈등을 일으키고 우리에게 어떤 해악을 끼치는지 궁금하지 않을 수 없다.

하지만 이 부분을 예측하는 것도 매우 포괄적이고 다양하다. 그들과 우리의 거리감이나 친밀도가 어느 정도인지, 어떤 상황에서 만나게 됐는지, 얼마나 자주 만나는지에 따라 피해나 해악이 달라진다.

예를 들어, 표면적으로 건강한 자아 관념을 가졌고, 사회적으로 좋은 이미지를 심어주고 잘 유지하던 어느 유명인이 알고 보니 주변 사람들이나 대중들을 심리적으로 조종하고 통제하려고gaslighting 한 사실이 드러나면 매우 놀랍겠지만 사실 그 유명인과 직접적인 접촉이 없는 한 남의 일이다. 나와는 상관없는 일로 치부할 수 있다.

하지만 나와 직접적인 접촉이 있는 사람이 나를 조종하고 통제하면서 정신적으로 육체적으로 약취하려 했다면 엄청난 감정적 손상과 피해를 입는다. 심지어 그 대상이 나와 친밀도가 높은 친구나 연인이 그랬다면 정신적 상처를 받을 수 있을 만큼 해악의 정도가 깊어진다. 의도적이든 아니든 야기된 손상과 피해, 고통의 유형과 정도는 아주 다양하지만 핵심은 소시오패스의 접촉은 종종 개인과 사회 전체에 해악을 끼친다는 것이다.

전문가들이 제안하는 소시오패스를 식별하는 방법

대체로 본모습을 파악하기 힘든 소시오패스는 우리의 친구, 연인, 직장 동료가 될 수 있다. 그러다 어떤 예기치 않은 상황이 되면 자신의 본모습을 드러내기 때문에 다소 위험할 수 있다. 그렇다면 우리는 그들을 어떻게 식별할 수 있을까? 지금까지 알려진 소시오패스는 대체로 다음과 같은 성향, 말, 행동, 감정을 보이니 잘 살펴보자.

첫 번째 그들의 지배 성향을 살펴봐야 한다. 정신질환 진단 및 통계편람 제5판(DSM-5)에 나와 있는 소시오패스의 핵심 특성은 다른 사람들의 권리를 위반하거나 무시하려는 그들의 의지나 마음이라고 밝히고 있다. 소시오패스의 추진력이나 원동력은 다른 사람들을 지배하기 위해 발휘된다. 다른 사람들을 지배하고 그들의 소유물돈, 사람, 성, 명성 등을 얻기 위해서다. 그뿐만 아니라 그들은 그저 권력의 힘을 과시하기 위해 다른 사람들을 지배하고 싶어하는 것이기도 하다. 소시오패스는 자신과 관계를 맺는 사람이 자신에게 멀어지는 것을 용납하지 못한다. 궁극적으로 그들은 세상을 공유하기보단 소유하고 싶어한다.

두 번째 그들의 언어를 살펴봐야 한다. 대체로 그들은 말이 빠르고 대부분 허위나 거짓일 가능성이 높다. 그들은 자신의 행위를 감추거나 덮기 위해 고안된 수많은 언어를 사용한다. 하지만 그들이 자신에 대해 설명하는 것과 실제는 매우 다를 수 있다. 그들의 거짓말을 분간하기 위해서는 과거의 화려한 이야기들이 진짜인지, 원대한 계획을 세운 뒤에 그것이 잘 실행하는지를 살펴봐야 한다.

또한 그들은 관계를 시작할 때 상대방에게 "당신이 최고야, 너 없이는 못 살아, 당신이 가장 예뻐, 똑똑해, 정직해, 도덕적이야, 정신력이 강해" 등과 같은 극단적으로 매우 긍정적인 말을 전한다. 하지만 관계가 이어질수록 경미하거나 있지도 않은 일에 상대를 비난한다. 자신에게 거짓말을 했다거나 절대로 믿지 않겠다거나 극단적으로 부정적인 말을 종종 한다.

그들은 종종 때와 경우에 따라 자신이 원하는 것을 얻기 위하여 극단적으로 매력을 발산하고, 극단적으로 위협을 하는 등 그 경계를 넘나든다. 강력한 의견을 제시했다가도 편의에 따라 자신의 의견을 버리고 반대 의견을 취하기도 한다. 그들은 그 순간과 상황에 따라 자신에게 도움이 된다고 생각하면 어떤 말이라도 할 수 있다.

우리는 누군가를 만나면 그 사람에 대한 느낌이나 감정을 갖게 되는데 누군가에게 호감을 느끼면 다소 불길한 느낌을 받더라도 그 사람의 말을 믿으며 결혼도 하고, 고용도 하고, 거래도 하고, 선출하기도 한다. 그것은 우리가 그 사람에 대해 느끼는 것에 집중하기보단 그의 말을 믿고자 하는 마음 때문이다. 혹시나 자신이 잘못 보았다가 낭패를 당할 수 있다는 두려움으로 그들을 믿는 것이다. 또는 극단적인 동정이나 연민으로 인해 그런 것일 수도 있다. 간혹 그들이 하는 매우 달콤한 말에 빠져 그들과 사랑에 빠질 수 있지만 그들은 오히려 그 점을 이용한다. 전문가들은 그들이 하는 말보단 자신의 느낌에 더 충실하라고 조언한다.

세 번째 그들의 행동을 살펴봐야 한다. 소시오패스를 식별하는 아주 간단한 방법은 그들의 말을 무시하고 그들의 행동을 집중해서 살펴보는 것이다. 소시오패스는 상황에 따라 매우 극단적인 행동을 할 수 있는데 이는 그들 사이에선 보편적인 태도라고 할 수 있다. 하지만 그들은 자신의 행동에 대해 이런저런 핑계를 대며 재빨리 덮고, 대신 누군가를 비난하기 위해 표적을 찾는다. 주변에 이런 사람들이 있다면 특별히 관심을 기울어야 한다. 대부분의 소시오패스는 거짓말을 밥 먹듯이 하고, 절대로 용납할 수 없는 행동을 하고도 최소한의 후회나 회한을 느끼지 않는다. 수치심이 결여되어 있는 것이다.

그리고 그들의 미소, 헛웃음, 폭소를 살펴봐야 한다. 그들이 다른 사람의 고통과 아픔을 어떻게 즐기는지는 그들의 표정을 보면 알 수 있다.

네 번째 그들의 아동기 때 행동 기록을 살펴봐야 한다. 정신질환 진단 및 통계편람 제5판(DSM-5)을 살펴보면 15살까지의 장애 신호가 큰 의미를 차지한다. 예를 들어 누군가가 작은 동물을 고문하거나 죽이거나 불을 지르는 행동과 거짓말을 일삼으며 절도 행위를 한 적이 있다면 경계를 늦춰선 안 된다.

다섯 번째 그들이 끊임없이 거짓말을 하는지 살펴봐야 한다. 진정한 소시오패스는 진실을 말하는 것에 불편해한다. 그래서 의미 없는 거짓말을 하면서 누군가를 속이려 든다. 거짓말이 탄로가 나면 바로 입장을 바꾸는데 그러기 위해서 다시 또 거짓말을 하는 것이다. 그들은 자신의 과거에 대해서도 거짓말로 꾸미길 좋아하는데 그들의 이야기가 일관성이 있는지 살펴야 한다. 사실 그들은 자신의 거짓말이 사실이라고 생각하는 등 망상에 빠지기도 한다.

여섯 번째 놀라울 정도로 침착하다면 의심해봐야 한다. 소시오패스는 공감능력이 결여되어 있기 때문에 위험한 상황에도 자신의 페이스를 잘 유지한다. 그래서 누군가가 극단적으로 침착하거나 차분하다면 의심해봐야 한다. 누구라도 불안하고 당혹스러움을 느낄 수 있는 상황에도 동요하거나 불안해하지 않는다면 바로 공감능력의 장애 신호라고 할 수 있다. 반대로 그다지 대단한 일로 받아들이기 힘든 상황에서 유난히 부적절한 감정을 가지고 대응한다면 소시오패스의 방어기제가 발동됐거나 조작되거나 허위의 감정일 수 있다.

일곱 번째 누군가를 교묘하게 조종하는지 살펴봐야 한다. 소시오패스는 주변 사람들의 취약점을 잘 파악하고 그것을 이용해 착취하려는 성향이 있다. 그들은 자신이 마음만 먹는다면 누구라도 조종하고 조작할 수 있다.

그들은 자신보다 힘이 약한 사람을 표적으로 삼지만 자신보다 힘이 센 사람들을 멀리하는 경향이 있다. 다소 연약하고 삶의 고통을 많이 겪은 사람들을 대상으로 삼는데 이들이 충족되지 않는 욕구를 가져서 더 쉽게 조종할 수 있기 때문이다. 만약 주변 사람들 중 다른 사람을 이용해 자신이 원하는 것을 얻는다면 주의를 하는 것이 좋다.

여덟 번째 선동적 폭력을 사용하는지 살펴봐야 한다. 일부 소시오패스는 어릴 적부터 동물이나 사람을 고문하는데 이런 폭력성은 방어적인 것이 아니라 선동적인 것이라고 한다. 이를 감추기 위해 그들은 난데없이 드라마 같은 상황을 지어내고 다른 사람의 말을 왜곡하며, 경미한 공격에도 지나칠 정도로 강하게 반응하거나 대응한다. 그리고 그것으로 인해 다른 사람의 동정을 사려고 한다. 이는 자신의 행동이 발각되지 않도록 하려는 연막 작전이다.

아홉 번째 극단적인 자아를 가졌는지 살펴봐야 한다. 소시오패스는 자신이 세상에서 가장 위대한 사람이라고 생각한다. 자신은 위대하다는 망상을 가지고 있는 것이다. 극단적으로 자신을 과대평가하거나 과장된 자아를 가지고 있다면 그들은 자신이 특권을 누려야 한다고 생각할 것이다. 그들은 자신의 능력에 대해 비현실적인 견해를 가지고, 종종 자기도취적이어서 남들의 이야기를 듣기보단 자신의 느낌에 더 충실하려 한다.

열 번째 누군가를 소외시키거나 격리시키는지 살펴봐야 한다. 소시오패스는 심리적 지배를 위해 상대방에게 가스라이팅을 한다. 상대의 자주성을 무너뜨려 교묘한 언행을 하면서 상대방이 자신에게만 의존하게 만드는 것이다. 가스라이팅은 상대방의 감정이나 생각을 부정하게 만드는 감정폭력이자 학대다.

소시오패스는 자신의 문제를 상대방의 문제로 느끼도록 만드는 경향이 있다. 만약 누군가가 당신은 거짓말을 한 적이 없는데 거짓말쟁이라고 치부한다면 그가 소시오패스일 수도 있다. 심지어는 당신이 정신적으로 아무 문제가 없는데 누군가가 당신을 정신병자라고 우기면서 위협하면 그가 소시오패스일 수 있다.

전문가들은 소시오패스가 주변 사람들과 마인드 게임Mind Game을 할 수 있는데 이를 주의하라고 제안한다. 보통의 사람들은 자신이 잘못하면 이를 인정하고 사과하지만 이들은 결코 자신의 잘못을 인정하지 않으며 사과하지 않는다. 자신의 잘못은 하나도 없고, 모두 상대방이 잘못했다고 여기기 때문에 이를 확신시키기 위해 상황을 조종하고 조작한다. 그래서 상대방을 혼란스럽게 만들기 위해 가스라이팅을 하는 것이다. 그리고 그 상황을 즐긴다.

자신이 누군가와의 언쟁에서 이길 수 없다고 생각하면 상대방을 혼란스럽게 만들어 정신 상태를 의심케 만든다. 그래야 우위에 설 수 있기 때문이다. 이는 소시오패스가 종종 이용하는 가스라이팅 신호.

열한 번째 자신의 매력을 악의적으로 활용하는지 살펴봐야 한다. 누구나 자신만의 매력이 있다. 그것은 그 사람을 대변하는 하나의 아이덴티

티가 될 수 있다. 하지만 소시오패스는 자신의 매력을 악의적으로 사용한다. 자신이 원하는 것을 얻기 위해 상대방에게 매력적이고 관대하게 대하지만 상대방에게 온갖 것을 빼앗으면 바로 경멸하거나 버린다. 처음에는 매력적이고 관대했는데 이후 행동이 달라졌다면 소시오패스 기질이 있는지 의심해봐야 한다.

열두 번째 도덕적 의식, 즉 양심이 있는지 살펴봐야 한다. 소시오패스는 옳고 그름에 대한 판별력이 결여되어 있지만 인식할 수는 있다. 하지만 자신의 이익을 위해선 거리낌 없이 버리기도 한다. 흔히 직장 동료가 공공재를 함부로 낭비한다든가 함께 청소를 하는데 몰래 도망친다면 그들은 양심이 부족하거나 결여되어 있다고 할 수 있다.

소시오패스는 자신이 손해를 보는 것을 끔찍이 싫어하면서 자신의 작은 이익을 위해 다른 사람들에게 민폐를 끼치는 것에 아무런 동요를 느끼지 않는다. 만약 우리들 주변에 이런 특징을 보이는 그들이 있다면 매우 주의해야 한다.

사회에 스며들기 위해
최대한 많은 가면을 쓰는 소시오패스

위에 열거된 상황으로 소시오패스를 식별하고 그들과 거리를 둘 수 있다면 좋겠지만 전문가들에 따르면 그들은 우리들 속에 섞여들기 위해 다양한 사회의 가면을 쓸 것이라고 조언한다.

공감능력의 결여라는 측면만 봐서라도 그들은 그것마저 모방할 수 있기 때문에 우리는 그들의 존재를 쉽게 알아차리지 못한다. 냉혹한 소시오패스는 조직 내에 잘 스며들기 위해 조직 사회에 맞는 적절한 말과 행동을 할 것이다.

정크 본드 투자로 'M&A 시장의 숨은 지배자'로 군림한 마이클 밀켄Michael Milkin이나 버나드 메이도프와 같은 유명한 사기꾼들은 대표적으로 성공한 소시오패스라고 할 수 있는데 그들은 수많은 사람들을 대상으로 사기를 쳐서 엄청난 돈을 빼돌렸다.

이들처럼 반사회적인격장애를 가진 사람들은 매우 지능적이지만 때론 자신의 지능을 과대평가한다. 그래서 다른 사람들을 통제할 권력을 얻기 위해 불법행위를 저지르며 올라서는 안 되는 권좌에 오르기도 한다. 수백만 명의 목숨을 앗아간 왜곡되고 잔인한 리더십을 가졌던 히틀러와 스탈린이 대표적인 인물이라고 할 수 있다.

전부 아니면 전무의 개념이 아닌 소시오패스

보편적으로 교도소 수용자의 20% 정도가 소시오패스에 해당된다고 하는데 이는 범죄행위를 저질렀지만 붙잡히지 않은 소시오패스도 그만큼 해당될 수 있다는 의미다.

소시오패스의 일부는 비윤리적이고 부도덕한 삶을 살지만 다른 일부는 불법적인 행위를 저지르지 않고 평범한 삶을 살기도 한다. 이는 모든 소시오패스가 독재자나 연쇄살인범이 되지 않을뿐더러 모든 독재자나 연쇄살인범이 소시오패스가 되지 않는다는 의미다. 당연히 소시오패스의 대표적 기질이라고 하는 양심의 결여가 모든 사람을 죽이거나 불구로 만들지도 않는다. 소시오패시, 반사회적인격장애는 전부 아니면 전무 all or nothing의 개념이 아니다.

누군가는 반사회적인격장애 기질의 몇 개만 가지고 있고, 다른 누군가는 전체 기질을 가질 수 있다. 기질을 많이 가질수록 반사회적인격장애로 진단을 받을 확률이 높아진다.

더구나 보통 사람들도 상황이 만들어지면 거짓말을 할 수 있고, 극단적으로 이기적이 될 수 있다. 그렇다고 소시오패스라고 하지 않는다.

그렇다면 소시오패스는 어떻게 우리 주변에 조용히 스며들 수 있었을까? 『옆집의 소시오패스』를 집필한 마사 스타우트는 부분적으로 사회의 잘못이나 책임이라고 주장한다.

우선 우리들은 다른 사람들이 비윤리적인 행동을 하고, 자신의 행동에 온갖 핑계를 대는 사실을 무시하고 넘어간다. 큰 피해가 아니라면 내 일이 아니니 상관하지 않는다는 태도를 유지하는 것이다.

또한 마사 스타우트는 소시오패스가 사람들에게 동정이나 연민에 호소하거나 자신의 진정성을 어필할 수 있는 전문가라고 지적한다. 소시오패스는 자신이 처한 상황에 대해 남의 탓을 할 뿐 자신의 문제라고 생각하지 않는다. 물론 비난을 외재화하는 모든 사람이 소시오패스는 아니지만 소시오패스는 비난의 외재화를 통해 자신의 피해의식과 무고함에 대한 가식, 위장을 유지한다.

참고 자료

- https://www.anniewright.com/spot-sociopath-protect-heal
- https://www.wikihow.com/Spot-a-Sociopath
- https://www.bustle.com/p/13-common-mind-games-sociopaths-play-in-everyday-life-to-watch-out-for-2975623
- https://medium.com/the-true-crime-times/inside-the-mind-of-a-sociopath-8a61166c941e
- https://www.regain.us/advice/general/can-a-sociopath-change-and-what-would-it-take

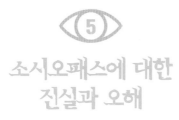

소시오패스에 대한 진실과 오해

사이코패스와 소시오패스 중 누가 더 나쁠까?

사이코패스나 소시오패스 모두 인격장애로 고통을 받는 사람들이지만 정신의학 전문가들은 소시오패스보다 사이코패스의 행동이 더 악질이며 위험하다는 의견에 동의하는 편이다.

그렇다면 소시오패스는 위험하지 않는 걸까? 모든 소시오패스가 다른 사람들에게 위험하고 폭력적인 행위를 보이는 것은 아니지만 일부는 그런 행동을 보이기도 한다. 소시오패스 또한 반사회적인격장애의 범주에 속하고, 다른 사람들을 교묘하게 조종하고 약취하는 방법을 알고 있기 때문에 범죄 활동에 가담할 수 있다. 그들은 옳고 그름에 대해서 인식하고 있지만 도덕적 양심이 결여되어 있어서 위험한 범죄행위를 할 수 있다.

소시오패스는
선천적인가, 후천적인가?

선천적일 수도 있고 후천적일 수도 있다. 연구자들에 따르면 반사회적 행위를 하는 원인은 유전적 기질이나 요인이 크지만 그것으로 소시오패스나 사이코패스가 되는 것은 아니라고 한다.

사이코패스 편에서 언급했지만 부모의 양육과 훈육도 큰 몫을 차지한다. 그리고 반사회적인격장애를 치료하는 핵심은 바로 '사랑'이다. 다소 반사회적 기질을 가지고 태어났다고 하더라도 부모나 가족들이 사랑을 표출하면서 친사회적으로 훈육한다면 정상인이 될 수 있다. 유전적 요인과 더불어 아동기 학대와 방임, 정신적 상처와 같은 환경적 요소가 소시오패시의 발달에 영향을 미친다.

그렇다면 소시오패스가 만들어지는 정확한 원인은 무엇일까? 아직 정확하게 밝혀지지 않았지만 많은 전문가들은 생물학적인 것과 환경적인 요인 모두가 기여한다고 추정한다.

소시오패스는 정말로
인간적 감정이 없을까?

소시오패스는 인간적 감정을 느끼지 못한다는 것이 보편적인 이론이지만 소시오패스는 다른 사람들과 어울리기 위해 감정이나 느낌을 내보일 수 있다. 예를 들어 소시오패스도 주변 지인의 장례식장에 가서 울 수 있다. 하지만 그것은 다른 사람들이 다 울기 때문일 것이다.

소시오패스는 성미가 급한 것으로 알려져 있는데 이것은 욱하는 성미를 가졌기 때문이며 이는 얼마간 감정을 느낄 수 있다는 의미가 된다. 하지만 긍정적 감정보단 부정적 감정에 더 익숙하다. 전형적으로 분노와 좌절, 격분 등을 더 잘 느낀다.

그렇다면 소시오패스도 정상적이고 평범하게 살 수 있을까? 앞에서 설명했지만 가능하다. 평범한 가정에서 자라 평범하게 학교를 다니고 평범하게 직장을 다니며 평범하게 가족을 만들 수 있다. 자신의 진짜 모습을 보일 촉매제가 없다면 그런 식으로 평범함을 유지할 수 있다. 그러나 의외로 소시오패스보다 사이코패스가 자신의 행동을 더 잘 통제하는 것처럼 보이고, 평범한 삶을 살 가능성이 더 높다고 한다.

소시오패스가 성공할 수 있는 이유는?

소시오패스는 다른 사람들을 교묘하게 조종하고 상황을 조작하는 데 능숙하기 때문에 사회적으로 성공 가능성이 높다. 실제로 성공한 유명인 중에는 소시오패스 기질을 가진 사람들이 많다. 특히 고기능 소시오패스가 성공할 확률이 높은데 지능지수가 높아서 더욱 교묘하게 남을 조종할 수 있기 때문이다.

그렇다면 우리는 그들에게 언제나 당하기만 해야 할까? 그들보다

한 발 앞서가거나 선수를 칠 수는 없을까? 가능할 수도 불가능할 수도 있다. 소시오패스나 사이코패스는 사람과 상황을 조종하고 조작하는 데 통달한 사람들이라는 것을 명심해야 한다.

우리가 할 수 있는 최선의 방법은 그들을 이기려고 하기보단 자신을 보호하는 것이 우선이다. 누군가가 반사회적 기질을 보인다면 어디까지 받아들일 수 있는지 경계를 설정하고 그것을 지켜야 한다. 특히 그들과 개인적으로 혹은 직업적으로 관계를 유지해야 한다면 그들을 앞서거나 선수를 치려고 하지 말고 전문가의 도움을 받아 현명하게 행동해야 한다. 언제 불현듯 그들에게 공격을 당할지 모르기 때문이다.

매우 아이러니하겠지만 실제 우리는 사회의 지도자나 조직의 경영자들의 소시오패시적인 행동을 찬양하는 경향이 있다고 한다. 서구 심리학자들에 의하면 반사회적인격장애의 이상적 수준이라고 할 수 있는 스위트 스폿sweet spot●이 있을 수 있다는 것이다.

조직 문화에서 적정 수준의 반사회적인격장애 기질이 조직 구성원들에게 규율을 지키거나 동조하도록 할 수 있으며 직원을 해고하거나 경비를 절감할 때 냉정하게 판단하기 때문에 도움이 될 수 있다는 것이다.

그렇다면 구체적으로 소시오패스의 어떤 기질이 성공으로 이끌 수 있을까? 이 부분은 윤리적으로 논쟁이 될 수 있지만 그들의 교묘한 조정 혹은 조작 능력은 예술이나 기업 혹은 정부의 관료제에서 정상에 이르

●　골프나 야구 등에서 공을 칠 때 힘을 많이 들이지 않고 원하는 방향으로 멀리 빨리 날아가게 하는 최적의 지점을 말한다.

는 사람들에게서 곧잘 발견된다고 한다.

어떤 조직이든 자신의 권력을 행사하기 위해서 소시오패시적 행동을 이용한다. 그래서 의도하든 의도하지 않든 사람들을 조정하거나 상황을 조작하는 기술을 사용한다.

또 사람이 곧 상품인 자본주의 시장에서 자기 확신과 자기 증진은 남보다 먼저 정상에 다다르고 싶은 사람들에게 일종의 주문이다. 조직 내외적으로 폭넓은 이해 당사자들을 다루기 위해선 사람들의 마음을 사로잡는 것이 요구된다. 특히 냉정함과 차분함은 조직 지도자로 하여금 감정을 옥죄지 않고도 필요한 업무를 잘 수행할 수 있게 해준다는 것이다.

그들의 매력은 사람을 끌어당기는 장점으로 활용될 수 있다. 자신이 원하는 것을 얻기 위해 매력을 어필하는 것은 개인적이나 사회적으로 나쁘다고 할 수 없다. 다만 악의적으로 활용해선 안 되지만 말이다.

소시오패스는 이런 기질을 활용하는 방법을 보유하고 있는데 그것에 대해 알아보자. 첫 번째는 가식이다. 소시오패스는 가식적인 행동을 많이 하는데 바로 이점이 그들의 무기가 될 수 있다. 사회적인 가면을 많이 쓸수록 성공할 확률도 높아지는 것은 어느 정도 맞는 이야기다.

두 번째는 비난이다. 소시오패스는 상대방으로 하여금 가책이나 죄책을 느끼게 하는 방법을 알고 있다. 세 번째는 협박이다. 소시오패스는 자신이 원하는 것을 얻기 위해 상대방을 위협하거나 협박할 수 있다. 네 번째는 침묵이다. 소시오패스는 보편적으로 조용하지만 그것 또한 상대방을 조종하는 도구로 사용한다. 그래서 길고 불편한 침묵을 유지한다. 다섯 번째는 수치심이다. 그들은 정직한 사람들을 부정적으로 생각하면서 수치심을 준다. 하지만 누군가 그들의 잘못된 행동에 대해 이야기하면 아무도 그 말을 믿지 않을 것이라고 부정한다. 내로남불의 정석인 것이다.

소시오패스에 대해
어떻게 대처할 수 있을까?

소시오패시도 사이코패시처럼 정확한 원인을 확인할 수 없기 때문에 치료 가능성을 예측하기란 매우 어려운 일이다. 소시오패시의 원인은 선천적인 면과 후천적인 면이 결합되어 있는 것으로 알려져 있는데 일부는 험난한 아동기의 상처라고 보고 있고, 일부는 안정적인 가정의 골칫거리라고 치부하기도 한다.

그래서 소시오패스에 대해 어떻게 대처해야 하는지를 정확하게 알 수는 없다. 전문가들은 이 같은 물음에 만장일치로 무조건 피하라고 충고한다.

여러분 주변의 누군가가 소시오패스라는 것을 알아차렸다면 멀리하는 것이 최선이다. 만약 그가 가까운 친구이거나 직장 동료라면 완벽하게 피할 수는 없겠지만 가급적 거리를 두는 것이 좋다. 연인 관계라면 정리하는 것이 급선무다.

하지만 소시오패스는 사람들이 자신을 멀리한다는 것을 감지하고 사람들을 자신에게 더 가까이 두기 위해 상황을 조작하겠지만 가급적 그들과 시간을 적게 보내야 한다. 그렇다고 그들을 적대적으로 대해서는 안 된다. 특히 여러분이 그들에 대해 잘 알고 있다고 눈치를 채게 하거나 알지 못하게 해야 한다. 그 사실을 알게 되면 소시오패스는 여러분을 적대시하면서 짓밟으려고 할 것이다. 그렇게 되면 여러분이 위험한 상황에 빠질 수 있다. 무례하지 않는 범위 내에서 최대한 그들에게서 떨어져 있어야 한다.

전문가들은 소시오패스를 무조건 피한다는 전제하에서 여러분이 할 수 있는 대처방법에 대해 이렇게 조언한다. 첫 번째 그들이 원하는 것을 주지 말라고 경고한다. 소시오패스는 지루한 것을 싫어하기 때문에 자극받기를 원한다. 그들은 쉽게 지루해하고 그것을 느끼면서 다시 지루해한다. 그들에게 감정적이나 정서적 오락이나 여흥을 주게 되면 그들은 여러분을 이용하려고 달려들 것이다.

그들에게 말을 할 때는 냉정함과 차분함을 유지하고, 그들과 논쟁하지 말고, 여러분을 끌어들이려는 그들의 노력을 무시해야 한다. 침묵이 최선의 반응이자 대응이다. 소시오패스가 여러분에게 무언가를 빌려달라고 하면 아무것도 갖고 있지 않는 척을 해야 한다. 혹은 한 번은 빌려줄 수 있지만 그것이 반복적으로 이어지면 감정적 또는 대립적으로 대하지 않고 다른 핑계를 대면서 다시는 그런 요구를 하지 않도록 잘라야 한다.

두 번째 그들의 매력에 빠지지 말고 영향을 받지 말라고 경고한다. 그들은 여러분을 유혹하기 위해 선물이나 칭찬, 자신을 돋보이게 하는 이야기들을 하면서 여러분을 매료시킬 것이다. 그들이 소시오패스라고 확신하게 되면 더 이상 그들이 여러분에게 어필하지 않도록 기회를 주지 말아야 한다.

또 주변 사람들에게 그들이 소시오패스라고 말하고 다니면 여러분이 불리한 상황을 맞이할 수도 있다. 필요한 경우 그들과 어울리는 것에 대해 살짝 언질을 주면서 경고하면 많은 사람들이 피해를 당하지 않을 수 있다. 이는 매우 신중하게 행동해야 한다.

그렇다고 소시오패스에 대한 지나친 두려움은 금물이다. 그들에 대한 두려움을 버리고 이성적으로 판단하고 침착하게 대응해야 한다. 소시오패스는 사고 능력이 부족하거나 어려워하는 사람들을 표적으로 삼기 쉽다. 이런 사람들은 자아가 올바로 서 있지 못하고 휘둘리기 쉽기 때문에 다른 사람들의 조언이나 자기계발서를 읽으면서 자신의 행동에 대한 지침을 삼기 때문에 티가 날 수 있다.

소시오패스를 두려워하지 말고 자신에 대한 주체성을 바로 세워 그들이 여러분을 이용하지 않도록 냉정하게 대해야 한다. 소시오패스는 연쇄살인범이나 괴물이 아니다. 그들은 반사회적 기질로 고통을 받는 사람들일 수 있고 조심스럽게 대해야 하는 존재들일 뿐이다.

여러분이 그들의 피해자가 되기를 선택하지 않은 것처럼 그들도 자신이 소시오패스가 되기를 선택한 것은 아니다. 다만 우리들은 그들의 표적이 되지 않도록 정신적으로 성장할 수 있도록 공부하면서 대비해야 한다.

소시오패스도 사랑할 수 있을까?

소시오패스는 기이할 정도로 로맨틱한 분위기를 풍긴다. 아마도 그들이 매력적이거나 어떤 상황에서도 그 분위기에 어울릴 수 있도록 변신할 수 있기 때문은 아닐까 싶다.

그렇다면 소시오패스도 누군가를 진심으로 사랑할 수 있을까? 그들이 가진 기질로 인해 그것은 다소 어렵다는 결론에 이를 것 같다. 그들은 거짓말, 조종과 약취, 언어적이나 물리적 폭력, 충동적인 기질을 가지고 있는데 이로 인해 상대방에게 정신적으로 또는 물리적으로 상처를 줄 수 있다. 이런 기질은 로맨틱한 관계에 좋은 징조가 아니다. 또한 사회적 규범을 따르는 것을 좋아하지 않기 때문에 부정적인 상황을 만들 수도 있다. 이와 같은 심리적 구성을 가진 그들이 평범하고 정상적인 애정 관계를 가질 수 있을지는 굉장히 모호하다.

소시오패스는 다른 사람보다 자신에게 더 많은 가치를 부여한다. 다른 사람과 관계를 맺기 위해서는 타협과 친근감이 필요한데 소시오패스는 이런 부분에 대해 그다지 신경을 쓰지 않는다. 특히 다른 사람들의 감정이나 느낌에 대해 관심이 없다.

진정한 사랑은 자기중심적이지 않는데 자기중심적인 소시오패스는 이 부분을 충족시킬 수 없다. 다만 그들은 사랑이라는 감정과 느낌을 모방할 수 있다. 그래서 상대방을 속이는 데 능숙하다.

그들은 자신이 관계에서 얻고자 하는 것이 무엇이냐에 따라 다양한 형태를 취한다. 소시오패스는 기본적으로 조작의 대가들이기 때문에 자신의 정체를 들키지 않기 위해 어떻게 행동해야 하는지 잘 알고 있다.

소시오패스는 연인에 대해선 모든 것을 알기를 원하지만 자신에 대해선 거의 공유를 하지 않는다. 자기도취증 소시오패스와 달리 일반 소시오패스는 주변의 관심을 자기에게로 돌리지 않는 편이다. 그들은 자신의 어린 시절에 대해 허위로 장밋빛 이야기들을 지어내는데 이는 일부 소시오패스에 한정되긴 하지만 그 원인은 어릴 적 학대로 인해 극단적인 역기능의 결과라고 한다.

전문가들은 사이코패스처럼 소시오패스도 애정 단계에서 몇 가지 예기치 않은 습관들을 파악할 수 있다고 말한다. 우선 소시오패스는 처음 관계를 형성할 때 소통을 아주 많이 한다. 그들은 공감능력이 결여되어 있지만 뛰어난 관찰자로서 상대방의 취약점을 파악하는 데 뛰어난 직관적 감각을 가졌다. 그래서 그것을 기반으로 상대방에게 취할 행동을 선택한다.

소시오패스는 관계를 맺을 때 이상화idealize, 평가절하devalue, 무시 discard라는 전형적인 3단계를 따른다고 한다. 관계 초기에는 상대방에게 자신이 원하는 최고의 파트너라고 칭찬한다. 즉, 상대방을 이상화하는 것이다. 또 자신이 진정으로 원하는 상대라는 것을 보여주기 위해 최대한 상대방에게 맞춘다.

수시로 전화하거나 문자를 보내며 지속적으로 소통하려고 노력한다. 선물과 감동어린 말들, 최고의 데이트 코스를 통해 상대방을 황홀감에 빠지게 한다. 그래서 많은 사람들이 소시오패스의 달콤한 말과 행동에 흠뻑 빠지는 것이다. 물론 이런 노력은 보통 사람들이 관계를 맺을 때 보이는 것과도 일맥상통한다.

소시오패스는 안정적인 관계가 이뤄지면 바로 상대방을 평가절하한다. 상대방의 약점이나 단점을 찾으면서 그것을 통해 자신이 원하는 것을 이루고자 한다. 이 단계에서 가스라이팅이 행해지기도 한다. 자신이 원하는 것을 얻으면 바로 3단계로 넘어가 상대방을 무시한다. 그리고 그들의 관심은 다른 대상으로 이동한다.

소시오패스는 연인과 즉흥적이고 황홀한 데이트를 하기를 원하는데 자극과 흥분에 대한 지나친 욕구가 강하기 때문이다. 그들은 누군가에게 흥분과 황홀감을 느끼지 못하면 바로 다른 대상으로 옮겨가는데 이들의 이런 기질은 낮은 자기 훈육과 지루함 때문일 수 있다.

여기서 흥미로운 사실은 소시오패스가 전 연인과 헤어지더라도 친구로 지내길 원한다는 점이다. 물론 이런 경향은 모든 소시오패스에게 나타나는 것은 아니며 전 연인이 이용 가치가 있을 때를 전제로 한다. 그들이 전 연인과 관계를 지속하고자 하는 이유는 사랑, 지위, 정보, 돈, 성적 행위 등 자신에게 이익이 될 때다. 혹은 전 연인이 다른 누군가를 사랑하고 사랑받는 것을 싫어하기 때문일 수도 있다. 자신에게 이익이 되지 않으면 보통 전 연인을 험담하고 그의 평판이나 명예를 파괴하려 든다.

결과적으로 소시오패스도 누군가와 관계를 맺으면 상대방에게 사랑스럽게 행동한다. 그리고 그것이 자신의 최종 목표에 부합한다면 잘 유지될 수 있다. 하지만 그 사랑으로 인해 목표가 충족되면 바로 태도를 바꾼다.

한편 소시오패스는 사람들에게 인기를 받는 사람들을 자기 편에 두려고 한다. 그들을 잠재적인 표적, 경쟁자 또는 약탈자로 보기 때문에 자기 편에 두고 자신에게 유리한 쪽으로 이용한다.

특히 고기능 소시오패스는 대중들의 인기를 받는 유명인과 관계를 가지는 것만으로 자신이 특별한 위치를 점하거나 신용을 얻을 수 있다고 생각한다. 보편적으로 그들은 자신이 원하는 것을 얻는 경우에만 관계를 지속한다. 그들은 어떤 경우라도 누군가와 친밀하거나 장기적인 관계를 맺지 못한다. 특히 사람들과의 관계를 통해 성장하려 하지 않는다.

남성보다 더 위험할 수 있는
여성 소시오패스

흔히 소시오패스라고 하면 남성을 떠올리지만 당연히 여성 소시오패스도 있다. 그들은 어떻게 보면 남성들보다 더 위험할 수 있는데 그것은 여성의 섬세함에 있다.

여성 소시오패스는 남성보다 누군가의 사회관계와 평판을 고의적으로 방해하거나 파괴하는 등 부정직한 방법으로 괴롭힐 확률이 더 높다고 한다. 중요한 것은 이 모든 것이 화려하고 달콤한 겉모습에 감춰진다는 사실이다.

그렇다면 여성 소시오패스는 우리에게 어떤 특징적 신호를 보낼까? 먼저 여성 소시오패스는 상대방의 정보를 얻기 위해 자신을 드러내고 사랑의 폭탄 세례를 퍼붓는다. 그들은 겉으론 매우 매력적이지만 진실성이 결여된 과장된 말과 몸짓을 보인다. 여성의 소시오패스 기질은 '관계적 공격성'을 통해 이뤄지기 때문에 종종 은밀하게 상대를 방해하거나 파괴한다. 급기야는 그 사회관계망에서 '여왕벌'의 지위를 차지한다. 이런 측면에서 보자면 자기도취증 소시오패스에선 남성보다 여성의 비율이 더 높을 수 있다.

남성과 마찬가지로 여성 소시오패스도 자신이 원하는 것을 얻기 위해 다른 사람에게 해악을 끼치는데 그것에 대해 아무런 죄책이나 후회를 하지 않는다. 그리고 자신이 여성이면서 속으론 여성을 혐오내재화된 여성혐오한다. 여성 소시오패스는 삶의 모토 자체가 모두 자신에 관한 것이어야 하고, 그렇지 않은 상황이라면 그렇게 되도록 만들어야 한다.

그래서일까? 그들은 가학적이고 누군가에게 고통을 주는 것을 즐긴다. 또 여성 소시오패스는 자신의 성적 취향에 따라 여성이나 남성의 관심을 이용한다. 그리고 그 관계 속에서 자신이 중심이 되어야 하는데 그래야만 다른 사람들을 통제할 수 있는 능력과 힘을 가질 수 있기 때문이다.

여성 소시오패스는 자신의 숨은 의도를 추구하는 동시에 누군가를 조정하면서 아주 쉽게 상대의 눈을 가려 상대의 마음속으로 들어간다. 물론 거짓말은 그녀들의 주요 특성이다. 그렇게 해서 자신이 원하는 것을 얻으면 더 이상 상대에게 관심과 애정을 주지 않는다. 그녀들에게 상대는 단순히 자신의 목표를 위한 도구에 지나지 않은 것이다.

여성 소시오패스의 대표적인 인물은 다이앤 다운스Diane Downs라고 할 수 있다. 1983년 그녀는 3명의 어린 자녀들과 함께 병원의 응급실에 도착해 자신과 자녀들이 납치를 당했다고 주장했다. 세 자녀 모두가 총을 맞았고, 그중 1명은 이미 사망한 상태였다. 다이앤 다운스는 자신도 총을 맞았다고 주장했다. 경찰은 그녀가 주장한 대로 납치범을 찾으려고 했다. 그 과정에서 그녀는 언론과 인터뷰를 시작했다. 그러나 상황이 순조롭게 돌아가지 않았다.

그녀의 행동이 방금 자신과 어린 자녀 셋이서 총격을 당하고 그중 1명이 사망한 현장을 목격한 어머니라고 여기기엔 너무나 이상했던 것이다. 그리고 경찰과 검찰은 이 사건을 수사했고 놀라운 결과를 발표했다. 그녀는 피해자가 아니라 가해자였던 것이다.

그녀는 자녀를 원치 않았던 한 남자와 내연관계가 있었고, 그를 자기 편으로 만들기 위해 자식들에게 총격을 가한 것이다. 재판에 임할 당시 그녀는 임신 중이었는데 배심원단의 동정을 사지도 못하고 결국 종신형을 선고받게 된다.

교도소에 수감 중 그녀는 탈옥을 시도해 동료 수형자의 남편 집으로 도주했으나 바로 붙잡혀서 보안 수준이 더 높은 교도소에 재수감됐다. 현재 다이앤 다운스는 수감 중이고, 여전히 그녀는 결백을 주장하고 있다.

참고 자료

- https://www.huffingtonpost.in/amrita-chowdhury/why-sociopaths-succeed_b_7965882.html
- https://www.redalyc.org/jatsRepo/279/27962050033/html/index.html
- https://www.agnesian.com/blog/how-recognize-sociopath
- https://www.wikihow.com/Spot-a-Sociopath
- https://www.health.com/condition/antisocial-personality-disorder/can-sociopath-love
- https://www.bustle.com/p/7-unexpected-habits-sociopaths-have-in-relationships-11891630
- https://blogs.psychcentral.com/recovering-narcissist/2018/07/6-dark-traits-of-female-sociopath
- https://practicalpie.com/famous-sociopaths

역사 속 소시오패스

기원전 역사비를 세운 소시오패스, 헤롯 왕

헤롯 왕은 자신에게 스스로 '대왕the Great' 칭호를 붙였다. 기원전 1세기 가나안을 통치한 왕이자 헤롯 왕조의 창시자다. 그는 유대의 왕이었지만 순수 유대인 왕조 출신이 아니라서 정통파 유대인들은 그를 왕으로 인정하지 않았다. 그는 유대를 다스리던 유대인 왕조인 하스몬의 부마 공주 마리암의 남편였다가 왕위를 빼앗았다. 하지만 왕비 마리암과 권력을 놓고 다투다가 간통을 저질렀다는 이유로 그녀를 처형했다. 그녀 사이에 낳은 두 아들도 함께 죽였다. 이는 사후 헤롯 왕위가 하스몬 계통으로 넘어갈 것을 우려한 것으로 알려졌는데 이때부터 불안정한 정신 상태를 드러낸 것이기도 하다.

　헤롯 대왕은 자신이 세운 왕조가 위협받는다고 느낄 때면 언제라도 자신의 기분에 따라 수천 명의 사람들을 살해했다. 그의 고문관들이 헤롯의 권좌를 빼앗을 어린 남자아이가 베들레헴 주변에서 태어날 것이라는 유대 예언을 알려주자, 그는 베들레헴 주변의 모든 지역에서 2세 이하 남자아이들을 모두 죽이라는 명을 내렸다.

나이가 든 헤롯 대왕은 점점 피해망상적 편집증이 심해지고, 죽음과 권력을 잃게 되는 것을 두려워했다. 그는 유대인들이 자신을 격하게 증오한다는 것을 알고, 사후 유대인들의 조문을 받기 위해 수천 명의 랍비들을 예루살렘으로 초대해 감금했다. 헤롯 대왕이 죽으면 그들도 죽이도록 명령을 내렸다. 하지만 헤롯 대왕이 죽자 그의 누이동생 살로메와 아들 아르켈라오스는 랍비들을 죽이지 않고 풀어주었다.

젊은 광기가 넘쳤던 고대의 소시오패스, 가이우스

한때 로마 시민들의 압도적인 지지를 받았던 가이우스 카이사르 게르마니쿠스CAIVS CAESAR GERMANICVS는 로마제국의 제3대 황제로 "칼리굴라"라고 불린다. 로마 전역에 걸쳐 모든 사람이 그를 사랑할 정도로 열렬한 지지를 받았다. 선왕 티베리우스의 재정낭비방지 정책을 중지시켜 로마 시민과 군인들에게 식량을 나눠주고 검투사 시합을 다시 재개했다. 하지만 즉위한 지 7개월 만에 고열로 쓰러져 심한 병을 앓은 후에 판단력이 흐려져 마구잡이로 나라를 다스렸다.

검투사 시합을 과격하고 참혹한 방향으로 바꾸고, 화려한 만찬을 즐기면서 도박을 일삼았다. 자신과 누이 드루실라를 신격화하는 등 비정상적인 통치를 하면서 누이들과 근친상간을 맺었다.

그는 왜 사랑받는 황제에서 미움받는 황제로 퇴락했을까? 다수의 이론들 중 하나는 열병을 앓아 심각한 뇌손상을 입었다는 것이다. 다만 그는 열병을 앓기 전부터 편향성을 가지고 있어서 자신이 증오하는 사람들을 죽이거나 새로운 세력이 나타나면 위험한 집단으로 속여 그들의 물품을 몰수한 뒤 살해하거나 추방했다.

그는 공개 연회장에서 누이동생과 근친상간을 하는 등 삐뚤어진 성욕과 다중 외에도, 사람들이 고통스러워하는 것을 구경하면서 즐거워하고, 어떤 방식으로든 자신을 공격하는 사람들을 고문하면서 죽였다. 어느 날은 검투사와 죄수가 없자 경기장 앞줄에 앉은 관중들을 끌어내려 시합을 하게 해 수백 명이 목숨을 잃기도 했다.

그는 통치 기간인 3년 10개월 동안 사람에게 어떤 고통이 가장 괴로운지를 연구하는 것처럼 다양한 고문을 통해 자신의 가학성을 즐겼다. 그는 41년 1월 근위대장 카시우스 카이레아 등에 의해 아내와 딸과 함께 죽임을 당했다. 로마제국 시대의 역사가이자 정치가였던 수에토니우스는 그를 '속이 좁고 시기심이 많은 젊은 황제'로 평가했다.

1,700만 명을 학살한 소시오패스, 티무르

전장에서 왼쪽 다리에 부상을 입었으나 적절하게 치료를 받지 못해 절름발이가 된 티무르Timur의 평가는 상이하다. 중앙아시아에선 몽골제국의 부활을 주장한 최고의 정복군주로, 서아시아나 인도 등지에선 악의 축으로 평을 받는다.

칭기즈 칸이 세운 몽골제국을 재건하고자 현재 우즈베키스탄을 전방향에서 침입했으며, 그가 정복한 모든 곳의 주민들을 살해했다. 그의 관심은 오로지 몽골제국의 확장이라서 정복하고, 빼앗고, 지배하고, 통제하는 것뿐이었다.

옛 페르시아현재 이란의 수도 이스파한에서는 단 이틀 동안 7만 명을 살해한 뒤 그들의 두개골을 거대한 타워로 쌓아올리도록 명령했다. 그리고 북인도를 침공한 후 힌두교인 전부를 살해하고, 수도 델리로 진입하여 하루에만 10만 명의 무고한 시민을 교살하거나 창으로 찔러 죽였다. 그가 인도를 침공한 이유는 금과 보물을 얻기 위해서였다. 대량 학살을 할 이유가 없었던 것이다. 그의 대량 학살은 여기에서 멈추지 않았다. 그는 기독교를 제거하고자 기독교 지역이었던 아르메니아와 조지아에서 무려 100만 명을 살해했다. 그가 죽인 사람만 1,700만 명이라고 추정한다. 그는 1405년 2월 17일 카자흐스탄에서 흑사병으로 사망했다.

원조 드라큘라 소시오패스,
블라드 3세 체페슈

역사는 그를 루마니아 말로 '가시공작Impaler'으로 기억한다. 왈라키아공국의 공작으로 바사라브 가문의 드라큘라 혈족인 블라드 3세 체페슈Vlad III Tepeş는 평생을 싸움의 연속이라고 할 정도로 잔인한 범죄를 자행했다.

그는 외부적으로 힘이 강한 오스만제국에게 맞서고, 내부적으로 왈라키아의 경제 시스템을 장악한 색슨족을 탄압했다. 이러한 행보는 백성들의 신뢰를 사는 데에 충분했다. 한편에서 그는 적이었지만 다른 한편에서 그는 영웅이었다.

하지만 그의 잔인성은 그의 통치 기간 종종 발견하게 된다. 그가 선호했던 사형 집행 방법은 창으로 사람의 가슴이나 배를 관통해 찔러 죽이는 것이었다. 그래서 그의 별명이 가시공작이 된 것이다.

그러나 모든 희생자가 다 그렇게 운이 좋은 것은 아니었다. 블라드 3세 체페슈는 희생자를 최대한의 고통을 주면서 가능한 오래 살아 있게 하기 위해 갖은 고문을 구상했다. 그는 날카로운 말뚝을 사람의 생식기에 꽂아서 내장을 관통하게 해 일으켜 세워 짧게는 며칠에서 길게는 1주일까지 고통을 느끼다 죽게 했다.

1499년의 한 유명한 목판화에는 정원에서 수백 명의 희생자가 말뚝에 찔려서 죽어가고 있는데 그가 식사하는 장면이 묘사되어 있을 정도였다. 피해자의 피를 마셨다는 주장도 있지만 사실이 아닌 것으로 추정하고 있다. 그는 고통을 느끼는 사람들의 모습을 보면서 가학적 유희를 느껐다. 체페슈는 자신이 침공한 모든 지역에서 군인과 민간인들, 심지어 유아들까지 찔러서 죽였으며 절도범에겐 발에 벌꿀을 발라 염소에게 물거나 핥게 한 뒤 상처 부위에 소금을 뿌려 내쫓았다. 절도범은 대부분 세균 감염으로 사망했다. 그는 오스만군과 싸우다 1477년 전사했다.

「양들의 침묵」의 한니발 렉터 실존 모델이었던 로버트 존 모즐리

「양들의 침묵」에 나오는 한니발 렉터 박사의 실존 모델이 있다. 바로 로버트 존 모즐리Robert John Maudsley다. 「양들의 침묵」에서 한니발 렉터가 수용됐던 사방이 방탄유리로 되어 있는 지하 독방은 엄격하게 통제됐던, 그야말로 최고 수준의 보안이 요구되는 곳이었다. 실제로 그런 곳에 갇혔던 그는 정말로 식인 살인마였을까?

물론 그는 영화 속 한니발 렉터 박사처럼 최고의 교육을 받은 엘리트는 아니었다. 영국에서 태어난 그는 부모에게 학대를 받고 버려져 고아원에서 생활했는데 그의 아버지에게 성폭행까지 당했다고 한다. 10대 시절 마약과 성매매에 빠져 있던 그는 몇 번의 자살 시도로 정신과 치료를 받았다. 하지만 한 남성과 관계를 맺었는데 그가 모즐리에게 자신이 성적으로 학대한 아이들 사진을 보여주자 자신의 어린 시절이 떠올라 이성을 잃어버리고 그를 교살했다.

그는 체포되어 종신형을 선고받았지만 정신질환을 이유로 치료 감호소로 보내졌다. 아동성애자들이 많았던 그곳에서 그들을 최대한 많이 살해하기로 결심한 모즐리는 동료 수형자 한 명과 함께 아동성폭행범을 고문하고 두 팔과 두 다리를 부러뜨린 뒤 거세했다. 그리고 그의 두개골을 부신 뒤 숟가락을 꽂았다.

이 사건으로 그는 사람을 죽이고 뇌를 파먹는 '식인 살인마'라는 별명이 붙었다. 웨이크필드 교도소로 보내진 그는 다시 수형자 2명을 죽이는데 한 명은 아내를 죽인 살인범이고, 다른 한 명은 일반 수형자였다. 이 일로 법원은 모즐리에게 독방 39년형을 선고했다.

다수 심리학자들의 분석 결과 그는 인간 생명의 존엄성이나 사회 규율에 대해서는 관심이 없었으며, 오로지 어린 시절 겪어야 했던 외상적 상처로 인해 아동성폭행범을 죽이는 데 목표를 두고 그것을 성취하고자 살인을 한 것으로 추정한다. 아마도 그것이 자신의 임무라고 생각했던 모양이다.

죽음의 천사로 불린 소시오패스, 요제프 루돌프 멩겔레

하얀 가운을 입고 수만 명을 아우슈비츠 가스실로 보내고, 다수의 사람들을 노역장으로 보낸 요제프 멩겔레Josef Rudolf Mengele는, "하얀 천사The White Angel" 또는 "죽음의 천사The Angel of Death"라고 불린다. 이는 친절한 의사처럼 보이지만 행동은 악질이었기 때문에 붙은 별명이다.

그는 뮌헨대학교에서 의학과 인류학을 공부한 뒤 친위대에 가입하고 독소전쟁에 참여했다 부상을 입고 아우슈비츠 강제수용소 캠프 의문관으로 임명되었다. 그리고 그의 악행이 시작됐다.

그는 명백하게 가학적이고 비뚤어진 피 끓는 충동을 만족시키기 위해 유대인에게 나치 규율이나 국가의 억압을 적용시켰다. 멩겔레는 일란성 쌍둥이에 대해서 병적으로 관심을 가져서 쌍둥이 중 한 사람을 해치면 다른 한 사람도 고통스러워하는지를 알고 싶어했다. 특히 그는 친절하게 대해준 쌍둥이들에게 "친절한 요제프 아저씨"라고 불리는 것을 좋아했다고 한다.

그는 의학 연구라는 전제하에 수천 명을 고문하고 살해했다고 전해진다. 이른바 인체 실험이었다. 그러나 그는 결코 의학 연구를 위한 실험을 한 것이 아니라 단지 사람들에 대한 통제권을 얻기 위해 실험을 한 것이었다. 그는 아우슈비츠에서 신처럼 군림했다. 그는 수천 명의 갈빗대를 절단하고, 눈의 색깔을 바꾸려고 아이들에게 가성 화학물질을 투입하고, 내부장기가 없이 얼마나 살 수 있는지를 알기 위해 내장을 도려내거나 절단하고, 거세하고, 피부를 벗기고, 부러뜨리는 등 다양한 방법으로 생체 해부를 실시했다.

멩겔레는 희생자들을 마취시키지 않았는데 마취는 독일 병사에게만 필요하다는 이유에서였다. 그는 부러진 다리가 얼마나 자주 부상을 당해야 더 이상 나을 수 없을까를 알기 위해 아이들의 다리를 일부러 부러뜨리고 치료한 뒤 다시 부러뜨리기를 반복했다.

멩겔레는 어느 날은 안경을 쓴 사람만 가스실로 보내고, 어느 날은 키가 큰 사람만 잡아 죽였다. 한번은 아우슈비츠에 임산부가 들어오자 그는 그녀를 살려주었는데 그 이유가 '갓난 아이가 아무것도 먹지 않은 채로 있는다면 며칠이나 살 수 있을까'를 실험하기 위해서였다.

제2차 세계대전이 끝난 후 그는 남미로 도주한 뒤 신분을 속이고 수십 년간 편안하게 살다가 신분이 탄로난 뒤 이스라엘과 서방의 추적이 시작되자 정신병적인 행태를 보였다고 한다. 하지만 그는 자신의 죄에 대한 정당한 처벌을 받지 않고 심장마비로 사망했다.

그는 자신의 범죄에 대해 강력하게 부인했으며 자신은 아무도 죽이지 않았으며 자신의 잔혹한 행각을 한 번도 후회한 적이 없었다고 증언했다. 그는 아들에게 보내는 글에 이렇게 적었다.

'나의 유일한 아들아, 나에 관해서 쓴 내용을 네가 어느 정도 믿고 있다는 이야기는 하지 말아다오. 내 어머니에게 맹세컨대 나는 결코 누군가에게 해를 끼친 적이 없다.'

참고 자료

- https://listverse.com/2011/11/14/10-monumental-malignantly-narcissistic-sociopaths
- https://namu.wiki/w/%EC%9A%94%EC%A0%9C%ED%94%84%20%EB%A9%A9%EA%B2%94%EB%A0%88

기업 속 소시오패스

×
×
×

꿈의 축제를 악몽의 사기극으로
바꾼 빌리 맥팔랜드

천재적인 아이디어를 자랑한 젊은 사업가 빌리 맥팔랜드Billy McFarland는 페스티벌 하나로 폭삭 망한 기업가다. 「Fyre : 꿈의 축제에서 악몽의 사기극으로」는 이 페스티벌의 진상을 밝힌 다큐멘터리다. 한국에선 낯설 수도 있지만 미국과 영국의 사회관계망에선 엄청난 파장을 일으킨 사건이다.

이 사건의 주인공은 매그니시스Magnises를 운영하던 성공한 기업가 빌리 맥팔랜드다. 그는 '파이어'라는 앱을 개발하고 VIP 파티, 콘서트, 기타 행사에 참가할 수 있는 특별한 특전을 누릴 수 있는 회원을 모집했다. 연회비는 250달러였다.

그리고 앱을 홍보하기 위해 뮤직 페스티벌을 기획하며 호화로운 숙식과 자가용 비행기, 세계적인 유명 인사들과 파티를 즐길 수 있는 기회

등을 약속하면서 참가자들을 모집했다. 어떤 참가자들은 그 티켓을 얻기 위해 수천만 달러를 지불하기도 했다.

그리고 축제가 열린 날 참가자들은 실망을 넘어 좌절했다. 자가용 비행기는 저가항공사의 비행기보다 더 엉망이었고, 초화 기내식 대신 형편없는 샌드위치를 먹어야 했다. 그리고 도착한 섬은 너무 좁아서 참가자들을 수용하기 힘들었고, 호화로운 숙식은 수재민 수용 텐트로 변해 있었다. 그것도 부족하기 그지없었다. 그래서 참가자들은 다른 사람의 텐트를 훔쳐가기도 했다. 참가자들은 어디서 비행기를 타야 하는지, 어떻게 짐을 챙겨야 하는지 알지 못했다. 결국 축제는 취소됐고, 참가자들은 빌리 맥팔랜드에게 1억 달러 손해배상 집단소송을 제기했다.

이 사건은 기획자의 역량과 도덕성이 부족했기 때문에 일어난 일이다. 빌리 맥팔랜드는 자신이 페스티벌을 주최할 준비를 하지 않았음을 인정했지만 참가자들 대상으로 사기를 친 것에 대해선 조금의 후회나 죄책을 거의 보이지 않았다. 심지어 그는 자신이 거짓말을 하지 않았고, 사기를 저지르지 않았다고 주장했다. 그는 이후 6년형을 선고받았다. 그는 독선과 불통의 아이콘으로 이름을 알렸다.

자신의 머릿속에서 만든
재벌 상속녀에 흠뻑 빠진 애나 소로킨

빌리 맥팔랜드가 수천, 수만 명의 무명인에게 사기를 쳤다면 애나 소로

킨Anna Sorokin은 빌리 맥팔랜드에게 사기를 친 경우다. 빌리 맥팔랜드가 세운 회사 매그니시스 본사 위층에는 맨해튼의 사교 인사로 이름을 날린 독일 재벌의 상속녀 애나 델비Anna Delvey가 살고 있었다. 원래는 며칠만 묵기로 했으나 그녀는 다른 곳으로 이주할 때까지 몇 달이나 머물렀다.

사실 그녀는 애나 델비도 아니었고 재벌 상속녀는 더더욱 아니었다. 그녀는 러시아 태생의 독일인으로 자신의 상상 속에 만든 독일 재벌 상속녀를 현실화했다. 그리고 그녀는 2013년부터 2017년 동안 뉴욕의 호텔에서 기거하면서 명품으로 치장하고 뉴욕의 최고 파티에 다녔다. 그녀는 가는 곳마다 100달러의 팁을 뿌렸고, 개인 사교클럽을 구상했고, 허위 은행계좌와 서류들을 이용해 대출을 받았는데 모든 것이 탄로가 날 때까지는 성공적이었다.

2017년 그녀는 6건의 중절도 혐의로 기소됐는데 그녀는 잠재적 투자자와 호텔로부터 의도적으로 27만 5,000달러를 훔쳤고, 그 외에도 다수의 혐의에 유죄를 인정하고 12년형을 선고받았으나 2021년 가석방으로 출소했다.

그녀의 삶과 범죄에 관한 드라마가 제작됐으며, 그녀의 옛 친구는 그녀와의 경험을 책으로 출판했는데 그녀는 애나가 소시오패스라고 주장했다. 그녀의 옛 친구는 한 인터뷰에서 애나는 자신의 범죄행위에 대해 죄책감을 느끼지 않는다고 주장했다.

거짓으로라도 인정받고 싶어서, 엘리자베스 홈즈

2014년 극소량의 혈액으로 250여 종의 질병을 진단할 수 있는 진단 키트 '에디슨'을 개발한 엘리자베스 홈즈Elizabeth Anne Holmes는 일약 스타가 됐다. 이듬해 그녀가 세운 테라노스Theranos가 90억 달러의 가치가 있는 것으로 평가됐다. 「포브스」는 엘리자베스 홈즈를 세계에서 제일 부유한 자수성가형 여성으로 꼽았다.

세이프웨이와 월그린 같은 대형 유통기업들은 그 검사 기구를 전시, 판매하기 위해 수천만 달러를 투자했다. 전직 미국 국무부 장관이 회사 이사로 재직했고, 루퍼트 머독이나 벳시 디보스와 같은 유명인도 테라노스에 투자했다.

하지만 그녀가 개발했다는 진단 키트는 250여 종의 질병을 진단하지 못했다. 에디슨이 진단할 수 있는 것은 헤르페스를 포함해 16종에 불과했으며 그것도 유효성 검사를 충족하지 못했다. 이 사실들은 존 캐리루John Carreyrou라는 기자가 테라노스의 허점을 폭로하면서 밝혀졌다.

이후 테라노스의 가치는 0이 되었다. 2018년 엘리자베스 홈즈와 동업자들은 금융사기 혐의로 기소됐다. 그녀는 빌리 맥팔랜드처럼 연방배심에 의해 기소됐지만 그런 것에 아랑곳하지 않고 새로운 사업을 위해 투자자들과 논의하고 다녔다. 그녀의 이야기를 책으로 출판한 저자는 홈즈가 소시오패스 성향이 있다고 전한다. 그녀는 대외적으로 선하고 차분한 엘리트지만 테라노스 경영자로 돌아서면 악독하고 독단적으로 회사를 운영했다. 정보 보안에 집착했으며 직원들의 움직임을 철저히 통제했다. 특히 테라노스에서 근무하던 한 직원이 자살하자 그녀는 이를 무척 사무적으로 받아들였다고 한다.

일생이 사기로 가득한 타이거 킹 조 이그조틱

조 이그조틱Joe Exotic은 미국 오클라호마 주의 한 민간 동물원을 운영하는 자칭 동물애호가이자 컨추리 가수로서 타이거 킹Tiger King이라는 앨범을 발매했다. 그리고 넷플릭스 다큐멘터리 「타이커 킹 : 무법지대」가 알려지면서 한국에서의 인지도도 높아졌다. 본명은 조셉 슈라이브보걸 Joseph Allen Schreibvogel이지만 이름을 발음하기 어렵다며 성을 이그조틱으로 바꿨다.

그는 비공식적으로 3명의 동성애자와 동시에 결혼했고, 공식적으로도 결혼을 하는 등 사생활에서도 논란이 많다. 그는 2016년 미국 대통령 선거에 출마하고, 2018년에는 오클라호마 주지사 선거에 출마하기도 했다.

조 이그조틱은 여러 명의 남편들을 조종하고 약취하기 위해 약물을 투여하고, 그들의 부모까지 속여 법적 문제를 피했다. 그리고 자신이 운영하는 동물원의 경쟁상대인 빅 캣 레스큐의 캐롤 배스킨을 청부살해한 혐의를 비롯해 호랑이를 강제로 교미시키거나 각종 동물을 학대하는 등 다수의 범죄행위로 유죄가 확정되어 22년형을 선고받았다. 그는 일부 자신의 범죄행위에 일말의 후회와 죄책을 가진다고 말했지만 이는 대통령의 사면을 받기 위해 시도했다고 보는 쪽이 강하다는 의견이 많다.

투자금을 받고 아무것도 안 한
증권 거래인 버나드 메이도프

인정을 받는 투자자로 가족재단을 만들어 각종 자선 활동을 벌인 버나드 메이도프의 폰지 사기 전말이 밝혀지자 미국은 발칵 뒤집혔다. 그는 20년 이상에 걸쳐 역사상 가장 큰 규모의 폰지 사기를 꾸몄다. 2009년 그는 증권거래위원회에 허위 소송을 제기하고, 자금세탁은 물론이고 사기 혐의 등의 수많은 화이트칼라 범죄 혐의에 대하여 유죄를 인정받고 150년의 실형을 확정받았다.

그는 주식 브로커였던 아버지의 영향을 받아 주식 투자를 했으나 큰 수익을 올리지 못했다. 그래서 그는 돈을 벌 방법을 바꿨다. 자신에게 투자를 하면 매년 10%의 수익률을 보장해주겠다고 홍보해 투자자들을 끌어모았다. 특히 그는 유대인으로 투자자들 상당수가 유대인이었다.

버나드 메이도프는 자신의 이름을 딴 버나드메이도프투자증권을 세우고 정상적으로 영업을 시작했다. 이후 나스닥 증권거래소 위원장을 역임한 뒤 수익률 10%를 보장해준다고 홍보해 급격히 성장했다. 하지만 그는 투자금을 받기만 할 뿐 아무것도 하지 않았다. 수익률은 다만 계처럼 누군가의 투자금을 대체해 꼬박꼬박 투자금의 10%만 돌려줬다. 그렇게 수십 년을 운용하다 2008년 세계 금융 위기로 투자자들이 원금 상환을 요구하자 돈줄이 막혀버렸다. 결국 그는 경찰에 자수했다.

피해자들은 아직도 피해보상을 기다리고 있으며, 그동안 270억 달러가 피해자들에게 돌려졌다고 한다. 2020년 그는 질병을 이유로 조기 석방을 요청했으나 거절당했고, 결국 2021년 4월 15일 수감 중이던 연방교도소에서 사망했다.

참고 자료

- https://practicalpie.com/famous-sociopaths
- https://www.chosun.com/international/international_general/2022/10/09/A5F7CYG2B5EPZIW3334NVKUUUM/
- http://star.ohmynews.com/NWS_Web/OhmyStar/at_pg.aspx?CNTN_CD=A0002508557&CMPT_CD=P0010&utm_source=naver&utm_medium=newsearch&utm_campaign=naver_news
- https://namu.wiki/w/%EC%97%98%EB%A6%AC%EC%9E%90%EB%B2%A0%EC%8A%A4%20%ED%99%88%EC%A6%88
- 이윤호, 『세기와 세상을 풍미한 사기꾼들』, 박영스토리, 2019

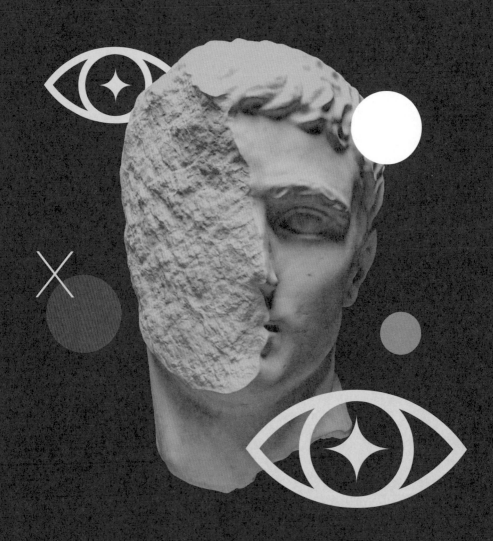

PART 3

✕

Psychopath & Sociopath

사이코패스와
소시오패스

사이코패스와
소시오패스의 차이

×
×
×

아동기에 나타나는
사이코패스와 소시오패스의 차이

흔히 사이코패스와 소시오패스를 상호교환적으로 사용하는데 둘 다 반사회적인격장애라는 점에서 언뜻 보면 맞을 수 있다. 하지만 분명한 것은 둘 사이에 차이가 존재한다는 점이다.

일부에선 사이코패스는 태어난 것이고, 소시오패스는 만들어지는 것이라고 주장을 하나 그러한 구분이나 차별화는 지나치게 광의적인 해석이라고 할 수 있다. 물론 사이코패스가 유전적 요소를 가지는 것은 맞지만 그들의 행동장애는 분명 후천적 요인에 의해 만들어진 것이다.

실제 연구에서도 사이코패스는 종종 불우한 가정환경 속에서 자랐으며 폭력에 취약한 지역사회나 거주지에서 생활한 것으로 밝혀졌다. 그들 중 다수가 약물중독자인 부모 밑에서 적절한 양육과 보호를 받지 못했으며 이로 인해 아동기부터 성인기까지 불안정한 생활과 대인관계의 실패가 이어졌다.

소시오패스는 사이코패스보다 더 확실히 아동기 성적 학대와 물리적 폭력, 부모의 불안정한 정서에 마주치면서 형성됐을 경향이 짙다. 얼핏 보면 이런 차이가 선천적본성인 원인이 소시오패스보다 사이코패스의 생성에 더 큰 역할을 하는 것임을 암시하기도 한다.

이는 소시오패스로 진단된 사람들 중 많게는 3분의 1 정도가 가정환경이 좋아지면 반사회적 행동을 더 이상 하지 않고 정서적으로 안정된 관계를 맺으면서 발전하는 사실과도 일치하는 것이다.

사이코패스와 소시오패스는 다수의 공통된 특성들을 공유하고 있어서 일부 의학 문헌에서는 두 용어를 상호교환적으로도 사용한다. 하지만 분명한 것은 대표적인 전문가들이 이 둘을 구별해야 할 필요성을 보여주는 몇 가지 행동이 있다고 주장한다는 점이다.

전문가들은 사이코패스와 소시오패스가 사회적인 환경 속에서 주변 사람들을 어떻게 대하는지에 대해 차이가 있다고 전한다. 보통 사이코패시와 소시오패시는 18세 이전에는 진단될 수 없다고 하지만 두 가지 인격장애의 대표적 특징 중 하나가 아동기나 초기 청소년기에 시작된다는 점이다. 통상적으로 그런 증상은 15세 이전에 나타나지만 때론 아동기 초기에도 나타날 수 있다고 한다.

주로 아동기에 사이코패스나 소시오패스가 될지 모르는 특성을 보이는데 사람이나 동물에 공격적이고 기물을 파손하며 누군가를 속이거나 다른 사람의 물건을 훔치고, 법률이나 규칙을 심각하게 위반하는 등의 일종의 행동장애를 보이는 것이다.

그러나 두 장애가 청소년기에 보이는 몇 가지 신호에서 조금은 다른 점을 보인다. 소시오패스는 거짓말을 일삼으며 사람들을 빈번하게 속이고, 자신과 다른 사람의 안전을 경시하거나 무시하고, 공격적인 태도를 취하고, 가족 구성원으로서의 책임이 결여되어 있고, 죄책이나 후회를 하지 않는다.

반면 사이코패스는 종종 표면적으로 매우 사교적이며 매력을 드러낼 수 있고, 누군가가 자신에게 가까워지려고 하면 그 의도를 간파할 수 있다. 하지만 부모와 형제와의 감정적 유대를 형성하지 못하고, 정직하지 못하며 교활하고 조작적이며, 후회나 죄책이 결여되고, 자신과 다른 사람의 생명에 위험할 수 있는 모험을 즐기는 등의 증상을 보인다.

성장하면서도 약간의 차이를 보인다. 소시오패스는 생애에 걸쳐 극악무도한 범행을 저지르지 않으면서 다른 사람과 유대를 형성하는 경향이 있고, 그들을 해치는 것에 억제력이 있다. 반면 사이코패스는 다른 사람의 고통에는 관심이 없기 때문에 고문이나 살인과 같은 악질의 범행을 할 수 있으며, 그것을 생애에 걸쳐 반복해서 행한다.

사이코패스의 행동 특성에 대한
프로파일링

먼저 사이코패스의 행동 특성에 대해 알아보자. 사이코패스와 소시오패스의 가장 분명한 차이 중 하나는 사이코패스가 매우 조직화된 경향이 있다는 점이다. 그들의 조직화 욕구는 가정이나 개인적 공간에서부터 계획을 세우고 시행하는데 그들의 거의 모든 삶의 구석구석에 반영된다. 일부 사이코패스에겐 조직화의 욕구가 거의 강박처럼 보이기도 한다.

반사회적인격장애를 가진 사람들은 규율위반자rule-breaker로 알려져 있는데 권위나 사회 규율에 대한 존중의 결여나 무시, 경시가 종종 이들을 법률 위반으로 이끌고 있다. 사이코패스의 세부적인 것에 대한 지나친 관심과 신경 그리고 지속적이고 일관적인 조직화에 대한 욕구가 그들이 범행을 하더라도 그들을 붙잡기 어렵게 만드는 한 요인이 된다.

다수의 사이코패스는 자신의 무법적인 행동을 워낙 조심스럽고 신중하게 계획하기 때문에 몇 년 동안이라도 발각되지 않을 수 있다. 하지만 법률 위반으로 붙잡히면 그들은 다른 사람에게 책임을 전가한다.

사이코패스는 종종 '냉혈적'이라거나 '냉담한' 것으로 지칭되는데, 그들의 행동은 전형적으로 매우 계산적이고, 자신이 원하는 것을 얻기 위하여 공격적인 전술을 사용한다. 예를 들어 사이코패스가 직장에서 승진을 원한다면 그것을 성취하기 위해 동료의 명성이나 지위까지도 의도적으로 파괴하는 것을 포함하여 필요한 모든 수단을 거리낌 없이 사용할 것이다.

사이코패스와 소시오패스 모두 자신이 원하는 것을 얻기 위해 다른 사람을 교활하게 조종하거나 상황을 조작한다. 이 두 부류는 일반적으로 다른 사람에 대한 공감능력이나 배려, 관심이 없지만 종종 자신에게 중요한 사람이나 가족에겐 보호자의 역할을 자처하기도 하고, 일부는 결혼도 할 수 있으며 자녀를 가질 수도 있다. 하지만 그들의 이런 애착은 단순한 허울에 지나지 않는 것이다.

사이코패스는 다른 사람의 행동을 흉내 내는 것을 학습해 사회적 부조리에 화를 내거나 속상해하는 척을 하기도 한다. 다른 사람들에게 자신의 본모습을 숨기고 정상인처럼 보이기 위해서다.

대부분의 사이코패스는 자신이 감정을 느끼지 않으며 그것이 정상인과 다르다는 사실을 조금은 인식하지만 그것이 밝혀지기를 원치 않는다. 만약 그러한 감정을 이끌어내는 촉매제를 만나면 매우 고조되거나 행복해한다.

사이코패스는 감정 결여라는 측면에서 다수가 정상적이고 보편적인 인간의 감정이라고 생각하는 것을 경험하지 못하지만 그 감정을 이해하는 능력을 가지고 있다. 그래서 종종 다른 사람의 감정을 흉내 내거나 모방하기도 한다. 그들의 이런 능력이 사이코패스를 사람과 사물과 상황을 조종하고 조작하는 데 진정한 대가로 만드는 것 중의 하나라고 할 수 있다.

사실 사이코패스는 '척'을 하는 데 뛰어나서 종종 누군가를 사랑하고 헌신하고 있다는 점을 확인시켜주기도 한다. 그들이 마치 다른 사람을 사랑하고 배려하는 것처럼 행동하고 다른 사람들과 같은 감정을 느끼는 것처럼 행동할 수 있지만 그들은 보통 누구와 감정적 연계나 연결을 가지지 못한다. 그들이 보이는 관심이나 애정의 행동은 단순히 자신의 의도를 확대하고 확장하기 위한 조종과 조작의 게임의 계략이자 술책이다.

사이코패스는 양심이나 옳고 그름의 도덕적 의식이 결여되어 있어 공격적이고 약탈적인 경향이 있다. 일반적으로 그들은 다른 사람들을 자신의 이익이나 즐거움을 위해 사용되는 도구나 대상으로 간주한다.

그들은 자신의 매력이나 카리스마로 다른 사람들의 신뢰를 얻을 수 있지만 공감능력이 부족하거나 결여되어 있기 때문에 그 깊이가 얕다. 만약 사이코패스가 누군가를 해치고 후회를 보인다면 그것은 그렇게 해야만 자신에게 이익이 되기 때문일 것이다. 자신에게 이익이 된다면 수많은 피해자가 발생하고 고통을 겪는다고 해도 아무런 동요를 느끼지 않는다.

소시오패스의 행동 특성에 대한 프로파일링

소시오패스는 보통 감정적으로 안정적이지 못하고 매우 충동적이다. 그래서 그들의 행위는 사이코패스보다 더 변덕스러운 경향이 있다. 소시오패스는 보통 범죄행위를 하지 않지만 만약 그들이 폭력이든 비폭력이든 범죄를 행할 때는 강요에 의해 저지른 경우가 더 많다. 그들 일부는 인내심이 부족하기 때문에 쉽게 충동적으로 행동하고 계획성이 부족하다. 반면 사이코패스는 아주 작은 부분까지 자신의 범죄를 계획하고 계산하면서 범죄가 발각되지 않도록 주의를 기울인다. 똑똑한 사람이라면 더욱 검거로 이어질 만한 단서나 실마리를 거의 남기지 않는데 사이코패스는 마지막 순간까지 자제력을 잃지 않기 때문에 실수를 거의 하지 않는다고 한다. 소시오패스와는 다른 측면이라고 할 수 있다.

한편 소시오패스 일부는 알코올과 약물을 남용할 가능성이 높은데 그 결과 그들은 노숙자로 떠돌이 생활을 할 가능성도 있다고 한다. 반면 사이코패스는 그런 확률이 소시오패스보다 낮다.

소시오패스의 행동은 종종 체계적이지 못하고 흐트러져 있어서 그들이 범죄행위를 하면 사이코패스보다 체포될 가능성이 더 높다. 소시오패스 일부는 신경이 예민하고 성격이 급해서 쉽게 불안해질 수 있는데 이 때문에 신경과민 증상을 보이기도 한다. 그래서 종종 감정적 폭발이 일어나며 크게 분노하기 쉽다.

특히 질서 의식과 안정감을 유지할 수 없기 때문에 직업적인 안정성이 낮다. 때론 사람들과 어떤 유대를 형성하지 못하고 관계에 전념하기가 힘들 수 있다. 물론 그렇다고 그들이 사회적으로 활동을 할 수 없다는 것은 아니다. 앞에서도 말했지만 소시오패스는 자신의 기질만 잘 관리하면 평범하게 생애를 보낼 수 있다.

사이코패스와 소시오패스의 또 다른 차이는 도덕적 의식, 양심 부분에서 나타난다. 소시오패스는 사이코패스에 비해 어느 정도 도덕적 의식을 가지고 있다.

그러나 이런 의식이 그들의 행동을 억제하지 못한다. 따라서 소시오패스는 자신의 행동이 잘못됐다는 사실을 자각할 수 있지만 자신에게 이득이 된다면 거리낌 없이 벗어던질 수 있다.

즉, 일말의 양심을 가지고 있지만 자신의 잘못된 점을 고치려 하기보단 자신의 욕망에 따라 움직이기를 원하기 때문에 다른 사람이 어떻게 생각하든 개의치 않는다.

사이코패스는 일반적으로 냉혈한 사람으로 분류되지만 소시오패스는 종종 욱하며 성질이 급한 쪽으로 간주된다. 그래서 생각 없이 행동하고 자신의 잘못된 행동에 대해 변명으로 일관하고, 모든 잘못을 다른 사람에게 떠넘기면서 자신에게 돌아오는 비난을 피하려고 한다.

일부에선 사이코패스와 소시오패스를 구분하는 한 가지 촉매제가 스트레스나 압박감이라고 주장한다. 사이코패스는 스트레스나 압박감을 받으면 더 차분해지고 침착해지는데 소시오패스는 더 광분하기 쉽다. 사이코패스는 압박감을 받으면 '혼란에 대한 회복 탄력성resilience to chaos'을 가졌기 때문에 차분하고 침착하게 대응한다. 이는 다른 사람들이 스트레스를 받을 상황에서 번아웃이 되는 반면 그들은 더 번성할 수 있음을 의미한다.

그러나 소시오패스는 불안에 취약해서 그러한 상황이나 환경에서 사이코패스처럼 잘 대응하지 못한다. 소시오패스가 분노를 폭발하거나 언어 학대에 더 약한 성향이 있는 반면 사이코패스는 위협처럼 보이지 않고도 조종하고 조작하고 약취할 수 있다. 소시오패스가 스트레스를 받으면 바로 발끈하면서 공격적으로 변하지만 사이코패스는 냉정함을 유지한 채 침착해진다. 특히 고기능 소시오패스는 이런 분노에 더 취약해서 폭발할 가능성이 더 높다. 특히 그들이 범행을 할 때는 위험을 무릅쓰고 달려들 공산이 더 크다.

진정한 소시오패스는 자신의 에고ego가 가장 큰 약점이라고 할 수 있다. 자신이 모든 사람들보다 더 낫다는 가정과 에고가 종종 그들이 무언가 해야 할 일을 하지 않거나 방치하는 결과를 초래하기도 한다. 특히 범죄 사건의 경우 그들의 에고는 자신이 결코 붙잡혀서 처벌을 받지 않을 것이라는 강한 확신이 그들을 교도소로 보내는 주 원인이라고 한다.

바로 이 점이 소시오패스와 사이코패스의 주요 차이라고 할 수 있지만 소시오패스와 사이코패스는 반사회적인격장애라는 범주에 속하기 때문에 두 부류의 차이는 통상 미미하다고 할 수 있으며, 전문적 진단이라는 측면에서 보자면 사람들이 생각한 것보다 둘의 차이가 크지 않다고 할 수 있다.

만약 우리가 사이코패스와 소시오패스를 상대하게 된다면 이 둘의 차이를 더욱 잘 알 수 있다. 사이코패스는 흥분을 추구하는 경향이 소시오패스보다 더 높고 두려움도 양심도 결여되어 있다. 그래서 사이코패스가 우리를 통제하더라도 우리는 그들을 알아차리지 못한다. 왜냐하면 침착한 그들은 자신의 이상한 행동을 잘 설명해서 넘길 수 있으며 우리가 맞설 때도 침착하게 대응하기 때문이다.

하지만 소시오패스는 사이코패스보다 성미가 더 급하고 강압적으로 굴기 때문에 우리들이 그들을 신뢰하기가 쉽지 않을 수 있다. 특히 그들은 우리를 공격적인 태도로 대할 것이며, 자신의 의도를 잘 숨기지 못할 수 있다. 특히 그들이 분노할 때는 더욱 그렇다. 그래서 사이코패스가 소시오패스보다 더 대단한 사기꾼이 될 수 있는 것이다.

물론 일부에선 이런 비교나 차이점을 논하는 것에 의문을 제기하기도 한다. 하지만 대체로 정신의학자들은 사이코패스라는 용어가 반사회적인격장애의 원인인 유전성에 두고 있다는 것을 보여주기 위해 사용하기도 한다.

반면 소시오패스라는 용어는 뇌손상이거나 아동기의 학대와 방임의 결과로 기술한다. 한마디로 사이코패스는 태어나고 소시오패스는 만들어진다는 의미로 해석할 수 있다. 그래서 이 차이가 바로 선천적본성과 후천적양육의 논쟁을 반영하는 것이기도 하다.

이처럼 사이코패스와 소시오패스 사이에는 크고 작은 차이가 있지만 이 두 부류를 가장 단순하고 명쾌하게 설명하자면 사이코패스가 소시오패스에 비해 소시오패스적 행동을 초래하거나 반사회적인격장애의 보다 강력한 사례라고 할 수 있다.

이런 면에서 사이코패스는 항상 소시오패스적 특성을 가졌지만 소시오패스는 항상 사이코패스적 특성을 가졌다고 할 수 없다. 그래서 전문가들은 사이코패스를 좀더 위험한 소시오패스로 받아들이는 경향이 있다.

소시오패스와 사이코패스의 차이

소시오패스	사이코패스
다른 사람들의 감정이나 느낌에 관심 없다.	다른 사람들의 감정이나 느낌에 상관하는 척을 한다
성질이 급하고 충동적으로 행동한다.	냉담하고 몰인정한 행동을 보인다.
화와 분노에 취약하다.	다른 사람의 곤경이나 고통에 대해 인식하지 못한다.
자신의 행동을 인식하나 합리화를 한다.	얄팍하고 가짜 같은 관계를 유지한다.
정규적인 직업과 가정을 유지하지 못한다.	범죄 활동을 덮기 위해 정상 생활을 유지한다.
감정적 유대를 형성할 수 있지만 힘들어한다.	진솔한 감정적 유대를 형성하는 데 실패한다.
자신의 이익을 위해 사랑하는 척을 한다.	자신의 방식대로 사람을 사랑한다.

사이코패스와 소시오패스의 차이를 종합적으로 비교하자면 이렇다. 먼저 로버트 헤어가 사이코패시 체크리스트(PCL-R)를 이용하여 측정한 사이코패시는 공감능력, 도덕적 의식 그리고 몇 가지

기타 특성들을 갖지 못한 것을 의미한다. 반면 소시오패시는 도덕적 의식이나 양심이 분명하게 있으나 옳고 그름에 대해서 사회와는 다른 방식으로 받아들인다.

사이코패시는 기본적으로 유전이라는 본성으로 초래되지만 소시오패시는 유전, 양육 그리고 환경이 결합된 결과라고 할 수 있다. 사이코패시가 책임, 통제 그리고 감정과 관련된 부분의 발달 결여로 초래되는 생리적 결손에 관련이 있지만 소시오패시는 유전되는 것보다 아동기 정신적 외상, 감정적 학대 그리고 비정상적 사회화의 결합인 경향이 있다.

사이코패스가 범행을 준비할 때 사전에 모든 것을 꼼꼼하게 계획하고, 대안으로 비상 계획을 준비하는 등의 섬세함을 가졌지만 소시오패스의 범행은 사전에 계획한 것이라기보단 우발적으로 일어날 수 있다.

참고 자료

- https://practicalpie.com/famous-sociopaths
- https://plex.page/A_Sociopath
- https://paradigmsanfrancisco.com/difference-psychopath-sociopath
- https://psychocentral.com/blog/differences-between-a-psychopath-vs-sociopath
- www.betterhelp.com/advice/sociopathy/psychopath-vs-sociopath-the-telltale-signs-differences
- https://www.insider.com/why-psychopaths-and-sociopaths-are-different-2018-11
- https://www.independent.co.uk/life-style/health-and-families/the-difference-between-a-psychopath-and-a-sociopath-10422016.html
- https://www.redalyc.org/jatsRepo/279/27962050033/html/index.html
- https://www.verywellmind.com/what-is-a-sociopath-380184
- https://www.regain.us/advice/general/can-a-sociopath-change-and-what-would-it-take

반사회적인격장애로 밝혀진
사람들

×
×
×

스스로 사이코패스라고 밝힌 유명 신경과학자,
제임스 팰런

신경과학자인 제임스 팰런 박사는 캘리포니아대학교 교수다. 2005년
10월, 그는 자신이 수행하던 연구과제인 반사회적인격장애 성향과 관련
된 해부학상 뇌의 패턴을 찾아내기 위해 반사회적인격장애의 기질을 보
이는 사람들의 뇌 영상들을 훑어보고 있었다. 그리고 그중에서 공감능
력, 도덕성, 자아 통제와 연계된 측두엽과 전두엽의 일부에서 활동이 낮
은 병리적인 영상을 발견했다. 하지만 그 영상 속 뇌의 주인공은 다름 아
닌 제임스 팰런, 자신이었다.

그는 일련의 유전적 검사를 받으면 받을수록 더 나쁜 결과를 발견
하게 됐다. 낮은 공감능력, 폭력성, 공격성과 관련된 고위험 유전자들을
가졌던 것이다. 결국 그는 자신의 반사회적인격장애에 대한 신경과학적,

행동과학적 연구를 진행한 결과 자신을 사이코패스라고 진단했다. 그러나 그는 다른 사람들에 대한 진정한 공감을 느끼는 데는 어려움이 있지만 대체로 사회적으로 받아들일 수 있는 경계를 지키는 '친사회적 사이코패스'라는 결론을 내렸다.

그는 이 사실에 크게 충격을 받거나 놀라지 않았다. 그는 기본적으로 권력에 대한 동기가 강하고, 남들을 교묘하게 조종하는 등 자신의 특성에 대해 알고 있었기 때문이다. 특히 그의 직계가족들 중에는 아버지와 양어머니를 살해한 혐의로 유명해진 리지 보든Lizzie Borden을 비롯해 무려 7명의 살인범이 있었다.

사이코패스라는 낙인이 찍히면 사회생활이 힘들어질 것을 두려워해 보통은 숨기지만 그는 학술 강의 중 하나인 TED Technology, Entertainment, Design 등의 대중 강연이나 언론 인터뷰를 통해 자신이 사이코패스임을 당당하게 밝혔다. 더불어 『사이코패스 인사이드The Psychopath Inside』라는 책을 출간했다.

그는 이 책을 통해 행복한 결혼생활을 하는 가정적인 사람인 자신이 어떻게 연쇄살인범들의 마음과 정신을 나타내는 동일한 해부학상의 패턴을 보일 수 있는지 그 해답을 찾으려고 했다. 그는 자신이 누구를 살해하지도, 강간하지도 않았기에 자신이 내놓았던 가설이 잘못됐을 수도 있다는 것, 즉 반사회적인격장애를 가진 사람의 뇌 영역이 일관적으로 폭력적이거나 살인적 충동을 느끼거나 하는 등의 반사회적인격장애를 반

●　　2015년 『괴물의 심연』이라는 제목으로 한글판이 출간됐다.

영하는 것이 아닐 수도 있지 않을까를 생각했다고 한다.

제임스 팰런은 자신처럼 반사회적인격장애의 뇌와 유전자를 가진 사람이 비폭력적이고 안정적인 과학자가 될 수 있었다는 사실에서 사이코패스라는 용어의 모호성, 애매함에 대해 다시 한 번 생각하게 됐다. 사이코패스는 정신질환 진단 및 통계편람 제5판(DSM-5)에도 공식적인 진단으로 기록되어 있지 않은데 그 용어가 지나칠 정도로 광범위한 증상을 포함하고 있기 때문이다. 결과적으로 모든 사이코패스가 범죄자가 되는 것은 아니며 제임스 팰런처럼 친사회적 사이코패스도 있다는 것이다.

그렇다면 반사회적인격장애의 유전자와 뇌를 가진 다른 사람들은 왜 폭력성을 노출시키면서 범죄자가 되는 것일까? 제임스 팰런은 자신의 기질을 어떻게 누그러뜨릴 수 있었을까?

한때 그는 유전적 결정론자였지만 유전이 행위에 미치는 영향에 대한 관점이 진화되면서 아동기의 사랑과 보호가 인생을 망치지 않는 데 큰 도움이 되었다고 한다. 제임스 팰런은 어린 시절 부모에게 많은 사랑을 받았기 때문에 사랑이 자신을 보호했다는 것이다.

그의 부모는 수차례의 유산을 거듭한 끝에 제임스 팰런을 얻었다. 그의 부모는 제임스 팰런에게 많은 사랑과 관심을 쏟았는데 제임스 팰런은 그것으로 인해 자신이 사이코패스 유전 요소를 극복하는 데 핵심 역할을 했다고 전한다. 즉, 부정적이거나 긍정적인 아동기가 그 사람의 행동 결과를 결정하는 중심 축이라는 것이다. 여기에 더해 제임스 팰런에게는 유전과 환경 외에 세 번째 요소도 작용했는데 그것은 바로 '자유

266

의지free will'다.

　그는 자신에게 반사회적인격장애 성향이 있다는 것을 알게 되면서 자신의 행동을 바꾸려고 많은 노력을 했다고 한다. 의식적으로 옳다고 여겨지는 것을 행하고, 다른 사람들에 대해 더 많이 생각하고 배려하기 위해 관심을 쏟았던 것이다. 결과적으로 제임스 팰런은 사이코패스라는 유전적 요소를 안고 태어났지만 부모의 사랑과 자신의 자유의지로 유명한 신경과학자가 되었다. 그리고 사람들 앞에 당당히 자신이 사이코패스임을 알리면서 사이코패스가 꼭 실패한 인생을 사는 것만은 아니라는 것을 증명해 보였다.

헤로인으로 고령 환자들을 죽인
영국 최악의 연쇄살인범 해롤드 시프먼

영국의 의사였던 해롤드 시프먼Harold Shipman, 1946~2004은 무려 250여 명의 환자를 살해한 혐의를 받았던 인물이다. 1946년 태어나 평범한 어린 시절을 보냈던 그는 17세에 어머니가 폐암으로 사망하면서 인생의 축이 달라졌다. 말기 암환자였던 그의 어머니는 자택에서 고통을 없애기 위해 의사에게 모르핀을 처방받는데 이것이 훗날 그의 살해 수법이 됐다.

　그는 리즈대학교 의학부를 졸업하고 의사가 되어 병원에서 근무했는데 아편류 진통제인 페치딘에 중독되어 발작을 일으켰다. 그리고 공문서 위조 등의 범죄를 저지르며 약물을 취득하고 투여한 결과 1975년

병원에서 해고되고 의사 자격도 발탁됐다.

재활원에서 페치딘 중독에서 벗어난 그는 1977년 다시 의사 자격을 얻은 뒤, 한 의료센터에서 근무했는데 그때 많은 환자들에게 칭송을 받아 다큐멘터리에 출연하는 등 신망을 쌓았다. 하지만 1993년 개인병원을 개원한 뒤 수년에 걸친 그의 살인 행각이 벌어진다. 그의 범행 대상은 고령의 여성 환자들이었다. 그들에게 헤로인 같은 마약류를 주사한 뒤 죽게 한 것이다. 대부분의 사망자들이 화장됐기 때문에 그의 범죄행위는 오랫동안 유지됐다. 하지만 1998년 한 노인 환자의 딸이 어머니가 사망하기 직전 그녀의 유산이 해롤드 시프먼에게 상속이 되어 있는 것을 확인하고 의문을 제기하면서 그의 살인 행각이 탄로가 났다.

처음에는 고령 환자들이 사망한 이유가 그저 노환이었는 줄 알았으나 사후 검시를 통해 체내에서 사망에 이를 수 있는 다량의 헤로인이 검출됐던 것이다. 다수의 사이코패스가 그랬던 것처럼, 해롤드 시프먼은 약물로 고령 환자를 마지막까지 통제하다가 살인한 것이다. 한때 시프먼의 동료였던 의사 존 폴라드John Pollard는 이렇게 전했다.

"내가 생각할 수 있는 선에서 그의 범행을 설명하자면, 그는 환자가 죽어가는 과정을 보면서 그 자체를 즐겼던 것 같다. 삶과 죽음에 대한 생사권을 자신이 쥐고 있다는 그 자체에 그는 만족했는지도 모른다."

전문가들은 그를 환자가 생명을 잃어가는 순간의 흥분을 즐기는 '자기도취증 사이코패스Narcissistic Psychopath'로 진단했다. 그는 자신의 냉혈적이지만 설득력이 높고 죄의식이 결여된 행동으로 동료들을 통제할 수 있었다고 한다. 2000년 해롤드 시프먼은 15명을 살해한 혐의로 가석 방이 없는 종신형을 선고받았지만 그는 자신의 죄를 부정했다. 이후 해 롤드 시프먼에 대한 추가 조사가 이뤄졌고, 그로 인해 사망한 사람은 최 소 215명, 최대 345명에 달한다는 결과를 보고했다. 2004년 그는 교도 소에서 자살했다. 영국에선 그를 역사상 최악의 연쇄살인범이라는 낙인 을 찍었다.

정치활동가를 표방한 반사회적인격장애자, 아네르스 베링 브레이비크

2011년 7월 22일, 아네르스 베링 브레이비크Anders Behring Breivik는 이민자 에 대한 극단적 반감으로 노르웨이 정부청사를 폭파시켰고, 그 결과 8명 이 사망하고, 19명이 부상을 입었다. 그리고 그는 바로 노동당 여름 캠프 가 열리던 우퇴위아 섬으로 향해 캠프에 참가 중이던 69명의 청소년과 젊은이들에게 총기를 무차별 난사했다. 하루에 무려 77명의 사람을 살 해한 것이다. 특히 우퇴위아 섬의 희생자들 중에는 14~17세의 청소년들 이 다수 포함되어 있었다. 그는 이런 부분에 대해 자책이나 죄책감 등을 느끼지 않았다. 오로지 자신이 정치활동가라고 주장하면서 자신의 성명 서를 언론에 공개하도록 요구했다.

그를 사이코패스로 만든 것은 그의 행동 자체에도 문제가 있었지만 더 핵심적인 요소는 잔혹한 계획을 수행한 방식과 범행 이후에 보인 그의 태도였다.

그는 자신의 무차별 총기 난사를 수년에 걸쳐 계획했으며 그 과정 중에 피해자들에 대한 어떤 공감이나 동정도 전혀 하지 않았으며, 총기 난사 이후에도 죄책감을 느끼지 않았다.

해롤드 시프먼과 달리 그는 자신의 범행을 자백했고, 그것에 대한 이유를 진술한 성명서도 공개했다. 브레이비크는 범행 전에 「2083-유럽독립선언문2083 – A European Declaration of Independence」이라는 선언문을 작성했다. 또한 범행 6일 전에 개설한 트위터에는 '신념을 가진 한 사람은 이익만을 좇는 10만 명의 힘에 맞먹는다'라는 메시지를 남겼다.

그에 대한 반사회적인격장애 평가는 시간이 걸렸지만 진단 결과는 '자기애성 인격장애'였다. 자기애성 인격장애인 사람들은 세상을 보는 관점이 일반 사람들과 다르다. 자신에 대한 과장된 평가와 인정받고 싶은 욕구가 크고, 공감능력이 결여됐기 때문에 자기 비판적 능력이 부족하거나 없다. 특히 자신이 남들에게 가한 해악을 살피지 못하고 도덕적 의식이 없다.

「2083-유럽독립선언문」에 따르면 브레이비크는 '한국과 일본은 단일민족이기 때문에 범죄가 없고 잘 발전했다'고 적혀 있다. 특히 그는 한국과 일본을 보수주의와 민족주의가 강한 이상적인 국가로 인식했다. 그래서 유럽도 한국과 일본처럼 되어야 한다고 자신의 정치적 견해를 피력했다.

사건 직후 아네르스 베링 브레이비크는 바로 체포됐다. 2012년 그는 징역 21년형을 선고받았다. 그는 수용 생활을 하면서 노르웨이 당국을 인권 침해로 고소했는데, 빵에 바를 버터가 충분히 제공되지 않거나 커피가 따뜻하지 않고, 보습제를 제공하지 않는다는 등의 사안이 포함되어 있었고, 다른 수감자들과의 접촉이 금지되어 있는 것에 크게 항의했다. 그는 단식 투쟁까지 들어갔는데 노르웨이 오슬로 법원에서는 다른 사안은 차치하고, 다른 수감자들과의 접촉 금지에 대해선 인권 침해로 판단했다.

이에 교도소 측은 그가 수감 이후 자신을 '오디니즘을 숭상하는 파시스트'라고 칭할 정도로 위험하고 잔혹한 사상을 가진 인물이기 때문에 다른 수감자들에게 영향을 미칠 수 있으므로 접촉 금지는 타당하다고 반박했다. 특히 노르웨이 국민은 인권이란 이름으로 그의 말도 안되는 억지를 받아줬다며 강하게 반발했다. 노르웨이 정부는 즉시 항소에 들어갔고, 항소심에서 브레이비크는 다른 수감자와 접촉할 수 없게 하는 것은 적절한 조치이며, 인권을 침해했다고 볼 수 없다는 판결이 나왔다.

2022년 1월에 그는 복역한 지 10년이 지났기 때문에 가석방 신청을 했다. 하지만 가석방 신청을 하기 위해 법원에 출석할 때 한 손에 백인 민족에 대한 학살을 멈추라고 적힌 종이를 들고 나치식 경례를 했다. 그는 수감 중에도 자신의 범행에 대해 반성하지 않았으며 죄책감도 없었다. 오히려 자신은 지도자 없는 극우주의자 네트워크에 의한 온라인 급진화radicalization 때문에 범죄를 저질렀고, 그 명령은 제3제국을 건국하는 것이라고 주장했다. 그리고 자신은 제3국을 건설하기 위해 싸움을 계속할 것이라고 밝혔다. 다른 사이코패스와 마찬가지로 그는 오로지 다른 사람들에 대한 통제력을 가지는 데 관심을 쏟고 있다.

전도유망하고 매력적인 젊은 정치가를 꿈꿨던 사이코패스, 테드 번디

테드 번디는 연쇄살인범을 논할 때 빠지지 않는 대표적 인물이다. 아마도 그는 역사적으로 가장 유명하고 매력적인 사이코패스 연쇄살인범일 것이다. 1970년대 그는 미국의 여러 주를 돌아다니면서 30여 명의 젊은 여성을 납치, 폭행, 살해한 것으로 기록되고 있는데, 그는 자신의 범죄 활동에 대한 자백을 완전하게 하지는 않았다. 그래서 그의 범행이 정확하게 알려지진 않았다. 그저 14살 때부터 시작해 그의 전 생애에 걸쳐 수많은 사람들을 살해한 것으로 추정하고 있다. 사이코패스 중에서 그는 가장 냉혹하고, 가장 계산적이고, 누군가를 가장 잘 통제한 것으로 알려져 있다.

　다수의 다른 사이코패스와 공통적으로 그는 반사회적인격장애 성향에 영향을 미치는 불우한 아동기를 보냈다. 그의 가정환경은 외부적으로 매우 평범하게 보였지만 사실 그 안을 들여다보면 비정상적이었다. 실제로 그의 생부는 조부였고, 매우 폭력적이었다. 그리고 누나는 그의 어머니였다.

　어릴 적부터 반사회적인격장애 기질을 발휘한 그는 성인이 되자 다이앤이라는 여성을 사귀게 됐는데 그녀는 테드 번디가 자신이 생각한 만큼 능력을 보유한 사람이 아닌 것을 알게 되자 이별을 통보했다. 이것이 범행 동기로 작용했는지 모르겠지만 그때부터 그는 지적인 젊은 여성들을 살해하기 시작했다.

그의 범행 수법은 부상을 가장해 젊은 여자들의 동정을 샀고, 자신의 차로 유인해 여성들을 의식을 잃게 하거나 살해했다. 특히 그는 죽은 시신에게 성폭행을 가했다.

1975년 드디어 꼬리가 잡힌 테드 번디는 체포를 당했다. 하지만 2번 탈옥을 시도하면서 또다시 젊은 여성들을 살해했다. 1978년 체포되어 1979년 사형이 확정됐는데 그는 수감 중에도 여성들에게 인기를 받았다. 아동 성폭행으로 재판을 받기 위해 참석한 자리에서 대학 시절 친분 관계가 있어 증인으로 나온 캐럴 분에게 청혼한 일은 두고두고 회자되기도 했다. 심지어 테드 번디와 캐럴 분은 재판 기간 중에 결혼까지 하고 캐럴 분은 딸까지 출산했다. 『살인자들과의 인터뷰Whoever Fights Monsters: My Twenty Years Tracking Serial Killers for the FBI』를 집필한 범죄심리 분석관프로파일러 로버트 K. 레슬러Robert K. Ressler는 번디를 '인간으로서의 양심이 없는 변태 쾌락 살인마, 그 이상도 그 이하'도 아니었다고 밝혔다.

테드 번디는 1989년 1월 24일, 전기의자에서 사형이 집행되는 마지막 순간까지도 자신의 범행에 대해 정확하게 자백하지 않았다. 그리고 그전까지 증거가 명백한 살인에 대해 자백을 거부하는 등 다른 사람들에 대한 통제를 유지하려고 애를 썼다. 그는 사이코패시 체크리스트

(PCL-R)에서 40점 만점에 39점을 받았다고 한다.

시체를 이용해 케이크를 만든
레오나르다 치안시울리

역사적으로 살펴보면 여성 사이코패스는 남성에 비해 상대적으로 많지 않다. 남성 사이코패스가 여성에 비해 9배 정도 더 많다는 것은 불변의 진리다. 그래서일까? 여성 사이코패스를 찾으려면 19세기로 거슬러 올라가야 한다. 레오나르다 치안시울리Leonarda Cianciulli, 1894~1970는 1894년 태어났다. 그녀의 어머니는 자신을 강간한 사람과 결혼하고 그녀를 낳았다. 그녀는 가난에 찌든 한 지역에서 자랐고, 그녀의 친부는 일찍 사망했다. 그녀의 어머니는 재혼했지만 가난에서 벗어나지 못했고 어린 치안시울리를 학대했다. 그래서 2차례나 자살을 시도했다.

성인이 된 후 그녀는 어머니가 인정하지 않는 결혼을 했지만 재정적으로 상황이 여의치 않았다. 1927년 사기죄로 실형을 선고받아 수감됐다가 석방됐다. 치안시울리 부부는 리지오 에밀리아 코레지오로 이사했고 그곳에서 작은 비누가게를 열었다. 약간은 불행한 결혼생활을 하는 동안 무려 17번의 임신을 했지만 세 차례 유산했고, 10명의 아이를 키우다 가슴에 묻었다. 그 결과 단 4명만이 그녀 곁에 남았다.

모든 어머니가 그러겠지만 그녀는 자식들을 보호하겠다고 결심했지만 그녀가 택한 방법은 다소 극단적이었다. 점술가가 그녀의 자녀가 모두 사망할 것이라는 예언을 하자 그녀는 절망적인 상황에서 극적인 방책이 필요해졌고, 마침 이탈리아는 제2차 세계대전에 가담했다. 그리고 그녀의 장남이 전쟁에 동원됐다.

치안시울리는 장남을 지키고자 이상한 미신에 빠졌다. 장남을 지키기 위해 인간의 희생양이 필요하다는 결론에 이르게 된 것이다.

그녀에게 희생된 사람은 가장 접근하기 쉬운 연약한 이웃 여성 3명이었다. 그녀들에게 약을 탄 술을 한 잔 권하고 도끼를 찍어 죽인 뒤 아홉 토막으로 자른 뒤 피를 대야에 모았다. 피를 말려서 밀가루와 섞어 케이크를 만들었다. 그녀는 이 케이크를 가게에 찾아온 손님들에게 주었으며 그녀 자신도 먹었다. 토막이 난 시체는 가성소다와 향료를 함께 넣고 끓여서 비누를 만들어 나눠 주었다. 그리고 3명의 이웃여성의 돈과 보석을 갈취했다.

3명이 실종되자 누군가를 의심하게 됐고, 목격자에 의해 치안시울리는 체포됐다. 그녀는 처음 자신의 범행에 대해 부인했지만 그녀의 아들이 의심받자 자백했다.

그녀는 재판장에서 자신이 한 행위와 그 이유를 냉정하게 설명했고, 심지어 검사의 잘못된 논고를 아무런 후회나 죄책도 없이 고쳐주기도 했다고 한다. 1946년 그녀는 3건의 살인으로 30년형을 선고받았다. 1970년 그녀는 수감 중에 뇌중풍으로 사망했다.

치안시울리는 다른 연쇄살인범과 달리 피해자 규모가 크진 않았지만 그녀를 역사적으로 가장 심각한 사이코패스로 판단하는 이면에는 그녀의 범행 수법과 재판장에서 보인 행동들 때문이다.

뇌손상으로 폭력적인 충동을 누르지 못한
찰스 휘트먼

심리학자들이 인격장애를 가진 사람들의 이상행동을 분석할 때 가장 많이 자문하는 것이 반사회적인격장애 기질의 원인이 유전인지 아니면 양육인지 하는 것이다. 학자들이 그토록 반복해서 묻는 데는 그만한 이유가 있을 것이다. 대답이 매우 복잡하고 논쟁적이기 때문이다. 그래서 우리는 대체적으로 유전과 양육이 복합적으로 맞물려서 발생하는 것이라고 이해할 수밖에 없다.

반면 대부분의 사이코패스가 붕괴되거나 파괴된 가정환경에서 자란 사실들을 살펴보면 반사회적인격장애 기질은 대체로 양육의 결과라고 볼 수밖에 없기도 하는데 여기 찰스 휘트먼Charles Joseph Whitman, 1941~1966의 경우는 그것이 옳지 않다는 것을 잘 보여준다. 그는 종종 높은 타워에 올라가 사람들에게 총격을 가하는 망상을 하다가 실행에 옮긴 사람이다. 찰스 휘트먼은 텍사스대학교 캠퍼스 교탑에 가는 도중 이미 3명을 살해하고 3명에게 부상을 입히고 교탑에 올라가서 총기를 난사해 12명을 죽이고, 31명에게 부상을 입혔다. 죽은 피해자에는 아직 태어나지 않은 아이도 포함되어 있었는데 피해자 수엔 합산되지 못했다. 총격 도중 그는 경찰관이 쏜 총에 맞아 즉시 사망했다.

그는 가정 폭력이 있었던 환경에서 자랐지만 해병대에 입대한 후 월등한 사격 실력으로 이름을 날렸다. 그리고 복무 중 장학금으로 텍사스 대학교에 입학하고 결혼까지 하면서 나름 열심히 살려고 노력했다. 하지만 도박에 빠지면서 성적이 좋지 못하자 장학금을 박탈당하고 다시 군으로 돌아갔다.

그러나 총기 난사를 벌이기 몇 주 전부터 그는 심한 스트레스를 받으면서 암페타민을 복용했다. 또 심한 두통으로 고통을 받았으며 자신의 폭력적 충동을 해소할 방법을 찾았다. 그는 여러 번 병원을 찾아 자신의 비합리적이고 폭력적인 욕구와 충동에 대해 상담했으나 그의 두려움은 묵살됐다. 그는 자신의 유언장에도 자신의 행동에 대한 생물학적 원인이 있는지 알아보기 위해 자신의 뇌를 해부해달라고 요청했다. 그의 뇌를 검사한 결과는 그의 오른쪽 전두엽에 교아 세포종이 발견됐다고 하는데, 전두엽은 뇌의 상위기능이 위치한 곳이기도 하다.

사형이 집행되기 전, 치킨 1마리를 먹어치운 사이코패스의 전형, 존 웨인 게이시

집 천장의 좁은 공간에서 부패한 시신 26구, 차고 콘크리트 바닥 밑에 시신 1구, 식당 바닥에 시신 1구, 정원 땅속에 시신 1구. 이는 1978년 12월 21일 미국 일리노이 주에 위치한 존 웨인 게이시John Wayne Gacy, 1942~1994의 집에 경찰이 급습한 현장이다. 또 그의 자백에 의하면 시신 4구는 강물에

버려졌다고 한다.

존 웨인 게이시는 장인의 레스토랑을 경영하면서 상당한 액수의 수익을 얻은 나름 성공한 지역사회 인물이었다. 그리고 지역사회를 위해 광대 복장을 하고 아이들을 돌보는 자선 봉사를 하면서 평판을 얻었다. 성공적인 기업인이자 민주당원으로 활동하면서 카터 대통령의 영부인을 만나기도 했던 그는 사실 심각한 성도착증을 앓고 있었다. 특히 그는 청년회의소 부회장이 되면서 인맥을 늘렸는데 이때 그의 범행이 시작된다. 그리고 33명에 달하는 젊은 남성과 소년을 죽음으로 몰아넣었다.

존 웨인 게이시는 가정 폭력과 학대를 일삼는 폭력적인 아버지에게서 어머니를 비롯한 두 누이동생과 함께 심한 가정 폭력과 학대를 겪으면서 자랐다. 가죽 허리띠는 물론이고 빗자루로도 맞을 정도로 아버지의 폭력과 학대는 유독 그에게 심했다. 그런 그를 어머니가 보호하려고 하자 아버지는 그를 "마마보이"라고 부르며 자라서 '동성애자'가 될 것이라고 비난했다.

그는 어린 시절 일찍 성에 관심을 가졌다. 7살에 학교에서 여자아이를 추행해 처벌을 받았다. 후에 아버지의 친구로부터 학대를 당하지만 두려움에 누구에게도 말하지 못하고 점점 내성적으로 변하면서 학교에서 소외됐다. 14~18세 사이에 그는 장기간 병원에 입원해야 했는데 그 결과 학습 등 여러 면에서 동년배에 뒤처지게 되자 아버지는 그가 강해질 필요가 있다며 더욱 거칠게 대했다. 이로 인해 아버지와 갈등을 겪었다.

사실 이 같은 무력감은 보통 사람에겐 좌절이지만 사이코패스에겐 언젠가 폭력으로 폭발하게 될 일종의 '불타는 부정의burning injustice'가 될 수 있다고 한다. 게이시는 1967년부터 10대를 대상으로 성범죄를 시작했는데 이듬해인 1968년 한 소년이 자신의 아버지에게 게이시에 의해 성폭행을 당했다는 사실을 알리면서 체포됐다.

그는 자신의 무고함을 호소하면서 범행 사실을 인정하지 않았다. 그리고 거짓말탐지기를 자청해 통과했다. 사실 거짓말탐지기는 죄책과 수치를 느끼는 일반 사람들에겐 제대로 작동하지만 사이코패스는 이런 감정이 결여되어 있기 때문에 종종 거짓말탐지기에서 진실이 밝혀지지 않는다고 한다.

그는 이후 지역사회 유지로 성공했지만 자신의 병을 숨기지 못하고 33명의 젊은 남성과 소년을 죽였다. 나중에는 범행이 점점 대담해져서 길을 가는 소년들을 몰래 납치해서 강간한 후 살해했다. 마지막 희생자가 실종되자 경찰은 수사를 시작했고, 게이시에게 수사 협조를 요청했지만 그가 거부하자 영장을 발부받아 가택 수색을 했다. 그 결과 그의 집에서 29구의 시신이 발견됐다.

33가지 죄목에 대한 재판이 열리기 직전에 이루어진 그에 대한 정신의학자의 평가는 바로 반사회적인격장애자였다. 그는 사이코패스를 진단하는 검사에서 가장 높은 점수가 나왔다. 그는 살인 광대로서 사이코패스의 가장 완벽한 사례였던 것이다. 결국 그는 사형이 선고됐고 이후 집행됐다. 그는 사형이 집행되기 전 마지막 식사로 튀긴 새우 12마리, 치킨 1마리, 감자튀김, 딸기를 먹었다고 한다.

참고 자료

- https://plex.page/A_Sociopath
- https://paradigmsanfrancisco.com/difference-psychopath-sociopath
- https://psychocentral.com/blog/differences-between-a-psychopath-vs-sociopath
- https://www.betterhelp.com/advice/sociopathy/psychopath-vs-sociopath-the-telltale-signs-differences
- https://www.regain.us/advice/general/can-a-sociopath-change-and-what-would-it-take
- https://www.verywellmind.com/what-is-a-sociopath-380184
- https://www.insider.com/why-psychopaths-and-sociopaths-are-different-2018-11
- https://www.independent.co.uk/life-style/health-and-families/the-difference-between-a-psychopath-and-a-sociopath-10422016.html
- https://www.redalyc.org/jatsRepo/279/27962050033/html/index.html
- https://www.smithsonianmag.com/science-nature/the-neuroscientist-who-discovered-he-was-a-psychopath-180947814
- https://www.theatlantic.com/health/archive/2014/01/life-as-a-nonviolent-psychopath/282271
- https://www.theverge.com/2013/10/31/5025744/james-fallon-the-psychopath-inside-interview
- https://www.theguardian.com/commentisfree/2014/jun/03/how-i-discovered-i-have-the-brain-of-a-psychopath
- https://www.psychologized.org/the-top-five-psychopaths-in-history
- https://arcturuspublishing.com/view/10-worst-psychopaths
- https://namu.wiki/w/%EC%A1%B4%20%EC%9B%A8%EC%9D%B8%20%EA%B2%8C%EC%9D%B4%EC%8B%9C

역사가들이 분석한 사이코패스로 의심되는 역사적 인물들

×
×
×

배신에 배신을 더한
소크라테스의 제자 알키비아데스

알키비아데스Alkibiades, 기원전 450~404는 소크라테스의 제자였으며, 고대 그리스 아테네의 정치가, 웅변가, 장군이었다. 그는 쾌활하고 재기발랄해서 아테네 시민들로부터 많은 사랑과 인기를 누렸다. 하지만 이기적이고 오만한 성격과 더불어 배신의 달인이었기 때문에 알키비아데스의 평가는 그 당시부터 현재까지 엇갈린다.

특히 1941년 허비 클레클리는 『정상의 가면』에서 알키비아데스가 사이코패스였을 수 있다고 주장했다. 허비 클레클리는 역사가들의 기록에서 알키비아데스의 사이코패스 성향을 분석했다. 알키비아데스는 뛰어난 재능과 매력을 지녔지만 그는 자신의 충동에 따라 정도를 벗어나기도 하고, 규율을 무시하고, 순간적으로 호감이 가는 무언가를 낚아채는 부주의하고 조심성이 없는 성향을 가졌음을 알게 됐다고 한다. 그러한 역사적 기록들이 그가 사이코패스로 의심을 받기에 충분하다는 것이다.

그녀는 사이코패스인가, 아니면 시대의 희생양인가?
바토리 에르제베트

다시 거론하지만 모든 사이코패스가 다 연쇄살인범이 되지 않으며, 모든 연쇄살인범이 다 사이코패스는 아니다. 하지만 분명한 것은 일부 사이코패스는 분명히 연쇄살인범이 되곤 한다. 역사상 가장 대표적인 연쇄살인범이자 사이코패스로 지명되는 여성이 있다. 바로 바토리 에르제베트 Báthory Erzsébet, 1560~1614다.

동유럽 최고의 명문가로 위세를 떨친 바토리 가문의 딸로 태어난 그녀는 16세기 말부터 17세기 초에 걸쳐 헝가리에서 수백 명을 살해했다. 역사가의 기록에 따르면 그녀는 어릴 적부터 사이코패시적 기질을 보였다는 것이다. 그녀는 나더슈디 페렌츠 백작과 결혼했는데 둘 사이에서 5명의 자녀를 얻었지만 남편은 주로 전쟁터에서 지휘하는 임무를 맡아 그녀와 떨어져 있는 시간이 많았다. 이후 남편이 전쟁에서 사망하자 자신에게 잔소리를 심하게 한 시어머니를 내쫓고 살인을 시작했다. 마을 농부의 딸들에게 일자리를 준다고 속여 성으로 데려온 뒤 처녀들의 옷을 벗기고 조금이라도 움직이면 가시에 찔리도록 장치를 한 철새장에 가둬 천장에 매달았다. 그녀는 처녀들이 가시에 찔리게 하도록 일부러

철새장을 흔들었고, 고통에 못 이겨 몸을 심하게 움직이면 다른 가시에 찔리면서 죽게 만들었다. 그 밑에서 흘러내리는 피를 모아 목욕을 했다. 이렇게 죽인 사람이 총 612명에 달한다고 한다.

에르자베트의 살인 행각은 희생자들 중 한 명이 극적으로 탈출한 뒤 외부에 신고해 드러났다. 하지만 당시 귀족은 사형에 처할 수 없어 그녀의 집사 및 하녀들만 전원 사형에 처해졌다. 대신 그녀는 빛도 들어오지 않는 탑 꼭대기 방에 갇혔고 감금된 지 4년 만에 사망했다. 후대의 기록에 따르면 그녀의 범죄는 왜곡된 것이고, 바토리 가문이 칼뱅교를 믿었기 때문에 종교분쟁의 희생양일 수도 있다는 주장도 나왔다.

집단에 의한 고문과 폭력은 용서받을 수 있을까, 토마스 데 토르케마다

토마스 데 토르케마다Tomas de Torquemada, 1420~1498는 도미니크회의 수도사이자 이단심문관이었다. 그는 스페인 종교재판에서 초대 종교재판소장을 맡아 오직 가톨릭의 순수성을 지키기 위해 무고한 사람들을 화형시키고 학살했다.

스페인 종교재판소는 대부분 아무런 증거도 없이 수천 명을 고문하고 강간했으며, 토르케마다는 소장으로서 1만 220명을 화형하고 유대인과 무어인을 박해한 것으로 알려져 있다. 그는 반가톨릭 위협으로 인식되는 유대나 다른 종교를 믿는 사람들을 고문하고 살해하기 위해 특수한 고문기까지 고안했다. 사람들을 불에 태우고 목을 조르고 굶기는 등 온갖 잔인한 방법으로 고문했다고 전해진다. 고문과 폭력의 가해자들은 연쇄살인범과 동류라고 할 수 있지만 집단의 논리로 포장되기 때문에 처벌 대상에서 제외되기도 한다.

자신의 아들을 죽인
러시아 제국의 초대 황제 이반 4세

이반 4세Ivan IV, 1530~1584는 러시아의 초대 차르로, 러시아의 전제왕권을 수립하는 데 큰 공헌을 했다. 모스크바의 대공에서 출발해 황제에 자리에 오른 그는 강력한 중앙집권화를 목표로 삼았는데 그 과정에서 교회와 수도원을 탄압했다. 이반 4세는 바실라 3세의 맏아들로 태어났는데 어머니 엘레나 글린스카야는 바실라 3세의 정실이 아니었다.

그래서 그는 모스크바의 대공 지위를 넘겨받았지만 크렘린의 죄수로서 탑 속에 갇혀 지냈다. 불운한 어린 시절을 보내면서 힘겹게 자리를 지킨 그는 드디어 러시아의 차르로 즉위했고, 전제왕권을 수립했다. 불행하게도 그의 초기 공헌은 그가 저지른 다수의 잔혹한 행위로 뒤덮여졌다.

그는 극단적인 공포정치 체제를 시행하면서 귀족 세력을 제압하고, 종교 세력마저도 무력화시켜 러시아를 강력한 중앙집권국가로 만들었다. 그 과정에서 자신에게 절대적으로 충성하는 친위대를 조직했으며 이에 저항하는 세력은 학살했다. 특히 그는 말년에 장남과 말다툼을 벌이다 죽이기까지 했다.

유대인 대학살을 계획하고 집행한
아돌프 아이히만과 하인리히 힘러

독일 나치스 친위대 대령 아돌프 아이히만Adolf Eichmann, 1906~1962은 유대인 대학살을 지휘한 사람들 중 한 명이다. 그는 유대인 대학살 계획부터 참여했고, 행동으로 옮겼으며 제2차 세계대전 중 독일 및 독일 점령하에 있는 유럽 각지에 흩어져 있는 유대인을 체포하고 강제이주를 계획하고 지휘했다. 그에 의해 동유럽의 유대인들은 강제수용소로 추방되어 살해됐다.

독일이 항복하자 가족과 함께 아르헨티나로 도망을 갔으나 1960년 이스라엘 모사드에 의해 체포당해 600만 명의 학살 책임을 추궁당하고 사형을 선고받았다. 1962년 교수형에 처해졌다.

나치스 친위대장 하인리히 힘러Heinrich Himmler, 1900~1945도 대량 학살의 주범 중 한 사람으로, 사실상 나치스에서 2인자로 활동하면서 유대인에게 가장 두려운 존재기도 했다. 그는 유대인 대학살을 계획하고 그 집행을 책임졌던 것으로 알려져 있다. 그는 독일 통합경찰의 수장이자 강제수용소의 사령관으로서 죽음의 열차가 제 시간에 도착하고, 수용소가 학살을 효율적으로 시행할 수 있도록 엄격한 표준을 조직화했다. 그의 결정과 역할로 유대인, 폴란드인, 러시아인, 공산주의자 및 기타 집단을 포함한 약 1,100만 명이 살해됐다. 그는 전후 연합군에게 체포되자 자살했다.

무조건 죽이고 보는
캄보디아의 수상, 폴 포트

캄보디아의 대학살을 주도한 폴 포트Pol Pot, 1925~1998는 캄보디아 정부의 수상으로, 1975년 중반부터 사실상 통치자의 지위에 올라 크메르루주 정권을 이끌었다. 특히 그는 캄보디아 인구의 약 25%를 죽음으로 몬 장본인이다. 그는 강력한 농지정책을 도입해 모든 캄보디아 국민 200만 명을 강제로 농촌으로 이주하게 한 뒤 공산주의 소작민 농업 사회를 만들었다.

국민들은 새벽 4시부터 밤 10시까지 크메르루주 군인의 감시하에 노예노동을 강요받았다. 이런 노예노동 외에도 국민들은 2주에 1번씩 고작 180그램에 지나지 않는 쌀만 배급받아서 영양실조에 걸렸으며 병에 걸려도 제대로 치료를 받지 못했다. 규율을 위반하면 사형을 당했다.

크메르루주 정권이 이상한 정책을 시행하자 국민들의 시위와 반발이 이어졌지만 폴 포트는 국가의 발전을 가로막은 자들을 모두 죽여야 한다는 홀로코스트 정책을 펼쳤다. 그는 정책에 반대하는 사람들을 망치와 날카로운 대나무 창 등을 이용하여 집단사형을 집행하고, '킬링필드Killing

Fields'라는 곳에 매장했다.

특히 폴 포트가 이끄는 크메르루주 정권은 자본주의나 외국과 관계되어 있는, 또는 관계됐던 사람들, 그중에서도 외국어를 구사하는 사람, 공무원, 교수, 교사, 의사, 약사 등 전문적인 직업을 가진 사람들과 중산층 이상의 사람, 유명 스포츠 선수와 예술가들 즉 농민, 노동자 외에 모든 사람들을 악의 축으로 여겨 전부 몰살했다.

크메르루주 정권이 지식인 여부를 판단하는 기준은 책을 읽거나 들고 있고, 영어를 구사하고, 손바닥에 굳은살이 없고, 안경을 쓰는 등이 포함되어 있었다. 많은 사람들이 크메르루주의 기준으로 보면 가장 먼저 처형되어야 할 사람은 폴 포트였다고 한다.

그는 부농의 아들로 태어났고, 어릴 적 승려 교육을 받았고, 시아누크 국왕의 후원으로 프랑스에서 국비 장학생으로 무선전기공학을 전공했고, 시력이 나빠 안경을 썼고, 중학교 때 바이올린을 연주했다고 한다. 특히 그의 가족은 공산주의 사상에서 제일 배제하는 지배 계층에 속했다.

그는 지식인, 전문직 종사자, 외국을 동경하는 것처럼 보이는 사람, 공산주의 반대자 등을 표적으로 살인을 저질렀다.

그의 정권은 1979년 베트남 군대가 캄보디아를 침입해 폴 포트와 크메르루주를 몰아내면서 끝났다. 그의 통치하에 약 200만 명의 캄보디아 국민이 목숨을 잃은 것으로 추정되고 있다.

참고 자료

- https://allthatsinteresting.com/famous-psychopaths/6
- https://blog.naver.com/sonwj823/221894861269
- https://namu.wiki/w/%ED%8F%B4%20%ED%8F%AC%ED%8A%B8

반사회적인격장애가 의심되는
한국 연쇄살인범들

×
×
×

한국 최초의 연쇄살인범
김대두

한국 최초의 연쇄살인범이라고 알려진 김대두는 유영철이 잡히기 전까지 가장 많은 사람을 살해한 것으로 유명하다. 그에 의해 죽은 사람은 18명이다. 물론 일제강점기 시절 일본인 대다수와 조선인 소수를 살인한 이판능1894~1955이나 1982년 62명을 연달아 살해한 우대곤1955~1982은 연쇄살인이 아니라 연속살인 혹은 다중살인으로 보기 때문에 제외한 것이다.

김대두는 다른 연쇄살인범과 달리 평범한 가정환경 속에서 자랐지만 유독 아버지가 그에게 명문 중학교 진학을 원했다. 하지만 공부에 뜻을 두지 못한 그는 다양한 일을 전전하다 폭력 사건에 휘말려 전과범이 되었다. 그리고 출소한 후에 주변의 좋지 않은 시선을 받았다. 그는 이때를 회상하며 이렇게 말했다.

"교도소에 있다가 사회에 나오니 누구도 받아주지 않았다. 친
척과 친구들도 전과자라고 냉대했다. 남들보다 꼿발 날리게
살고 싶었는데…."

돈이 궁한 그는 1975년 8월 12일 돈을 갈취하기 위해 첫 살인을 저질
렀고, 10월 8일 검거되기 전까지 55일 동안 아이들을 포함해 17명을 살
해했다. 1주일 사이에 11명을 살해하고 2명에게 중상을 입혔는데 언론
에선 이를 두고 '야수의 짓'이라고 했다.

김대두는 첫 살인을 저지르고 순천행 기차를 탔다가 우연히 만난 교
도소 동기 김해운과 어울리며 두 번째 범행을 저질렀다. 이후 범행 장소
를 서울로 옮겼지만 김해운과 헤어지고 혼자서 계속해서 범행을 저질렀
다. 그는 마지막 피해자의 청바지를 뺏어 세탁소에 맡겼는데 청바지는
피가 많이 묻어 있었다. 이를 이상하게 여긴 세탁소 주인이 신고하면서
체포됐다.

그는 검거된 후 모든 죄를 순순히 시인했으나 현장을 검증할 때 껌
을 씹으며 히죽거려서 사람들을 경악케 했다. 그의 범행은 다른 연쇄살
인과는 조금 다르다. 외딴집에 사는 일가족을 몰살하고 겨우 푼돈을 가
져가거나 심지어 피해자가 돈 한 푼도 없는 경우가 있었다. 대체로 중상
류층을 대상으로 강도 살인을 저지르는데 김대두의 경우 그런 프레임과
는 달랐다.

체포된 후 그는 사형을, 그와 함께 1건의 살인을 저지른 김해운은 무

기징역을 선고받았다. 그리고 사형 확정 후 9개월 후인 1976년 12월 28일 사형이 집행됐다. 그는 사형을 기다리면서 기독교 신자가 되었는데 동료 수형자의 이야기에 따르면 조금이나마 자신의 잘못을 뉘우치는 기색이 있었다고 한다.

유영철의 롤모델이었던 연쇄살인범 정두영

정두영은 1999년 6월부터 2000년 4월까지 불과 10개월 동안에 9명을 강도하고 살인한 연쇄살인범이다. 유영철은 정두영을 자신의 롤 모델이라고 밝히기도 했다. 실제로 유영철이 범행 도구로 둔기를 사용한 것도 정두영의 범행 수법에서 착안할 정도로 그의 잔혹성은 유영철을 능가할 정도였다. 살해 수법이 너무나도 잔혹하여 경찰마저 초기엔 원한살인으로 착각했을 정도였다고 한다.

정두영은 아버지가 암 투병 중에 생긴 아이로, 그의 아버지는 그가 2살 때 사망했다. 생활고로 어머니는 그에게 충분한 사랑과 관심을 주지 못했고, 심지어는 제대로 먹이지도 못했다. 결국 그의 어머니는 정두영을 작은아버지에게 맡기고 재혼했는데 작은아버지도 감당이 안 되자 고아원으로 보냈다. 7살 때 고아원으로 찾아온 어머니를 따라 계부와 함께 살게 됐지만 이웃형제들과의 갈등으로 다시 고아원으로 돌아갔다.

선천적으로 체구가 작은 그는 고아원에서 놀림과 괴로움, 폭력을 많이 당하자 결국 자신을 보호해줄 사람은 아무도 없기 때문에 폭력만이 자신이 살아남을 수 있는 길이라고 느낀다. 고아원을 퇴소한 후 무학인 그에게 생계수단은 범죄 외엔 없었다. 18살이 되던 1986년에 돈을 훔치려고 들어간 초등학교에서 마주친 교사를 흉기로 찌르고 달아났지만 한달 뒤 자신을 검문하는 방범대원을 골목길로 유인해 칼로 찔러 살해하면서 체포되어 11년을 복역했다.

출소를 했지만 곧 절도 혐의로 다시 6개월을 살고 두 번째로 출소한 후부터 본격적으로 강도 살인을 시작했고, 그로부터 10개월 동안 9명을 살해했다. 그 과정에서 한 여성과 동거에 들어갔는데 정두영은 그 여성을 소중하게 생각했다고 한다. 연쇄살인으로 체포됐을 때 동거하던 여인이 공범으로 몰리자 극구 부인하고 범행 일체를 자백했다.

일례로 취재진에게 "왜 그렇게 잔혹하게 죽였느냐?"라는 질문에 "다급해서 그랬는데 어쩌면 내 안에 악마가 있는지도 모르겠다"라고 답하기도 했다. 사실 그의 범행 목적은 돈의 갈취였다. 하지만 범행이 너무 잔인했고, 돈을 갈취하는 선에서 끝나지 않고 사람을 죽였던 것이다.

2001년 강도살인죄로 사형을 선고받고 현재 미집행 사형수로 복역 중이다. 2016년 8월 6일 대전교도소에서 탈옥을 시도하다 다시 붙잡히는 사건이 벌어지기도 했다. 사실 그의 범죄는 불우한 어린 시절의 환경과 사회적 소외감으로 인해 발생했다고 봐도 무방하다.

사이코패스 논쟁을 불러일으킨
연쇄살인범 유영철

유영철은 2003년 9월부터 2004년 7월까지 20명을 살해한 연쇄살인범으로, 그의 엽기적인 살인 행각이 드러나면서 그를 이해하려는 노력의 일환으로 사이코패스라는 단어가 사용됐다. 이로 인해 한국에서 사이코패스라는 용어가 대중들에게 널리 알려지게 됐다.

가난한 가정에서 태어난 유영철1970~은 알코올 의존증으로 인한 아버지의 폭력과 외도를 아주 어릴 때부터 겪고 자랐다. 6세부터는 계모 슬하에서 형제들과 자랐지만 그의 아버지와 계모는 밤마다 그에게 폭력을 휘둘렀다. 이후 어머니와 함께 살게 되었고, 중학교 때 아버지가 사망하면서 형제들과도 다시 합쳤다. 그의 학창 시절은 평균적으로 평범했는데 개구리를 잡아 해부하는 것을 좋아했다. 그는 친구들에게 자신은 의사가 되겠다고 말했다고 한다. 그는 선도부 반장을 맡아 선생님을 대신해 규율을 어긴 학생들을 혼내거나 폭행을 행사했다. 싸움을 잘해서 폭력조직과 싸움을 벌이기도 했다. 범죄심리 분석관프로파일러들은 이때부터 그의 폭력성이 보이기 시작했다고 분석했다.

미술에 재능이 있어 예술고등학교를 지원했지만 실패하고 공업고등학교에 입학하여 재학 중 절도 사건으로 구속되어 소년원에 들어간 뒤 고등학교를 자퇴했다. 그 후 절도로 교도소를 들락거렸다. 그러는 와중에 결혼도 하여 1994년에는 아들을 얻었다. 이후 낮에는 웨딩숍 사진관에서 일하고, 밤에는 불법퇴폐업소를 운영하는 업주를 상대로 경찰관을 사칭하면서 금품을 갈취했다. 1998년부터는 미성년자 강간죄로 교도소에서 장기 복역을 하게 되면서 2000년 이혼을 당한다. 이에 앙심을 품고 아내를 살해하려다가 그것이 여의치 않자 분노를 사회로 표출하기 위해 무차별 연쇄살인을 하기로 결심했다.

유영철의 초기 범행은 주로 노인을 묵직한 둔기로 뇌가 빠져나올 정도로 수차례 내리치는 잔인성을 보였는데 이후 범행 대상을 여성으로 변경했다. 전화방이나 마사지 도우미 여성들을 불러들여 총 11명을 살해했다.

그는 전화로 여성들을 불러 길거리나 여관에서 만난 뒤, 경찰을 사칭해 자신의 오피스텔에 데리고 갔다. 유영철은 여성들에게 샤워를 하게 한 뒤 욕실에서 망치로 머리를 가격해 기절시켜 거버 칼로 목을 잘라 시신을 토막냈다.

그의 자백에 의하면 "자른 머리의 머리카락을 고무줄로 묶어 벽면에 달린 휴지걸이에 매달아 놓아 피를 다 **뺐다**"고 한다. 시신을 토막낼 때 소리가 날까 봐 음악과 물을 틀어 그 소리를 잠재웠다. 특히 그는 자신의 욕구를 충족시키기 위해 사체에 대한 모욕이나 절단 등의 엽기적인 행동을 했는데 시체의 뇌수를 믹서에 갈아 먹는 등 식인 행위를 한 것으로 알려졌다. 노인을 살해한 것도 잔인했지만 여성을 상대로 한 범행은 지면에 자세히 쓸 수 없을 만큼 잔인했다.

그는 특정 번호로 불러낸 마사지사들이 자꾸 실종된다는 마사지 업소 주인의 신고로 체포됐다. 경찰은 처음 인신매매범으로 생각했으나 유영철이 서남부 연쇄살인 사건의 범인은 바로 자신이라고 진술하면서 연쇄살인범에 대한 조사가 시작됐다.

유영철은 사이코패시 체크리스트(PCL-R)에서 30점 이상의 점수를 받았다. 이로 인해 사이코패스의 논쟁이 있었지만 일부는 검사로 인해 그를 사이코패스로 진단하는 것보다 그저 증오 범죄라고 봐야 한다는 주장도 있었다. 그는 사형을 선고받고 '형집행 무기한대기' 중이다.

그는 교도소에 수감 중임에도 자신이 사이코라면서 "너 하나 죽여도 난 어차피 사형이야"라고 말하며 교도관을 위협하고 협박한다고 한다.

쾌락을 위해 살인을 저지른
연쇄살인범 정남규

정남규는 2004년 1월 14일부터 2006년 4월 22일까지 서울과 경기 지역에서 13명을 살해하고 20명에게 중상을 입힌 연쇄살인범이다. 그는 경찰의 조사를 받으면서도 "피 냄새가 맡고 싶다. 피 냄새에서는 향기가 난다", "1,000명을 죽여야 하는데 채우지 못하고 잡힌 게 억울하다", 재판 과정에서는 "더 이상 살인을 못할까 봐 조바심이 난다"고 할 정도로 살인에 집착했다. 그는 자신의 범행에 대해서 후회하거나 죄책감을 전혀 보이지 않았다.

그는 어린 시절 아버지의 끊이지 않는 폭행과 자신을 아껴주던 동네 아저씨로부터 성추행, 성폭행, 성희롱을 당하는 등 아동기 가정 폭력과 성폭력 및 학대의 피해자로서 학교생활에 제대로 적응하지 못했다. 심지어 고교 시절엔 집단 괴롭힘과 학교폭력을 당했으며, 옆방 아저씨에겐 성폭행을 당했다. 군대 시절에는 선임들에게 가혹 행위는 물론 성폭행을 당하는 등 사회에 적응하고 생활하기 어려운 일들을 많이 겪었다. 이로 인해 사회에 대한 증오와 복수심이 가득했다.

특히 그는 절도와 특수 강도로 교도소에 수용된 적이 있는 전과범으로 사회에서 반듯한 직장을 구할 수가 없었다. 30대에는 어머니와 누나와 함께 살았지만 누구도 경제활동을 하지 않았기 때문에 어머니 명의의 낡은 주택에 딸린 방을 세놓고 받는 55만 원이 수입의 전부였다.

그는 초기와 후기 범행에 차이가 있다. 초기에는 골목길에 혼자 있는 여성을 습격하는 방식이라면 후기에는 새벽 무렵 주택에 침입해 둔기로 범행을 저지르고 방화를 했다. 정남규는 주로 CCTV가 없는 보안과 치안이 취약한 곳을 범행 장소로 삼았다. 그래서 안전시설이 상대적으로 빈약한 지역에 거주하던 사회적 약자들이 희생자가 됐다. 그 또한 약자들만 공격했다고 인정했다.

정남규의 잔인성은 범행 수법에서 나타났는데 실례로 남매가 있는 한 주택에 침입해 누나는 목을 조르고, 남동생은 둔기로 머리를 내리친 뒤 불을 질렀는데 혹시나 남동생이 밖으로 나오지 못하도록 젓가락을 손으로 구부려 문고리에 걸어 잠가버렸다.

그가 체포된 사정은 다소 어처구니가 없다. 그는 강도를 하기 위해 한 다세대 주택에 침입했지만 만원짜리 상품권 1장밖에 발견하지 못하자 화가 나서 방에서 자고 있던 20대 아들을 둔기로 내리쳤으나 이것이 빗나가면서 피해자가 더 극렬히 저항했다. 동시에 아들의 아버지까지 합세하면서 체포됐는데 경찰은 초기에 그를 단순한 강도살해범으로 인식했으나 그를 조사하면서 연쇄살인의 진상이 드러났다.

정남규는 검거된 후에도 범행에 대한 죄책감을 전혀 느끼지 못한다고 진술한 것으로 알려져 사람들을 놀라게 했다. 유영철의 경우 불우한 가정환경에 기인해 세상 사람들에 대한 증오와 분노를 동기로 한 철저한 목적형 범행이었던 반면 정남규는 살인에서 쾌락을 찾는 전형적인 쾌락살인범이었다.

그는 범죄 준비를 철저히 했는데 CCTV에 찍히지 않으려고 장거리도 도보로 이동하고, 도주를 위한 건강관리로 운동도 열심히 하면서 술과 담배를 끊었다. 과학수사를 통해 그의 범행 수법을 분석한 결과 종적을 남기지 않으려고 신발의 밑창을 도려내고, 지문을 남기지 않으려고 장갑을 사용했다. 그래서 장기간 많은 살인을 지속할 수 있었다고 한다. 특히 그는 유영철의 소행으로 알려졌던 서울 이문동 살인사건의 진범으로 밝혀졌다.

수사관이나 범죄심리 분석관프로파일러들에 의하면 그는 살인을 즐기는 쾌락살인범으로 역대 가장 흉악한 연쇄살인마라고 한다. 대부분의 범죄자들이 동정에 호소하고, 사실을 숨기고 확실한 증거 앞에서만 어쩔 수 없이 자백하는 반면에 그는 스스로 자백하고, 하고 싶은 말을 다하며, 사형마저도 두려워하지 않는 사이코패스의 면모를 보였다. 그는 사형을 선고받았지만 서울구치소에서 '형집행 대기 상태'에 있다가 자살했다.

언변이 남다르고 피상적인 매력을 가진
연쇄살인범 강호순

강호순1969~은 연쇄살인범의 사이코패스나 소시오패스 성향을 논할 때마다 빠지지 않는 인물이다. 그는 2006년 9월부터 2008년 12월까지 경기 지역에서 10명의 여성을 연쇄적으로 납치하여 살해한 연쇄살인범이다.

그는 호남형이고 차량을 이용해 여성을 납치하고 강간하고 살해한 점에서 미국의 세기적 연쇄살인범 테드 번디의 범행 수법과 행동 양태가 유사하다고 할 수 있다. 그는 추운 겨울 버스가 잘 오지 않는 정류장에 홀로 있는 여성에게 다가가 차를 태워준다고 한 뒤 여성이 타면 강간 후 목을 졸라 살해하고 암매장했다. 이때 희생자의 손톱을 가위로 잘라 자신의 혈흔이 남기지 않도록 소각하는 치밀함을 보였다.

충청도 한 시골에서 5남매 중 셋째로 태어난 그는 농업고등학교를 졸업했다. 고교 생활기록부에는 그가 용모가 단정하고 성실하다고 적혀 있다고 한다. 부사관으로 군에 입대했지만 휴가 중 소를 훔친 혐의로 불명예제대를 하고, 1992년부터 2005년까지 네 번 결혼을 하고 아이 셋을 낳았다.

다른 연쇄살인범과 달리 그의 가정환경은 평범했고 아동학대를 경험하지 않았으나 훗날 그의 아버지가 어머니에게 가정 폭력을 행한 사실이 있다고 밝혀졌다. 생존한 피해여성 한 명은 그의 첫 인상이 매우 순진하고 순박한 축산업자의 느낌을 주어 쉽게 속아 넘어갔다고 밝혔다. 그는 직장 동료에게 여자 등치며 사는 것이 제일 쉬웠다고 자랑했으며, 동네 친구들도 그가 여성편력이 심각하여 혼인 상태에서도 차량으로 헌팅을 하며 다른 여자를 만났다고 전했다.

실제로 사이코패스나 소시오패스 모두 성생활이 문란하고 이성관계가 복잡하고 관계의 기간도 짧은 편이라는 공통적 특성을 가지는데 그가 이런 특성을 보여준 것이다.

그는 네 번째 아내와 장모 앞으로 거액의 생명보험에 가입하고 방화로 살해했다. 그 후 불안감과 불면증으로 정신과에 다녔지만 보험금마저 받지 못하자 부녀자를 대상으로 강간하고 살해하는 범행을 시작했다. 2004년부터 경기도 남부 일대에서 범행을 저지르다가 군포에서 여대생을 살해하고 그녀의 카드로 돈을 인출하다 덜미가 잡혔다. 강호순은 경찰에 체포된 후에도 증거를 가져오라고 항변했지만 CCTV에 비친 얼굴과 희생자에게서 나온 DNA 검사 결과 범인으로 확정됐다. 2009년 사형을 선고받고, 현재 서울구치소에서 '형집행 무기한대기' 중이다.

강호순은 자신의 이미지를 좋게 하기 위해 마을 사람들에게 친절을 베풀며 신뢰를 쌓았다. 마을 사람들은 그를 사위나 동생으로 삼고 싶을 정도로 싹싹한 성품에 괜찮은 사람이었다고 증언했다. 그를 면담한 범죄심리학자들은 입을 모아 그가 피상적인 매력을 가졌고, 언변이 굉장히 유창했다고 전한다. 하지만 그는 자식 이야기에 약했는데 자신의 신상이 공개되자 "내 얼굴이 공개되면 자식들은 어쩌라고?" 하면서 항변했으며 자식의 이야기에 눈물을 흘렸다고 한다. 하지만 이것은 진실로 자신의 죄를 참회하기 위한 눈물은 아니었다고 한다.

많은 범죄심리학자들은 강호순을 전형적인 사이코패스라고 정의하나 간혹 소시오패스라고 보기도 한다. 그는 사이코패스 성향도 있지만 기질 면에서 소시오패스 성향이 더 강하다는 것이다. 일부는 강호순이 피해자들을 유인할 때 일종의 가스라이팅을 사용한 것이 아닐까라고 추정하기도 한다. 하지만 강호순 변호인은 이를 부정했다. 강호순은 사이코패시 체크리스트(PCL-R)에서 29점을 받았다.

참고 자료

- https://en.wikipedia.org/wiki/Kim_Dae-doo
- https://namu.wiki/w/%EC%A0%95%EB%91%90%EC%98%81
- https://en.wikipedia.org/wiki/Yoo_Young-chul
- https://namu.wiki/w/%EC%A0%95%EB%82%A8%EA%B7%9C(%EB%B2%94%EC%A3%84%EC%9E%90)
- https://en.wikipedia.org/wiki/Kang_Ho-sun

영화 속
사이코패스와 소시오패스

×
×
×

영화 속 사이코패스
사실인가, 허구인가?

사이코패스를 다룬 대표적 영화는 「양들의 침묵」과 「싸이코」가 전형적이다. 최근 400여 편의 영화를 분석한 「법정 정신의학자Forensic Psychiatrists」라는 학술지에 게재된 논문에 의하면 알프레드 히치콕이 연출한 「싸이코」의 주인공 노만 베이츠는 진정한 사이코패스가 되기에는 지나치게 망상적이고 현실과 너무 동떨어졌다고 밝혔다. 굳이 진단하자면 세계에서 가장 유명한 마마보이인 그는 반사회적인격장애자라기보단 그저 정신병자에 더 가깝다고 했다.

연구자들은 이 영화가 개봉된 1960년에는 정신병자에 대해 부적절하거나 불완전한 이해에 기초해서 그저 피상적인 부분을 풍자화했고, 반사회적인격장애의 개념 정의도 시대에 따라 변했기 때문에 그때는 현재와 전혀 다르게 진단되고 특징도 달랐을 것이라고 설명했다.

그래서 영화에서 사이코패스에 대한 묘사가 어떻게 진화됐는지를 판단하기 위해 영화비평가와 심리학자들이 1915년작 「국가의 탄생The Birth of a Nation」부터 2010년작 「러블리 본즈The Lovely Bones」까지 반사회적 인격장애자를 묘사한 약 400편의 영화를 분석했다.

대부분의 영화 속에서 묘사되는 사이코패스는 현실과는 다소 거리가 있어 제외됐다. 그중에서 우리가 악당으로 알고 있는 1932년작 「스카페이스Scarface」의 토니 카몬테, 1960년작 「싸이코」의 노만 베이츠 그리고 2007년작 「노인을 위한 나라는 없다No Country for Old Man」의 안톤 쉬거 등 사이코패스의 특징을 묘사한 126편에 대해서만 심층 분석했다.

대중에게 잘못된 인식을 심어준
영화 속 사이코패스

그렇다면 이들 영화 속에서 사이코패스로 묘사된 주인공들은 과연 임상적으로 얼마나 현실적일까. 논문에 따르면, 아주 일부를 제외하고는 그리 많지 않다는 것이다. 영화 속에서 정신질환이나 반사회적인격장애 등을 어떻게 묘사하느냐에 따라 대중의 인식이 달라지기 때문에 매우 중요하지 않을 수 없다.

불행하게도 영화를 통해 묘사되는 사이코패스 이미지는 종종 대중에게 잘못된 인식을 심어주었다. 이를 입증하듯 한 여론조사에 의하면 조사 대상자의 거의 3분의 2 정도가 심각한 정신질환을 가진 사람은 일반인보다 위험하다고 믿고 있다는 것이다.

그러나 현실은 심각한 정신질환을 가진 사람의 5% 미만이 폭력성을 띨 뿐만 아니라 오히려 폭력범죄의 피해자가 될 위험이 훨씬 더 높다고 한다. 연구 결과 특히 할리우드 영화에서 묘사하는 사이코패스는 종종 높은 지능, 음악과 미술 등 예술에 대한 지적 자극의 선호, 통제 불능, 자신이 멋지다고 생각하는 허영심이 가득한 태도, 사람을 살해하거나 압도하는 특출한 기술 등 실제 사이코패스의 특징이라고 할 수 없는 기질을 가지고 있는 것으로 그려졌다는 것이다.

사이코패스를 현실적으로 묘사한 영화들

「싸이코」의 노만 베이츠와 「택시 드라이버」의 트래비스 버클은 사이코패스가 아니라 정신병자에 가깝다는 게 논문의 평이다. 물론 일부 영화는 사이코패스를 제대로 묘사해서 현실성이 꽤 높게 반영됐다고 한다.

먼저 「노인을 위한 나라는 없다」의 안톤 쉬거는 가장 현실적인 사이코패스에 가깝다고 한다. 그는 누군가를 사랑할 줄 모르고 수치심이나 후회도 없고, 심리적 통찰도 결여되고, 과거 경험에서 살아가는 법을 배우지 못하고, 냉혈적이고 무지비한 태도를 가지고 있고, 공감능력이 부족하는 등 전형적 특발성prototypical idiopathic을 가진 '1차적 사이코패스'라는 것이다. 그는 감정적으로나 감성적으로 취약하지 않으나 어떠한 형태의 감정이나 인간애에는 저항적이라고 평가했다.

다음으로 사이코패스를 사실적으로 잘 묘사한 영화는 1986년작 「헨리 : 연쇄살인범의 초상Henry: Portrait of a Serial Killer」이다. 이 영화는 실제 연쇄살인범인 헨리 리 루카스Henry Lee Lucas, 1936~2001와 오티스 툴레Ottis Toole의 삶을 바탕으로 만들어졌다. 그래서 그런지 사이코패스의 삶에서의 불안정과 혼란을 잘 묘사했다고 분석했다. 헨리의 통찰력 결여, 감정적 빈곤, 잘 세웠다고 하는 계획의 실패 등이 대표적이다. 헨리가 시도 때도 없이 사람을 죽이는 새로운 방법을 찾고 싶어하는 것도 사이코패스를 잘 표현한 것이라고 한다.

안톤 쉬거와 비교할 수 있는 「러블리 본즈」의 조지 하비는 그에 비해 좀더 순응된 반사회적인격장애자라고 한다. 그는 사회적으로 능력이 있어 겉으로 보면 보통 사람처럼 보이지만 그 이면엔 잘 조직화된 아동성애자였다.

기존 사이코패스의 이미지와는 달리 성공적인 사이코패스를 사실적으로 잘 묘사한 영화는 1987년작 「월스트리트Wall Street」를 뽑았다. 이 영화의 주인공 고든 게코는 교활한 반사회적인격장애를 가진 성공한 금융인이다. 고든 게코와 같은 교활하고 교묘하게 다른 사람을 조종하는 반사회적인격장애 특성이나 인물이 대중적 흥미와 관심을 끌었던 것은 세계 경제 위기를 틈타 희대의 사기사건 등으로 '기업 사이코패스'가 부각됐기 때문은 아닐까 한다.

그래서 그로부터 브로커, 정직하지 않은 증권 거래인, 악의적 변호사, 기업 비밀이나 정보, 기술을 빼돌리는 등 기업 스파이에 가담한 사람과 같은 인물을 묘사하는 영화들이 만들어졌다.

고든 게코와 유사한 인물로는 「더 울프 오브 월 스트리트The Wolf of Wall Street」의 주인공 조단 벨포트Jordan Belfort, 1962~가 있다. 이 영화는 실화를 바탕으로 만들어졌는데 실제 인물인 조단 벨포트의 이야기를 발판으로 성공한 사이코패스를 사실적으로 묘사했다.

사이코패스를 비현실적으로 묘사한 영화들

이와는 반대로, 영화 속 사이코패스가 비현실적으로 묘사된 것으로 평가된 경우도 적지 않다. 먼저 가장 비현실적인 것으로 평가된 영화 속 사이코패스는 「양들의 침묵」의 한니발 렉터다. 그의 초인간적 정보와 교활함은 사이코패스의 전형과는 달라서 사이코패스뿐만 아니라 일반인에게서도 찾을 수 없다.

특히 한니발 렉터는 1980년이나 1990년대 대중적 인기를 얻은 소위 '엘리트 사이코패스'의 완벽한 예로, 이런 인물은 현실세계에서 전혀 찾을 수 없다는 의견이 지배적이었다.

한니발 렉터는 사람을 무장해제시키는 매력, 높은 교육지식과 박식함, 공손함과 정중함 그리고 재치로 자신의 진짜 본성을 가장하는 아주 뛰어나게 지능이 높은 사교계의 명사로 묘사된다. 이 부분이 사이코패스에서 거리가 멀 뿐 아니라 잘못 묘사된 경우라는 것이다. 특히 그는 여주인공 클라리스 스털링의 옷과 신발, 향수를 통해 그녀의 심리적 갈등을 진단하는 뛰어난 임상 심리학자로 묘사되는데 사실 이런 능력은 일상의 임상 실무에서 발휘될 수 없는 부분이기도 하다.

한탕 털어 나만 잘 살면 돼,
「퍼펙트 케어」의 말라

제이 블레이크슨J Blakeson이 감독한 「퍼펙트 케어I Care A Lot」는 기업 영화라기보단 범죄 영화라고 할 수 있다. 그리고 여성 소시오패스가 등장한다. 영화에서 냉혈의 소시오패스로 의심받는 사람은 바로 주인공 말라다. 그녀는 법의 테두리 안에서 은퇴한 노인들의 건강과 재산을 관리하는 회사를 세우고, 노인들을 요양원에 보낸 후 그들의 재산을 털어 챙기는 사기꾼이다. 그녀는 능글맞을 정도로 언변이 좋다.

말라가 노인들의 안락한 삶을 강탈하고 그들의 부와 명성에 의존해서 살게 되자, 관객은 그것이 바로 세상이 돌아가는 방식이라고 인식하게 된다. 특히 「포브스」 표지에 실린 그들의 무표정한 얼굴을 보면 부러워 어쩔 줄을 모른다.

특히 그녀의 사기를 돕는 사람들은 마치 공장 조립 라인처럼 움직인다. 노인들의 주치의는 노인들의 의료기록을 조작하여 자신의 환자들을 말라에게 맡기고, 요양원 관리자는 말라가 돈을 빼앗을 노인을 위해 방을 비워두고 교도소장처럼 행세한다. 자본주의 사회에서 이들은 말라에게서 얻는 경제적 이득으로 인해 죄책감도 느끼지 않고 잘못된 행동을 한다. 그들이 모두 소시오패스일 수는 없지만 자신의 이익을 위해 양심을 파는 행위는 소시오패스의 한 기질이기도 하다.

과연 우리는 어떻게 행동할까? 말라가 제안하는 달콤한 이익을 위해 누군가를 희생시키는 것에 죄책감을 느끼지 않고 자신의 이익을 취할 수 있을까? 이 영화에서 말라는 우리 안의 소시오패스를 수용하도록 요구하는 경제적 현실의 산물일 수도 있다.

당신은 내가 소시오패스라고 생각하시나요? 「더 위저드 오브 라이즈」

반사회적인격장애라는 진단은 그냥 눈에 보이지 않는 꼬리표에 지나지 않아서 부모를 제외한 누구도 그것에 대해 알지 못한다. 충동성, 공격성, 부주의함이나 사회 규범에 동조하는 능력의 부재와 같은 기질 모두가 현대 사회의 일터에서 항해하려는 사람에게 이상적인 것은 아니다. 그래서 누구에게도 밝히지 못한 채 조용히 혼자 짊어지고 산다.

특히 소시오패스의 기질들은 반사회적 경향을 띠고 있어 법적으로 문제가 될 소지가 많다. 하지만 제대로 활용하고 제대로 통제한다면 일반 사람들보다 더 위대한 지도자가 될 수 있다. 예를 들어 대담함이나 배

짱, 무자비함, 강한 의지 등이 바로 그런 유형의 기질이라고 할 수 있다.

「더 위저드 오브 라이즈The Wizard of Lies」는 버나드 메이도프의 이야기를 다룬 영화다. 텔레비전 영화로 만들어져서 우리나라에선 개봉하지 않았다. 버나드 메이도프를 연기한 배우는 로버트 드 니로인데 그는 마지막 장면에서 "당신은 내가 소시오패스라고 생각하나요?"라고 묻는다.

대부분은 그렇다고 답하고 일부는 아니라고 답하겠지만 한 가지 분명한 것은 소시오패스를 관찰할 수 있는 영화를 보는 것은 매우 흥미롭다는 사실이다.

버나드 메이도프처럼 다단계 사기를 치는 사람들은 투자자들이나 소비자들에게 엄청난 피해를 안긴 범죄자지만 그들은 다른 사람들에게 찾을 수 없는 특별한 매력이 있었다. 그리고 박력이 있었으며 확신을 주는 사람들이다.

그리고 소시오패스는 전형적으로 자신의 이익을 위해 다른 사람에게 피해를 주는 것에 크게 관여하지 않는다. 양심이 없고 공감능력이나 동정심이 없다. 옳고 그름에 따라 동기가 부여되지 않고 행동하지도 않는다. 다른 사람을 통제하기 위해선 무엇이든 할 수 있다.

그러나 소시오패스는 폭력이나 무력을 이용해 누군가를 통제하진 않는다. 그들은 자신의 매력을 이용한다. 그들이 장기간 사기극을 벌일 수 있는 이유는 카리스마가 강할 뿐만 아니라 지적 수준이 높고 매우 매력적이고 확신을 주기 때문이다.

바로 이점으로 많은 사람들이 소시오패스를 믿고 받아들인다. 그 결과 성공의 길도 수월하게 열린다. 그러나 그들은 자신의 매력과 카리스마가 더 이상 활용되지 못하면 바로 분노를 일으킨다.

참고 자료

- https://theweek.com/articles/452030/norman-bates-realistic-psychopath
- https://www.minnpost.com/second-opinion/2014/01/why-psychopathic-film-villains-are-rarely-realistic-and-why-it-matters
- https://www.sciencenews.org/blog/gory-details/most-and-least-realistic-movie-psychopaths-ever
- https://www.browndailyherald.com/2021/03/07/care-lot-sociopathy-corporate-america
- https://www.businessinsider.com/sociopaths-often-choose-to-live-normal-life-2016-12
- https://practicalpie.com/famous-sociopaths

문학 속
사이코패스와 소시오패스

× × ×

상상을 초월한
문학 속 사이코패스와 소시오패스

누누이 강조하지만 모든 범죄자가 다 사이코패스와 소시오패스가 아니며, 모든 사이코패스와 소시오패스가 다 범죄자도 아니다. 이 점을 감안해서 영화나 문학 속에 반영된 사이코패스와 소시오패스는 어떤 인물인지 알아보는 것도 좋을 것 같다. 사실 문학 속에 묘사된 사이코패스와 소시오패스는 아마 관객이나 독자들의 상상을 초월하거나 아예 상상을 하지 못하게 만들 수도 있다.

사이코패스와 소시오패스는 피상적인 매력을 갖고 있지만 그들 내면엔 사랑이 없다. 얼음처럼 차가운 감정으로, 양심이 없는 특별한 창조물이다. 그래서 당연히 독자들의 흥미와 관심을 끌기에 충분하다. 그래선지 사이코패스와 소시오패스에 대한 이야기는 영화는 물론이고 문학을 비롯한 거의 모든 대중문화 속에서 다뤄졌다. 먼저 문학 속에 비친 그들은 어떻게 기술됐을까?

가난한 아이들을 통제한 『올리버 트위스트』의 페이긴

찰스 디킨스Charles Dickens, 1812~1870의 『올리버 트위스트Oliver Twist』에 나오는 페이긴을 관찰하면 그가 소시오패스일 수 있다는 생각이 든다. 페이긴은 지하세계의 인물로 여러 꼬마 소매치기들을 거느린 장물아비다. 아이들에게 소매치기와 기타 범행을 가르쳐 대부분의 돈을 자신이 갖는 인물로 묘사된다. 그는 아이들이 벌어온 돈으로 윤택한 삶을 살 수 있으나 전혀 그렇게 하지 못한 구두쇠다. 자신한테도 윤택한 삶을 선사하지 않는데 아이들에겐 오죽할까?

그는 공감능력이나 동정심이 결여되어 아이들이 벌어온 돈을 갈취하지만 그들에게 신경을 쓰지 않는다. 페이긴은 이후 아이들에게 잘못된 행위를 가르치고 돈을 벌게 해 그 돈을 갈취하는 어른들의 대명사가 되기도 한다. 소설 속에서 그는 붙잡혀서 교수형에 처해지는데, 교도소에서 자신의 운명을 기다리면서 그는 진정한 소시오패시적인 행동을 보인다. 바로 모든 사람의 동정을 사기 위해 연기를 하는 것이었다.

비정상적인 방법으로 상류층을 꿈꾼
『재미 있는 리플리 씨』의 리플리

페이긴에 못지않은 인물이 있다면 바로 패트리샤 하이스미스Patricia Highsmith의 『재능 있는 리플리 씨The Talented Mr. Ripley』에 나오는 톰 리플리일 것이다. 그는 어떤 경우라도 빠져나올 수 없는 매력을 가진 살인범이다. 그는 빈손으로 뉴욕 맨해튼에 도착해서 여러 직업을 전전하다가 부유한 사업가 그린리프를 만나 이탈리아에서 한량처럼 살고 있는 그의 아들 딕키를 집으로 데려오는 일을 맡는다. 그 과정에서 리플리는 그린리프의 화려한 삶에 사로잡히고, 상류층의 삶을 살기 위해 위조와 변조, 사기, 연쇄 살인 등을 일삼는다. 리플리는 잘생기고, 똑똑하고, 멋지고 당당한 모습을 보이는데 소설 속의 리플리는 바로 소시오패스의 전형이기도 하다.

문학 속 여성 소시오패스의 원조
메데이아

흥미로운 사실은 문학 속 소시오패스로 그려지는 성비가 7대 1일 정도로 남성이 우세하지만 여성 소시오패스를 묘사하는 경우도 적지 않다는 점이다. 소시오패스는 매우 흥미로운 존재로 독자에게 많은 재미를 선사할 수 있는데 특히 여성이라면 더욱더 관심과 흥미를 불러일으킨다.

임상적 측면에서 살펴보면 매우 복잡하고 논쟁거리가 되겠지만 허구로 쓰인 문학 속 여성 소시오패스는 과격한 존재로 묘사되기도 한다.

그래서 더욱 신선하다. 아마도 흔히 우리가 익숙하게 접하는 영웅들과 많이 다르기 때문일 것이다. 죄책이나 동정심이 부족하고 결여되어 자신의 이익을 위해 누군가에게 미안한 기색도 없이 당당하게 행동하는 면이 독자들에게 신선한 충격과 함께 카타르시스를 느끼게도 한다. 이는 우리의 가장 어두운 부분을 뚜렷하게 보여주는 측면이기도 하다. 때론 인간은 죄책이나 동정심 따윈 버려버리고 마음대로 살고 싶은 염원을 내포하기도 한다.

비록 이런 기질을 가진 여성 소시오패스를 우리 곁에 두고 싶어하지는 않겠지만 대부분의 사람들은 문학 속에 그려진 여성 소시오패스의 역동적이고 환상적인 성격에 몰입된다. 그래서 남성보다 여성 소시오패스가 독자에게 강한 임팩트를 주고 있는 것은 사실이다.

실제로 그리스신화의 대담하고 지성적인 성격의 마술사인 메데이아는 문학 속 여성 소시오패스의 시작일 수 있다. 그녀는 콜키스의 황금양털을 찾아온 이아손과 사랑에 따져 그를 돕지만 이아손의 적들은 물론이고 자신의 형제까지 잔혹하게 살해하는 잔혹성을 보인다.

정신병자에 더 가까운 『싸이코』의 노만 베이츠

사실 알프레드 히치콕은 로버트 블로흐Robert Bloch, 1917~1994의 1959년 동명 소설 『싸이코』를 영화화했는데 소설보다 영화가 더 유명하다.

로버트 블로흐는 1957년 체포된 위스콘신 주의 연쇄살인범 에드워드 게인Ed Gein, 1906~1984●에서 영감을 받아 이 소설을 집필했다고 알려졌으나 그는 에드워드 게인의 범행이 드러나기 전에 이 소설을 쓰기 시작했으며, 자신이 창작한 상상의 인물이 실제 에드워드 게인과 동기나 행동 면에서 너무도 비슷해 자신도 놀랐다고 밝히기도 했다.

노만 베이츠는 해리성 정체성 장애Dissociative Identity Disorder로 고통을 받는, 캘리포니아에서 작은 숙박업소를 운영하는 젊은이다. 그는 어머니 노마 베이츠로부터 많은 영향을 받았는데 그녀는 성性의 모든 것이 다 원죄며, 자신 외에 다른 여성은 다 음란하고 매춘부라고 가르쳤다. 노만 베이츠는 어머니로부터 심각한 감정적 학대를 받았다.

6살 때 아버지가 사망하자 그는 어머니와 단둘이서 생활하면서 숙박업소의 문을 닫았다. 그는 이때부터 정신적으로 장애의 신호를 보이기 시작했고, 취미로 동물을 박제했다. 그러다가 어머니에게 연인이 생겼고, 그가 어머니에게 숙박업소를 다시 열라고 설득하자 노만 베이츠는 갑자기 치밀어 오르는 질투심으로 독극물로 둘을 살해하고 그들이 자살한 것처럼 만들기 위해 유언장을 위조했다. 어머니의 죽음에 충격을 받은 척한 그는 잠시 정신병원에 입원했다가 퇴원한 후, 숙박업소를 물려받고 어머니의 시신을 파내 박제 기술을 이용해 시체를 과일저장소

● 미국의 살인범으로, 시간, 식인을 한 것으로 추정되며, 인간의 가죽과 뼈, 신체 부위를 가지고 옷이나 장신구 등을 만들었다고 전해진다. 체포 후에는 정신이상 판정으로 죽을 때까지 정신병원에 갇혀 지내다 1984년 암으로 사망했다.

에 보존했다. 이후 그는 박제된 어머니와 대화를 나누고 가끔씩 이는 성욕도 그곳에서 해결했다.

노만 베이츠는 자신을 위압적으로 지배했던 어머니를 살해한 후, 삼중 인격을 갖게 됐다. 로버트 블로흐는 노만 베이츠의 다중인격을 어머니를 필요로 하는 아이, 자식을 소유하고 통제하려는 부모, 하루하루 자신의 일상을 해내는 정상인으로 나눴다. 그중 어머니의 인격이 가장 지배적이었고, 그에게 살인을 행하도록 영감을 주고 자극했다. 사실 그가 어머니의 인격을 가진 것은 그녀의 죽음에 대해 자신이 관여했기 때문에 그에 대한 죄의식을 억누르기 위한 것이었다. 그는 어머니가 되어 자신의 환상을 위협하는 여성을 누구라도 살해했다.

노만 베이츠는 '어머니'가 자신을 통제할 때면 언제나 의식을 잃으면서 기억하지 못하는데 자신의 범죄가 온전히 어머니에게만 책임이 있는 것으로 확신했다. 노만 베이츠라는 인간은 노마어머니와 노만가장약한인격체, 정상인중립상태의 복합체였고, 그렇게 셋이서 일상을 보냈던 것이다. 그리고 노만 베이츠는 노마가 자신을 장악할 때 어머니의 복장을 하고 살인을 저질렀다.

누구보다도 우월하고 싶었다, 『아메리칸 사이코』의 패트릭 베이트먼

패트릭 베이트먼은 브렛 이스턴 앨리스Bret Easton Ellis의 논쟁적 소설 『아메리칸 사이코』의 주인공이다. 이 소설은 2000년 영화로 만들어졌는데 사실 영화보다 소설이 패트릭 베이트먼의 잔혹성을 더 세밀하게 그렸다.

패트릭 베이트먼은 우아한 취향의 소유자로, 음악에서부터 음식까지, 심지어는 명함케이스까지 최고의 것들만 선호한다. 그는 1980년대 뉴욕의 여피yuppie족을 떠올리게 하는 남자로, 부모로부터 받은 재산도 많지만 그 이면을 살펴보면 연쇄살인범이자 강간범이고, 식인자●이자 동시에 시간자●●라는 어두운 이면을 가지고 있다.

그는 가학적인 성적 쾌락을 위해 여성을 살해했고, 자신을 분노케 하는 열등감을 느끼지 않기 위해 남성을 죽였다. 어린이도 살해한 적이 있는데 살해 동기는 자신이 아동 살해를 좋아하는지 알고 싶어서였다. 그의 살인 충동성은 일상적으로 나타났는데 자신이 원했던 계좌를 다른 증권 거래인이 가졌다는 이유만으로 그를 집으로 유인해 살해하고 시체를 토막냈을 정도였다.

그는 부유하고 사회적 신분이나 지위도 높았지만 질투와 열등감으로 심한 불안감이나 자기 증오감으로 괴로워한 남자였다. 그는 누구보다도 우월해지고 싶었고, 자신이 열등하다고 느껴지면 바로 사람들을 죽였다.

그는 극단적인 인종차별주의자이자 여성과 동성애를 혐오했지만 겉으로는 전통적인 도덕적 가치와 평등성에 대한 관심이 있는 것처럼 꾸

● 죽은 사람의 시신 일부를 떼어서 먹는 사람
●● 죽은 여성의 시신을 강간하는 사람

몄다. 자신이 그렇게 생각하고 행동하면 사람들이 자신을 더 좋아해주지 않을까 하는 기대감 때문이다. 그러나 그의 속임수는 생각대로 되지 않아서, 주위 사람들은 그를 매우 싫어했다.

그는 평상시엔 좋아하는 음악을 듣고 운동을 하면서 자신의 몸매를 가꾸며 알찬 하루를 보내는 것 같지만 그의 취미는 무고한 사람을 살해하여 희생자들을 식용화하고, 피해자를 강간하고, 살인 장면을 영상으로 찍는 것이었다.

그의 목표는 성공적인 연쇄살인마가 되는 것인데, 사람을 죽였지만 사법 심판을 받지 않는 것이 그가 추구한 지향점이었다. 종종 패트릭 베이트먼은 자신의 정신이 온전한지 의문을 표하기도 하고, 간헐적으로 나타나는 정신병 때문에 환각을 일으키기도 하면서 극단적인 분노나 공황 발작, 금방 울음을 터뜨릴 것 같은 비통함을 느끼는 순간들을 경험했다.

사실 자기도취자, 나르시시스트는 사람들을 통제할 수 있는 권력을 추구하기 때문에 기업이나 정치계의 지도자적 지위와 역할에 쉽게 다가갈 수 있다.

죽음이 삶보다 가치 있기를 바랐던 『배트맨』의 조커

배트맨의 최대의 적 조커는 원래 1940년 4월 25일 첫 발간된 미국의 만화책 『배트맨』에 나오는 슈퍼 악당이다. '범죄의 왕세자Crown Prince of

Crime', '증오의 어릿광대the Harlequin of Hate', '악한의 고수the Ace of Knaves', '인종청소의 광대Jester of Genocide' 등의 별명을 가졌는데 그만큼 그를 다양하게 해석할 수 있는 가능성을 내포하고 있다.

별명에 따른 해석은 크게 2가지 형태로 나뉠 수 있는데 하나는 천재 수준의 지능과 가학적 유머감각을 가진 극단적 사이코패스의 이미지고, 다른 하나는 규제를 피하기 위해 괴짜나 도둑, 무해한 장난꾸러기 등으로 희화한 이미지다. 다른 가공의 인물과 마찬가지로 조커의 인물과 문화적 해석은 시간의 흐름에 따라 많이 변해왔던 것이다.

조커는 무려 2,000명 이상을 살해한 것으로 알려졌는데 이 엄청난 피해자들의 수에도 불구하고 그가 정신이상이라는 이유만으로 그는 형사적 처벌을 받지 않고, 정신병원으로 보내지곤 했다.

조커는 불합리하고 비이성성의 화신이며 배트맨에 반대하는 모든 것을 표현한다. 그는 어떤 특정한 심리적 장애를 가진 것으로 설명되지 않지만 확연하게 정신이상임을 알 수 있다. 그는 공감능력과 양심이나 옳고 그름에 대한 관심이 부족하고, 만족할 줄 모르는 본성을 가졌고, 교활한 지능과 연극성, 관용적 유머를 가진 전형적인 협잡꾼으로 묘사된다.

하지만 협잡꾼은 사회가 무시하려고 하는 문화적, 정치적, 윤리적 위선을 폭로하고 현상 유지를 와해시키려고 부도덕한 행동을 서슴없이 행한다. 그런 측면에서 조커는 전형적으로 오로지 자신의 이익을 위해 활동한다는 점에서 차이가 있다.

조커는 범죄 주도자criminal mastermind로 초인적인 능력을 가지지 않았으나 살상이 가능한 치명적인 혼합물질이나 무기를 개발하기 위해 화학공학 분야에 자신의 전문성을 활용했다. 때론 그는 다른 악당이나 집단과도 함께 작업을 했으나 억제되지 않은 혼돈에 대한 자신의 욕망으로 그 관계가 종종 붕괴됐다. 조커는 지금까지 출현한 가장 위압적인 악당으로 평가받고 있다.

진정한 치유가 무엇인지 되묻는 『시계태엽 오렌지』알렉스

앤서니 버지스Anthony Burgess, 1917~1993의 소설 『시계태엽 오렌지A Clockwork Orange』의 주인공은 알렉스 드라지다. 그는 자신의 즐거움과 쾌락을 위해 무고한 사람들을 폭행하고, 돈을 빼앗고, 강간하고, 폭행하는 소시오패스로 그려진다.

알렉스는 끔찍한 폭력이 난무하는 지역에서 부모와 함께 살았으며 자신도 누군가를 무자비하게 때린다. 15살 때 주립 소년원을 다녀온 그는, 낮에는 학교를 가지 않고 음악을 들으며 빈둥대다 밤에 자신의 부하들과 함께 어울리며 동네를 공포에 떨게 했다. 그는 원초적인 폭력을 저지르기 위해 우유에 각종 약물을 타서 마신다. 그는 고전음악을 매우 좋아하는데 특히 베토벤을 좋아했으며, 그가 음악을 듣는 동안 강간, 고문, 살인 등의 그칠 줄 모르는 광란을 공상한다.

그는 조직에서 가장 나이가 어렸지만 가장 지능적이어서 스스로 리더를 자처했다. 그러다 조직 구성원 중 한 사람이 알렉스의 횡포와 위압에 불만을 가졌고, 다른 구성원들과 그에게 대항하는 거사를 꾸미기 시작한다. 어느 날 그들은 알렉스가 한 여성의 집으로 들어가 폭행과 살인을 저지르다가 경찰 사이렌 소리에 도주하려 하자 그를 우유병으로 때려 넘어뜨린다.

이 일로 경찰에 체포된 알렉스는 살인 혐의로 유죄가 확정되어 14년형을 선고받는다. 교도소에서 생활하는 2년 동안 그는 『성경』을 공부하면서 모범 수형자가 되는데 교도소에선 그에게 범죄 충동을 제거하기 위한 루도비코 요법Ludovico Technique, 일종의 조건반사 강화를 시키는 훈련을 받으라고 추천한다.

치료는 그에게 메스꺼움을 유발하는 약물을 주입하고 살인, 고문, 강간을 묘사한 영화를 보게 했다. 그의 폭력적 사고와 감정을 메스꺼움과 연관시키도록 조건화하는 것이다. 그 후 그는 감형으로 석방되어 사회로 돌아갔으나 자신이 받은 처우가 너무 효과가 크다는 것을 발견하게 된다. 폭력에 대한 고통으로 자신을 방어할 수 없게 된 것이다.

그는 자신이 폭력을 행사했던 피해자에게 역으로 잔인하게 폭력을 당하고, 지금은 경찰관이 된 과거 조직 구성원에게도 심하게 맞는다. 급기야 교도소에서의 치료 효과가 다 소진되고, 알렉스는 또 다시 끔찍하게 폭력적이었던 과거의 자신으로 돌아가서 "나는 치료되었다"고 외친다.

이 소설을 영화화한 스탠리 큐브릭의 「시계태엽 오렌지」에선 '선함'의 정의와 부도덕한 행동을 중단시키기 위하여 혐오요법을 사용하는 것이 타당한지에 대한 윤리적 문제가 핵심으로 제시됐다. 이 영화는 인간의 자유의지와 함께 가치판단에 대한 철학적 이야기를 그려내며 한 사람의 범죄 본능이 치료될 수 있는지를 묻는 작품이기도 하다.

혐오요법을 받고 나서, 알렉스는 비록 자신이 선택한 것이 아니지만 사회의 좋은 구성원처럼 행동한다. 그의 선량함은 자발적인 것이 아니라 외부는 생체적이고 내부는 기계적인 과학에 의하여 개성을 상실하고 로봇화한 인간Clockwork Orange이 됐던 것이다. 실험에 참가한 과학자들 가운데 신부만 알렉스의 새로운 태도를 거짓이라고 비판하며, 진정한 선량함은 안으로부터 나와야 한다고 주장한다.

쾌락형 식인이 아니라 미식형 식인, 한니발 렉터

한니발 렉터는 토머스 해리스Thomas Harris가 그려낸 가공의 인물로, 『레드 드래곤』, 『양들의 침묵』, 『한니발』, 『한니발 라이징』의 주인공이다.

그는 자신이 죽인 사람을 먹는 연쇄살인범으로, 존경을 받던 법정 정신의학자였으며, 살인죄로 체포된 후에는 FBI 요원인 클라리스 스털링과 윌 그레이엄으로부터 다른 연쇄살인범들을 찾는 데 도와달라는 자문 요청을 받는다. 렉터 박사는 세련미와 흠잡을 데 없는 완벽한 매너를 지닌 매우 지적인 사람이었으며, 그는 사람들의 무례함에 분개하고, 종종 매너가 나쁜 사람들을 살해한다. 소설에 의하면, 그는 무례한 사람을 먹어치우기를 좋아했다.

한편 한니발 렉터 시리즈인 『레드 드래곤』에선 심리학자들이 렉터를 다르게 부를 마땅한 명칭이 없기에 그를 소시오패스라고 칭했다고 설명한다. 이 소설의 FBI 요원인 윌 그레이엄은 렉터가 후회나 죄책을 전혀 갖지 않으며, 어릴 때 동물을 고문했으나 소시오패스와 연관된 전통적인 기준이 되는 어떤 것도 표출하지 않는다고 주장한다.

그렇다면 렉터를 어떻게 보느냐는 질문에 윌 그레이이엄은 "그는 괴물"이라고 답했다. 렉터가 불완전한 몸을 갖고 태어나는 아이들과 동일하게 '불완전'하다는 것을 암시한 것이다. 영화 「양들의 침묵」에서 볼티모어 수감소의 소장이자 정신과의사인 프레드릭 칠튼 박사는 렉터를 '순수한 소시오패스'라고 주장했다.

렉터의 병리는 『한니발 라이징』에서 더 자세하게 다뤄진다. 그는 1944년 리투아니아에서 렉터 가문의 장남으로 태어났다. 하지만 어릴 적 그가 사랑하는 여동생이 살해당하고 먹히는 것을 직접 목격하면서 매우 정신적 충격을 받았다고 설명한다. 렉터는 미술, 음악, 요리에 세련된 감각을 가진 지적이고 교양이 넘치고 세련된 사람으로 표현되지만 그는 희생자를 식용으로 요리해서 맛있게 먹는다. 한니발Hannibal의 앞글자 'H'를 'C'로 바꾸면 카니발Cannibal이 된다. 이를 해석하면 '식인하는 자'다.

참고 자료

- https://lithub.com/the-sociopath-in-balck-and-white-a-reading-list
- https://crimereads.com/literary-visions-0f-the-female-sociopath
- https://en.wikipedia.org/wiki/Norman_Bates
- https://the.hitchcock.zone/wiki/Norman_Bates
- https://psycho.fandom.com/wiki/Norman_Bates
- https://villains.fandom.com/wiki/Patrick_Bateman
- https://en.wikipedia.org/wiki/Alex_(A_Clockwork_Orange)
- https://en.wikipedia.org/wiki/A_Clockwork_Orange_(film)
- https://en.wikipedia.org/wiki/Hannibal_Lecter

사이코패스 측정 도구

사이코패스를 진단하는
가장 보편적인 사이코패시 체크리스트(PCL-R)

사이코패스의 주요 진단 도구는 로버트 헤어가 고안한 사이코패시 체크리스트(PCL)다. 이를 개정하고 보완한 것이 사이코패시 체크리스트 개정판(PCL-R)이다. 로버트 헤어는 1940년대부터 사용됐던 허비 클레클리의 범주와 범죄학자인 조앤 매코드Joan Fish McCord와 『사이코패시와 비행Psychopathy and Delinquency』을 공동 집필한 윌리엄 매코드William and Joan McCord 부부의 범죄학적 개념들, 캐나다에서의 범죄자와 수형자들에 대한 자신의 연구를 기반으로 사이코패시 체크리스트(PCL)를 개발했다.

현재까지도 그의 사이코패시 체크리스트(PCL-R)는 광범위하게 사용되고 있어 일부에선 사이코패시 체크리스트(PCL-R)를 반사회적인격장애 검사와 평가를 위한 '최적 표준'이라고 평가했다.

이 측정 도구의 개정판은 말을 잘하고/피상적인 매력을 가짐, 자신의 가치에 대한 과장된 생각, 지루함에 취약하고 자극을 요함, 병리적 거짓말, 사람들을 속이고 교묘하게 이용함, 죄의식이나 후회 결여, 피상적 감정(감정적 반응의 감소), 냉혹하고 공감능력 결여, 기생적 생활 유형, 부적절한 행동 통제, 난잡한 성행위, 조기 행동 문제, 현실적이고 장기적 목표 결여, 충동성, 무책임성, 자기 행동에 대한 책임을 받아들이지 않음, 반복적인 단기 혼인관계, 청소년비행,

보호관찰 조건 위반, 다양한 범행 등 20가지의 항목을 측정하는 척도로 구성되어 있다. 검사 결과 30점 이상이면 사이코패스로 진단하는데 연쇄살인범 테드 번디는 무려 39점이었다고 한다. 사이코패시 체크리스트(PCL-R)는 보편적인 이론적 도구로 손색이 없지만 현실적으로 활용하는 데 다수의 비판도 없지는 않다.

사이코패스로 진단되기 위해선 교묘하게 남을 이용하고, 기만적이며, 자기애적이라는 등의 대인관계 특성, 죄의식이 결여되고 냉혹하며 남을 해치는 데서 쾌감을 얻는 등의 감정적 특성, 충동적이고 약물 남용, 자신의 행동 결과를 무시하는 등의 생활 유형 특성, 물리적으로 공격적이며, 범죄행위를 지향하거나 전과가 있는 등의 반사회적 특성이라는 4가지 차원을 가져야만 한다.

여기서 우리가 염두에 둬야 할 중요한 사실은 사이코패시가 하나의 측정 척도scale며 일반적으로 하나의 범주에 속한다는 것이다. 검사 하나로 누군가를 사이코패스라고 호도해선 안 된다. 우울증에 걸렸다고 다 자살하는 것이 아닌 것처럼 정도의 차이가 있는 것이다. 우울증이지만 누군가는 약하게 나타나고, 누군가는 심각할 수 있다. 예를 들어 사기도박꾼이 기만적이고 자기애적이지만 우리는 그를 사이코패스라고 하지 않는다. 어쩌면 보통 사람들도 약간의 반사회적 인격장애 기질을 가지고 있을 수 있다. 그 정도의 차이가 날 뿐이다.

또한 사이코패시 체크리스트(PCL-R)로 점수가 40점 만점에 30점 이상이면 사이코패스라고 진단하는데 30점은 매우 높은 점수다. 일반인들은 대부분 1~3점에 그친다고 한다. 누군가가 25.6점을 받았다고 하더라도 그를 사이코패스라고 공식적으로 진단하지 않는다. 대략 16~19점이 나오면 사회에서 개망나니로 평가를 받을 수 있지만 그렇다고 그를 사이코패스라고 하지 않는다.

사이코패스의 인격 기질을 밝히는, 사이코패스 성격 목록(PPI)

사이코패시 체크리스트(PCL-R)와는 달리 사이코패스 성격 목록(PPI)은 반사회적 또는 범죄적 행위 자체를 직접적으로 또는 명쾌하게 나타내지 않고 인격 기질을 종합적으로 색인하려고 개발한 것이다.

물론 임상표본에 대해서도 활용될 수 있지만, 원래 재소자들보다는 오히려 대학생과 같은 비임상적 표본을 대상으로 개발한 자기보고식 측정 도구다. 2005년에 개정되어 사이코패스 성격 목록(PPI-R)이 됐고, 현재 8개 소영역으로 나눠 154개 항목으로 구성되어 있다.

사이코패스 측정 도구와 형사사법이 만나다

로버트 헤어가 사이코패시 체크리스트(PCL-R)를 제안한 후 1980년대 중반 그의 제자 중 한 명이었던 랜디 크롭Randy Kropp은 이 검사를 이용해 다른 실험에 도전한다. 그는 사이코패시 체크리스트(PCL-R) 점수에 따라 집단(높고, 중간이고, 낮고)을 나누고 수형자들을 선별한 뒤 점수가 높은 수형자와 낮은 수형자의 재범률을 비교 분석하기 위해 보호관찰부 가석방으로 그들을 출소시켜 행적을 추적했다.

그 결과 점수가 낮았던 수형자의 20~25% 정도가 4~5년 내에 재범을 했던 것에 비해 같은 기간 점수가 높았던 수형자의 약 80%가 재범을 한 것으로 밝혀졌다. 이 연구 결과는 당시 대부분의 연구자들이 범죄행위의 일차적 원인이 좋지 못한 환경의 결과라고 믿었던 때였기에 매우 충격적이지 않을 수 없었다.

여기서 눈여겨봐야 할 점은 단지 변방의 학문적 연구에 사용된 사이코패시 체크리스트(PCL-R)가 범죄자의 재범률을 파악하는 데 활용됐다는 사실이다. 그 후 범죄행위를 예측하는 데 인격장애 진단을 활용하게 됐다. 이를 계기로 캐나다에서는 수형자의 반사회적 인격장애에 대한 정보 없이는 가석방 심사위원회가 어떤 결정도 내리지 못하도록 했다.

하지만 정작 로버트 헤어는 처음 형사사법제도권에서 사이코패시 체크리스트(PCL-R)을 활용하는 데 깊은 우려를 가졌다고 한다. 오로지 연구만을 위해 만들어진 측정 도구가 현실에서 잘못 사용되면 사람들에게 해를 끼칠 수도 있다는 점을 두려워했기 때문이다. 특히 당시 검사가 과학적으로 신빙성 있는 도구로 폭넓게 받아들여졌기 때문에 더욱 염려한 것이다. 그는 자신이 개발한 측정 도구가 학계의 의사 결정을 하는 상황이 두려웠고, 그 결과 누군가에게 치명적인 영향을 미칠 수 있다는 점에 반대한 것이다.

그의 우려에도 사이코패시 체크리스트(PCL-R)는 활용 범위가 더욱 확산됐다. 이 측정 도구가 범죄행위의 원인에 대해 우리의 생각 전환에 도움을 주었다는 것만은 확실하다. 우리가 범죄의 원인을 유전적인 성향으로 바라본다면 불운한 환경의 산물로 보는 것보다 경제적이나 정신적 이득이 더 크다. 사실 누군가를 사이코패스로 낙인을 찍으면 달리 방법이 없다. 그를 우리로부터 격리해 구금하는 수밖에 없다. 교화 개선과 사회 복귀에 대한 투자를 하지 않아도 되니, 해결책이 간단해지는 것이다.

로버트 헤어의 사이코패시 체크리스트(PCL-R) 검사지

문항	점수		
1) 당신은 언변이 좋고 피상적인 매력을 발휘하는가?	0	1	2
2) 당신은 과장될 정도로 자신을 높게 평가하는가?	0	1	2
3) 당신은 자극이나 흥분을 지속적으로 필요로 하는가?	0	1	2
4) 당신은 병적일 정도의 거짓말쟁이인가?	0	1	2
5) 당신은 교활하고 다른 사람이나 사물을 조종하고 조작하는가?	0	1	2
6) 당신은 회한이나 후회 또는 죄의식이 부족한가?	0	1	2
7) 당신은 피상적 정서를 보이는가?	0	1	2
8) 당신은 냉담하고, 공감능력이 부족한가?	0	1	2
9) 당신은 기생적인 삶을 사는가?	0	1	2
10) 당신은 행동 통제를 잘 못하는가?	0	1	2
11) 당신은 성적으로 난잡한가?	0	1	2
12) 당신은 조기 행동 문제를 보였는가?	0	1	2
13) 당신은 현실적인 장기 목표가 부족한가?	0	1	2
14) 당신은 지나치게 충동적인가?	0	1	2
15) 당신은 무책임한가?	0	1	2
16) 당신은 자신의 행동에 대한 책임을 지는가?	0	1	2
17) 당신은 짧은 기간의 혼인관계가 여러 번 있었는가?	0	1	2
18) 당신은 청소년 비행의 전력이 있는가?	0	1	2
19) 당신은 조건부 가석방의 해지를 경험한 적이 있는가?	0	1	2
20) 당신은 다양한 범죄 역량을 발휘하는가?	0	1	2

위 검사지 항목들을 보다 자세히 부연 설명하자면 이렇다.

1) 좋은 언변과 피상적 매력

언어적으로 매우 민첩해서 무언가를 말할 때 막히지 않으며 부드럽게 말하고, 거의 수줍어하지 않으며 무슨 말을 들어도 두려워하지 않는다.

2) 지나친 자기 확신

자신에 대한 확신이 강하고 오만하며 자신이 우월하다고 간주해 남보다 자신이 더 말을 많이 하려고 하는데 자신의 말이 더 재미있다고 생각하기 때문이다. 엄청난 에고이스트다.

3) 지루한 것에 취약하고 자극을 추구

흥분과 자극을 추구하기 때문에 새로운 모험을 즐기며, 지루한 일에는 관심이 없다. 다만 시작한 것을 끝내지 못한다.

4) 병적인 거짓말

거짓말 능력이 놀라울 정도로 높고, 탄로가 날 확률이 높다는 것을 알면서도 거짓말을 한다. 그들의 거짓말은 대부분 교활하고 누군가를 조정하거나 조작하기 위한 내용이다.

5) 교활하게 조종하거나 조작

자신의 이익을 위해 조작, 속임, 사기, 부정행위 등을 일삼는다. 자신이 피해를 준 사람의 감정이나 고통에는 관심이나 동정, 연민이 없다.

6) 후회나 죄의식 결여

자신이 피해를 준 사람의 고통이나 고충에는 관심이나 감정이 거의 없고, 감정에 치우치지 않고 냉정하다. 대체로 당황하지 않으면서 비공감적이고 가슴이 차갑다. 종종 피해자를 경멸하거나 당할 만하니깐 당한다고 생각한다.

7) 얄팍한 정서

매우 친근한 것처럼 보일 수 있으나 다른 사람에 대해 냉정한 태도를 유지한다. 감정적이나 정서적으로 빈곤하고 매우 얄팍하다.

8) 무자비하고 공감능력 결여

사람이나 상황에 대해 공감능력이 부족하거나 결여됐고 경멸심도 가지고 있다. 관계에 대해 비정하고 무관심하고 눈치가 없다.

9) 기생적 생활 유형

자신의 삶을 살기 위한 의도나 동기가 부족하고 책임감이 없으며 자기 훈육이 거의 안 된다. 재정적 이득을 위해 다른 사람을 의도적으로 약취하고 조정한다.

10) 부적절한 행동 통제

갑작스럽게 귀찮아하거나 짜증을 내고, 화를 잘 내고, 공격적이고 언어적 학대를 일삼는다.

11) 문란한 성적 행동

짧은 기간의 만남이 빈번하고, 결혼 중에도 다수의 혼외 관계를 가지고, 파트너를 선택할 때 동성이나 이성을 구별하지 않고, 동시에 복수의 관계를 유지하며, 많은 사람에게 성적인 관계를 강요한 전력이 있으며, 자신의 성적 정복에 대해 논하는 것을 자랑스러워한다.

12) 조기 행동 문제

13살 이전부터 거짓말, 훔치기, 부정행위, 기물 파손, 집단 괴롭힘, 무단결석, 성적인 활동, 방화, 약물 남용, 가출 등을 포함한 반사회적 행위 이력이 있고, 동물이나 형제자매에게 잔혹하다.

13) 현실적 장기 목표의 부재

원대한 계획을 상상하지만 그것을 이룰 능력이 없고, 장기 목표를 설정하는 데 어려움을 겪으며 계획 실행이 지속적으로 실패한다. 이곳저곳 떠돌아다니고 삶의 어떠한 현실적 방향도 없다.

14) 충동

행동 다수가 사전에 계획된 것이 아니고 충동과 유혹에 저항하지 못하고 결과도 고려하지 않아서 부주의하고 예측 불가하고 무모한 것처럼 보인다.

15) 무책임함

반복적으로 학교, 직장, 가정, 사회의 업무에 전념하지 못한다. 지각이나 조직 내 규율을 쉽게 위반하는 등 자신의 의무를 다하지 못하며, 세금이나 공과금을 제때 납입하지 못한다. 약속을 잘 지키지 않는다.

16) 자신의 행동에 대한 책임을 지지 않음

자신이 잘못해도 인정하지 않거나 다른 사람에게 책임을 전가한다. 의무감이나 양심이 전혀 혹은 거의 없으며 종종 책임을 거부하는데 그것에서 끝나지 않고 다른 사람을 시험하고 조종하고 조작한다.

17) 빈번한 단기 혼인관계

일관적이지 못하고 신뢰를 쌓을 수 없기 때문에 장기적 관계를 유지하는 게 불가능하다.

18) 청소년 비행

13살에서 18살 사이 지켜야 할 규칙을 위반하거나 부모에 대한 불복종, 상습적 학교 결석, 가출, 음주나 폭행 등의 범죄를 일으킨다.

19) 조건부 가석방의 해지

보호관찰부 가석방 등이 부주의나 보호관찰관 미접견 등 기술적 이유로 보호관찰이 파기된 전력을 가지고 있다.

20) 범죄 다양성

어느 한 가지 분야에 전문화하는 일반 범죄자와는 달리, 다양한 범죄에 참여한다. 범죄행위를 저지르고도 처벌을 피하는 것에 대해 강한 긍지를 갖는다.

만약 여러분이 사이코패시 체크리스트(PCL-R)를 통해 점수가 높게 나왔다면 다음과 같은 신호나 증상들을 확인해보기 바란다. 만약 아래의 항목에도 해당되는 것이 많다면 자신의 행동을 잘 관찰해야 한다. 심해지면 전문가와 상담을 받아보는 것이 좋다.

① 대체로 생활 전반에 걸쳐 상습적으로 지루함을 느낀다.
② 피상적인 매력을 가지고 있다.
③ 병적일 정도로 거짓말을 잘한다.
④ 현실적인 장기 목표가 결여됐다.
⑤ 자신이 우월하다고 생각한다.
⑥ 공감능력을 쉽게 전환시킨다
　　(누군가를 속이기 위해 공감능력을 활성화시키고, 불필요하면 비활성하는 능력.)
⑦ 성질이 좋지 않다.
⑧ 성적으로 난잡하다.
⑨ 충동적이고 무책임하다.
⑩ 어린 시절 문제아였다.
⑪ 범죄행위에 가담한 전력이 있다.
　　(폭력범죄보단 화이트칼라 범죄에 관련된 확률이 더 높음.)
⑫ 예측하기 어렵다.
⑬ 행위가 하나의 패턴을 나타낸다.

참고 자료

- https://www.psychologytoday.com/intl/basics/psychopathy
- https://www.telegraph.co.uk/books/non-fiction/spot-psychopath
- https://en.wikipedia.org/wiki/Psychopathy
- https://www.thecut.com/2018/08/my-life-as-a-psychopath.html
- https://www.npr.org/2011/05/26/136619689/can-a-test-really-tell-whos-a-psychopath
- https://www.rd.com/article/hare-psychopathy-test

반사회적인격장애에 대한
잘못된 통념을 바로잡다

✕
✕
✕

지난 수년에 걸쳐서 자주 듣고 싶지도, 자주 들려서도 안 되는 말이지만 우리 귀에 전혀 낯설지 않고 오히려 익숙하게 들리는 단어가 있다면 아마도 '사이코패스'나 '소시오패스'가 아닐까 한다. 자주 언론에 오르내리고, 전문가들의 인터뷰가 쏟아지면서 사이코패스와 소시오패스는 학술 용어가 아니라 대중 용어로 변모했고, 그 덕분인지 온 국민이 범죄 문제의 '반전문가' 또는 '준전문가' 수준에 이른 것 같기도 하다.

하지만 잘못된 지식이나 정보는 득보단 실이 더 많을 수 있다는 것을 간과해선 안 된다. 한편 사이코패스와 소시오패스가 언론에 비춰지는 만큼 우리는 그들에 대해 지나치게 과몰입하고 집착이라고 할 정도로 과장하고 있는 것은 아닌지 걱정스럽기도 한다.

우리는 '반사회적인격장애'라고 하면 대체로 '사이코패스'만 한정되어 생각하는 경향이 있지만 '소시오패스' 또한 '반사회적인격장애'에 속한다. 많은 사람들이 두 가지 인격장애에 어떤 차이가 있는지, 있다면 그것이 무엇인지, 인격장애를 겪는다는 것이 자신과 다른 사람에게 어떤 영향을 미치는지에 대해 왜곡되고 편견에 가득찬 관점을 가지고 있다. 물론 두 가지 인격장애가 실제 임상적 용어라기보다는 반사회적인격장애를 세분화한 용어이기 때문에 둘의 차이가 그다지 분명하지 않을 수는 있지만 특성이 약간은 다르다.

특히 우리는 반사회적인격장애를 가진 사람들이 모두 범죄자가 될 것이라고 생각하는 경향이 심한데 꼭 그렇지 않다. 다행스럽게도 반사회적인격장애를 가진 대부분의 사람들은 교도소가 아니라 우리가 살고 있는 공간, 지역사회에서 일반 사람들과 함께 살고 있다. 어쩌면 우리들보다 더 정상인처럼 살아갈 수 있다. 다만 우리가 마냥 안도할 수 없는 것은 그들이 언제 어떻게 자신의 본모습을 드러낼지 모른다는 것이다. 사이코패스와 소시오패스가 대중 용어가 되어버렸지만 여전히 우리는 그들에 대한 잘못된 통념과 믿음을 가지고 있다.

『우리 속에 숨은 사이코패스』를 쓰기로 결심한 계기가 바로 이런 잘못된 통념, 오해, 왜곡된 정보와 지식, 현상을 비뚤게 바라보는 인식을 바로잡기 위한 절박감 때문이었다. 우리는 반사회적인격장애자를 과소평가해서도 안 되지만 과대평가하는 것도 바람직하지 못하다.

'과유불급' 즉 지나치면 모자람만도 못하다고 하지 않았던가. 더 이상 그들의 범죄가 '정신착란성 방위'로 인한 형사적 처벌을 피하지 않도록 그들의 본질에 대해 정확히 알 필요가 있다. 잘못된 행위에 대한 '정신이상 면책 변론'은 형사사법을 어지럽게 만들 수도 있다.

　『우리 속에 숨은 사이코패스』를 통해 반사회적인격장애의 본질과 그들과 함께 하는 우리들의 현실을 제대로 파악할 수 있는 계기가 되었으면 한다. 더 이상 그들에 대한 잘못된 통념이나 기준으로 사회가 어지럽지 않았으면 한다. 이것이 범죄학자인 내가 이 책을 쓴 절실한 바람이다.

범죄학자 이윤호

DODO HUMAN SCIENCE

우리 속에 숨은
사이코패스

초판 1쇄 인쇄 2022년 11월 8일
초판 1쇄 발행 2022년 11월 30일
—
글 이윤호
그림 박진숙
—
발행인 최명희
발행처 (주)퍼시픽 도도
—
회장 이웅현
기획 · 편집 홍진희
디자인 김진희
홍보 · 마케팅 강보람
제작 퍼시픽북스
—
출판등록 제 2014-000040호
주소 서울 중구 충무로 29 아시아미디어타워 503호
전자우편 dodo7788@hanmail.net
내용 및 판매 문의 02-739-7656~9
—
ISBN 979-11-91455-71-7(03330)
정가 22,000원